임 사부가 들려주는

32가지 인성 교육

임 사부가 들려주는
32가지 인성 교육

펴 낸 날 2017년 6월 2일

지 은 이 임찬우
펴 낸 이 최지숙
기획주관 (사)한국아동미술치료협회, 한국인성문화협회
편집팀장 이윤숙
기획편집 윤일란, 허나리
표지디자인 윤일란
책임마케팅 하철민, 장일규
펴 낸 곳 도서출판 생각나눔
출판등록 제 2008-000008호
주   소 서울 마포구 동교로 18길 41, 한경빌딩 2층
전   화 02-325-5100
팩   스 02-325-5101
홈페이지 www.생각나눔.kr
이 메 일 bookmain@think-book.com

• 책값은 표지 뒷면에 표기되어 있습니다.
  ISBN 978-89-6489-707-2 03190

• 이 도서의 국립중앙도서관 출판 시 도서목록(CIP)은 서지정보유통지원시스템 홈페이지
  (http://seoji.nl.go.kr)와 국가자료공동목록시스템(http://www.nl.go.kr/kolisnet)에서
  이용하실 수 있습니다(CIP제어번호: CIP2017009035).

임 사부가 들려주는

32가지 인성 교육

임찬우 지음

생각나눔

✐ 사람은 무엇으로 사는가?

톨스토이의 이 질문은 100년 전 시작되어 지금까지 유효하다. '사람으로' 살아가기 위해 필요한 기본적 소양을 교양이라고 한다면, 인성은 '사람답게' 살아가는 데 필요한 인격 그림 작업이라 할 것이다.

삶의 바탕에 인격으로 스케치를 하고 교양으로 색을 입혀 교육으로 마감을 하며 현대인은 교양사회에서 민주적 시민으로 살고 타인과 건강한 조우를 즐기고 공동체에 기여하며 보다 나은 인류가 된다. 그리고 인성은 삶, 바탕, 교양, 교육, 관계, 공동체 발달 그 정중앙에 있다. 그렇다면 인성은 어떻게 삶의 바탕을 움직이고, 교양, 관계와 공동체 속에 들어올 수 있는가?

최근 가족과 공동체의 도덕적 경계가 약화되고, 능률과 성과 중심의 사회 지표들은 돌봄과 양보의 가치를 휘발시키는 현상들을 자주 보게 된다. 또한 매일 접하는 인면수심의 사건들, 천륜을 저버린 가족에 대한 뉴스를 들을 때마다 집단과 개인의 심리적 울타리의 훼손은 심화되는 것 같다. 인성교육의 중요성은 이런 인류의 심리적 울타리 훼손이 커질수록 더욱 중요하게 인식되고 있다.

과거, 인성이 여러 정적이고 동적인 과정의 깨달음을 통해 무형의 층을 이루며 사람 안으로부터 그의 인품의 즙으로 배어나오는 과정이라고 생각했다. 이 과정을 통해 '사람됨', '됨됨이', '인격', '성품' 등 많은 유의어들과 큰 구분 없이 사용되었다. 그렇다보니 인성은 어느 곳에나 있는 것이자 동시에 확연하게 그 존재가 나타난 적이 없었다.

좋은 성숙의 공식적인 과정이 요청되는 시대이다.

국·영·수 몰입교육에서 차별, 극단적 우월, 반복적 패배감, 교육의 본질의 손상을 다시 복구하고, 참다운 교육을 위한 개인적 집단적 심리 울타리를 회복해야할 때이다. 이러한 때에 이 책『32가지 인성 교육』은 인성교육의 첫 장을 열고 인성교육 과정의 첫 막을 올렸다.

21세기 참교육의 핵심을 간파하고 인성교육을 그 중심에 두면서, 저자는 인성교육을 교육적 신념이자 시대적 치유 주제로 제시하고 있다.

전통적 가치를 고집하지도, 현대적 기술의 우월성을 강조하지도 않는 바, 저자의 이 융합적이고 새로운 제안이 현대 교육의 무력함을 고백할 수밖에 없는 교육자들과 학습자들에게 사람을 세우는 지팡이가 되고 공동체에게 새로운 길을 비추는 등불의 역할을 톡톡히 해낼 것으로 기대한다.

인성을 말하는 저자의 가슴 한가운데 빛나는 사랑의 가치가 독자들의 심장에 가서 닿기를 바란다.

숭실사이버대학교 기독교상담복지학과장, 인성심리연구소장

이 호 선

✍ 2017, 정유년 초일부터 교육업계가 떠들썩하다. 2015년 1월 20일(법률 제13004호) '인성교육진흥법'이 세계 최초로 대한민국에서 제정되어 시행 중이지만 인성교육에 대한 교육당국의 검증된 교재나 교육프로그램을 쉽게 찾아보기 어려운 실정이며 여러 종류의 인성 관련 교재들이 있어 선택하기가 어렵기 때문이다. 이 법을 따르자면 의무교육으로 명시된 대로 학생과 교원에 대한 연수는 물론이거니와, 군부대 및 관공서, 공공기관에서 일반기업까지… 이제는 어른, 아이 할 것 없이 전 국민이 인성교육을 받아야 하는 것이다.

하지만 2016년 한 해 동안 인성교육에 대해 이렇다 할 방안도, 교재도 뚜렷한 것을 찾아보기 힘들며, 이 법안의 주관인 교육부에서도 인성교육프로그램 개발을 위해 연구와 고민이 현재진행형이라고 얼마 전에 들었다.

어쩌다 우리 국민이 이토록 형편없이 못난 민족이 되었는가? 우리는 예로부터 자타가 동방예의지국이라 불릴 만큼 효사상과 어른 공경은 물론, 이웃사랑을 평소 몸과 마음으로 정성을 다하며 실천해온 아주 예의 바른 민족이었다. 최근 교육부가 명문화한 8가지 인성교육의 목표가 되는 핵심 가치·덕목은 예(禮), 효(孝), 정직, 책임, 존중, 배려, 소통, 협동이다. 이는 마음가짐이나 사람됨과 관련되는 단어들로 우리 민족이 가정에서나 사회, 그리고 국가적으로 고귀한 가치를 두고 평생토록 지켜온 핵심가치들이었다.

그러나 21세기에 들어서면서부터 선조들께서 그렇게도 소중히 지켜오던 이 덕목들이 오간 데 없이 사라져, 우리나라의 정통성과 정체성을 흔들어 놓았다. 인간관계의 최소 단위인 가정은 물론, 심지어 국가 기강에도 심각한 사회적 문제를 일으키고 있다. 도저히 상상할 수도 없는 극악무도한 패륜범죄가 난무하고 그 반대로 부모가 자식을 굶기거나 심한 폭력 등으로 살해하며 그 시신까지 유기하는 지경에 이르렀다. 아무런 죄책감을 느끼지도 않는 사이코패스도 사회에 만연하다.

또한, 무심코 길을 가는 사람을 아무런 이유 없이 마구 구타해서 평생 불구 내지는 사망에 이르게 하여 피해자는 물론 그 가족도 씻을 수 없는 고통과 아픔을 겪고 평생을 슬픔 속에서 이 사회를 원망하며 살게 되니, 보는 이로 하여금 가슴을 쓸어내리며 함께 아프게 한다. 우리의 마음을 더 아프게 하는 것은 피해자의 인권은 헤아리지도 않은 채 가해자에 대한 인권을 보호한다는 논리적이지 않은 판단으로 소극적이며 미약한 법적 처벌이다. 가엾은 피해자와 가족들은 더욱 고통스럽고 국가의 사회 복지적 보상체제도 극도로 미흡하니 선량한 국민 보호의 의무가 제대로 이뤄지지 못하는 현실이 개탄스럽기 한이 없다.

우리나라는 가정에서나, 학교에서나, 사회에서나 어느 곳에서도 사람됨됨이, 즉 인성을 가르치는 사람을 보기 힘들다. 왜냐하면, 아무리 좋은 말로 타이른다 해도 진정으로 받아들일 자세가 되어 있지 않으면, "당신이 뭔데? 너나 잘해!"와 같은 빈정이 상하는 말만 되받아쳐 올뿐이다. 아니, 얻어맞지 않으면 천만다행이리라.

엊그제만 하더라도 우리나라는 영어나 수학, 국어 등 입시와 관련한 알량한 지식 외에 그 어느 곳에서도 참 교육인 인성을 진정으로 가르치는 기관이 없었을 것 같다. 아니, 가르치고 싶어도 규격화된 학교 수업으로 인해 시간과 틈이 없었으며, 과도한 입시경쟁으로 마음의 여유가 없었겠구나 싶다. 바로 이랬던 교육방법이 작금의 사태를 초래한 건 아닐까? 경쟁하느라 친구도 동료도 이웃도 형제도 없고, 오로지 자신을 지키려 생존본능으로 점철된 사고가 그들의 뇌에 화석화되어 인간이 아닌 기계로 살아온 건 아닐까? 가슴에 손을 얹고 심호흡을 해가며 깊이깊이 생각해 봐야 할 대단히 중요한 문제이다.

그래도 다행인지 불행인지 더 늦기 전에 인성교육진흥법이 제정되어 사람 됨됨이를 가르치는 인성교육이 의무화되었다. 2015년 1월 20일 인성교육진흥법이 공포되어 2015년 7월 21일부터 시행됨에 따라 인성교육을 위한 머나먼 행군이 시작되었으며, 대통령도 교육부의 업무보고 시 "인성교육을 바탕으로 학생 각 자의 잠재력을 이끌어내 사회에 필요한 창의형 인재를 길러야 한다."고 인성교육의 필요성을 강조하였으니, 필자가 생각하기에 참으로 다행스러운 일이라고 생각한다. 모쪼록 선조들께서 쌓아 놓으신 공든 탑을 다시 일으켜 세우고, 동해물과 백두산이 마르고 닳도록 영광된 조국의 발전과 후손을 위해 우리 민족 모두 온 정성으로 정진하기를 바라는 마음이 간절하다.

이 책은 대한민국 인성교육진흥법에서 제시한 8가지 덕목에 대한 핵심가치의 이해를 높이기 위한 것으로 다음과 같이 구성되어 있다.

1부는 인성교육이론으로 인성의 정의와 목적 및 개념 등 교육의 의미와 가치에 대한 인성의 이론과 학문적 배경을 설명하였고,

2부는 인성지수검사를 통하여 덕목과 핵심가치를 지수화하였으며,

3부는 8대 덕목과 32개 핵심가치의 인성지수 설명과 인성지수에 따른 분석결과 도식화하여 설명하였고,

4부는 인성덕목 핵심가치의 뇌 과학적 접근으로 뇌 과학지수를 대비시켜 교육효과에 도움이 되도록 하였으며,

5부는 인성에 필요한 훈련방법을 뇌 과학적 접근 방법으로 구분하여 제시하였다.

6부는 인성교육진흥법과 시행령, 시행규칙 및 관련 서류양식을 실어 교육행정 실무에 참고하게 하였다.

마지막으로 이 책은 평소 필자의 개인적 소견과 절대적 관점에서 집필되었음을 넓은 아량으로 이해하여 주시길 바라고, 음으로 양으로 마음 쓰며 지금까지 함께 해준 아내 김정란과 두 아들 임장군, 임재상, 연예인 동생 콤마의 임준형(M-JUN 엠준)과 TV드라마 「한 지붕 세 가족」 만수 육동일, (사)한국시각장애인연합회 자원봉사회 정은교 회장에게 심심한 고마움을 표하며, 사단법인 한국아동미술치료협회와 한국인성문화협회의 인성교육 교재로 채택해 준 하민철 이사장님과 항상 관심과 사랑, 좋은 말씀으로 힘을 주시는 숭실사이버대학교 기독교상담복지학과 이호선 학과장님께 깊은 감사를 드린다.

2017년 4월, 서울 신월동에서

임찬우 拜上

대한민국
인성교육헌장
(人性教育憲章)

인성교육은 대한민국 헌법에 따른 인간으로서의 존엄과 가치를 보장하고, 교육기본법에 따른 교육이념을 바탕으로 건전하고 올바른 인성(人性)을 갖춘 국민을 육성하여 국가사회의 발전에 이바지함을 목적으로 한다.

따라서 인성교육이란 자신의 내면을 바르고 건전하게 가꾸고 타인과 공동체, 그리고 자연과 더불어 살아가는 데 필요한 인간다운 성품과 역량을 기르고 인성교육의 목표가 되는 예(禮), 효(孝), 정직, 책임, 존중, 배려, 소통, 협동 등의 마음가짐이나 사람됨과 관련되는 핵심적인 가치 또는 덕목을 말하는 것이며, 핵심 역량이란 핵심가치와 덕목을 적극적이고 능동적으로 실천 또는 실행하는 데 필요한 지식과 공감 및 소통하는 의사소통능력이나 갈등 해결능력 등이 통합된 능력을 말한다.

그러므로 예와 효를 갖춘 정직한 마음으로, 책임과 존중을 앞세우며 배려하여 소통하는 상부상조의 전통을 이어받아 명랑하고 따뜻한 협동정신을 북돋운다.

우리의 올바른 인성을 바탕으로 나라가 안정적으로 발전하며 국민 모
두가 행복의 근본임을 깨달아 스스로 바른 인성을 수련하여 동방예의지
국의 명예로운 전통적 역사를 재창조하자.

2015년 1월 20일

2015년 대한민국 인성교육 원년

선언문

좋은 인성을 갖추기 위해서는 올바른 마음가짐과 명확한 정신 자세가 반드시 필요하며, 이를 실천하기 위해 교육적 내용이 담긴 비전 형성의 문장인 인성인 선언문이 있어야 한다. 매일 아침 기상하여 하루 일과를 시작하기 전에 인성인 선언문을 마음에 새기면서 외운다면 인성수양의 효과는 실로 엄청난 결과를 가져올 것이다.

인성인 선언문은 나를 중심으로 부모 형제, 친척과 친구 그리고 이웃과 모든 인류 순으로 함께 공존하며 행복하게 살아가는 이미지연상법과 함께 실시하는 것으로, 인성덕목의 핵심가치 8대 목표인 예(禮), 효(孝), 정직, 책임, 존중, 배려, 소통, 협동에 대한 의미를 생각하며 자신의 그 릇에 담는 행위이다.

일상생활을 하면서 때때로 어려운 일 가운데 있거나 마음이 흔들릴 때마다 자신이 스스로 만든 '인성인 선언문'을 되새겨 본다면 모든 역경을 물리치는 강력한 힘이 될 것을 확신한다.

인성인 선언문

하나.
　　나는, ＿＿＿＿＿＿＿＿＿＿＿이다.

하나.
　　나는, ＿＿＿＿＿＿＿＿＿＿＿이다.

하나.
　　나는, ＿＿＿＿＿＿＿＿＿＿＿이다.

하나.
　　나는, ＿＿＿＿＿＿＿＿＿＿＿이다.

　　　　　　년　월　일　이름:　　　(서명)

II. 인성지수 검사

III. 인성항목 설명 및 검사 결과분석과 상담기법

IV. 인성 핵심가치·덕목의
뇌 과학적 접근 검사 및 분석과 상담기법

V. 뇌 과학적 인성 훈련법

VI. 인성교육에 관한 법률

I

인성에 대하여

브레인스카웃

01
인성(人性, Personality)이란?

✎ 사람 인(人)과 성질, 성품 성(性)의 합성어 (合成語, Complex word)로 사람이 일생을 살아가면서 가지는 마음과 개인의 고유 성품을 표현한 단어(單語)이다. 인성은 인간이 태어나면서부터 유전적(遺傳的)으로 타고난 선천적(先天的) 인성과 교육에 의해 계발되는 후천적(後天的) 인성으로 구분되며, 이 두 가지는 다시 각각의 환경적 요인에 의해 바뀐다.

인성의 사전적 의미는 '사람의 성품'이며, 성품은 성격과 품격을 의미한다. 또한, 성격은 정신적인 바탕 혹은 본디부터 지니는 독특한 바탕으로 정의되며, 품격은 물건의 좋고 나쁨의 정도, 혹은 품위, 기품이라고 정의된다(『민중실용 국어사전』, 2010). 따라서 인성이란 개인의 독특한 특성을 바탕으로 길러지는 그 사람의 사람됨이라고 정의할 수 있다(교육과학기술부, 2011).

그러므로 인성은 개인이 가지고 있는 특유의 성향(性向), 즉 성격(性格)을 말하는 것으로 인성을 만드는 주요한 요인(要因)으로 환경(環境)에 대하여 특정한 행동 형태를 나타내고, 그것을 유지하고 발전시킨 개인의 독특한 심리적 체계로 저마다의 삶의 질과 목적을 영위하기 위해 반드시 필요한 유, 무형의 가치적 존재이다.

1) 인성교육의 정의(定議)

자신의 내면을 바르고 건전하게 가꾸고 타인, 공동체, 자연과 더불어 살아가는 데 필요한 인간다운 성품과 역량을 기르는 것을 목적으로 하는 교육을 말한다(인성교육진흥법 제2조1항).

2) 뇌 과학적 인성의 개념(概念)과 인성교육 목적(目的)

인성의 개념이란, 그 사람이 가지고 있는 고유한 생득적(生得的) 기질(氣質)과 여러 가지 환경적 적응 성향이 융합(融合)과 통합(統合), 또는 통섭(統攝)이 되어 감정(感情)과 이성(理性)의 상보(相補)적 합일(合一) 또는 경쟁(競爭)적 갈등(葛藤)의 구도(構圖)가 내면(內面) 또는 외면(外面)을 통하여 의식 및 무의식적으로 발현(發顯)하는 개인적인 성품(性品)이다.

다시 말하면 첫째, 생득적 기질과 환경적 적응 성향으로 선천적인 유전적 기질과 환경적 요소인 경제, 사회, 교육적 상황에 따른 주변 인물의 영향, 식생활을 포함한 생활 및 학습 습관 등의 요인이 유기적인 관계를 이루고 둘째, 기질과 성향이 상황에 따라 개인의 수준에 맞는 판단에 의해 융합, 통합, 통섭의 방법으로 구성되며 셋째, 감정과 이성의 합일 또는 갈등을 거쳐서 넷째, 내면과 외면의 의식 및 무의식적으로 발현되는 개인적인 특유한 인적 성품이다.

이는 생존의 뇌인 하위 뇌(下位 腦)와 감정과 정서의 뇌인 중위 뇌(中位 腦), 그리고 이성의 뇌인 상위 뇌(上位 腦)가 만들어 내는 생명보존과 생명 유지에 따른 발생 구조적 질서의 원칙이 적용된다고 할 수 있다.

이러한 개인적 인성은 본능적으로 자신의 생명을 보존하기 위하여 지극히 개성적이며 이기적인 사고와 행동으로 표출되는 것으로, 생존과 종족유지와 번영을 위해 함께 협동하며 살아가야 하는 사회적 동물인 인간들의 공동사회의 관계적 측면에서 어렵고 불편한 상황을 초래하여 인간본질의 형태적 삶을 위협하는 절대적 요인이 된다.

그러므로 인성교육 실시의 목적은 모든 사람들이 삶의 본질과 공동의 이익을 성실히 추구하기 위하여 경험적이며 합리적인 보편타당한 규범을 형성하고 교육으로 계몽함으로 모든 사람이 이성적 인간관계의 질서를 확립하여 안정된 사회를 보장받고 행복한 삶을 공유(共有)하는 것이다.

3) 인성교육의 8가지 핵심가치와 덕목(德目)

인성교육의 목표가 되는 것으로 예(禮), 효(孝), 정직, 책임, 존중, 배려, 소통, 협동 등의 마음가짐이나 사람됨과 관련되는 핵심적인 가치와 덕목을 말한다.

4) 인성교육의 핵심 역량(力量)

핵심가치, 덕목을 적극적이고 능동적으로 실천 또는 실행하는 데 필요한 지식과 공감, 소통하는 의사소통능력이나 갈등해결능력 등이 통합된 능력을 말한다.

5) 인성교육의 개념(槪念)

인간 본연의 성품을 계발하고 온화한 인간관(人間觀)과 가치관(價値觀)을 세우는 데 중요한 감성(感性)과 이성(理性)을 조화롭게 수양함과 긍정적이며 밝고 건강한 삶을 영위토록 하는 올바른 행동규범(行動規範)과 정서적으로 안정된 사회인으로 성장시키는 인간성 회복(回復)을 위한 총화적(總和的) 교육을 의미한다.

6) 좋은 인성의 기준에 대한 원칙 제고(提高)

좋은 인성의 기준은 첫 번째로 본인이 하는 행위, 본인과 직접 관련이 있는 사람들이 하는 행위와 본인과 간접 관련이 있는 사람들이 하는 행위, 그리고 본인과 직간접으로 관련이 없는 사람들이 하는 행위 등 4가지 대상으로 구분을 한다.

두 번째로 상황별로 인성에 대한 덕목가치를 행함에 있어 피수혜자와 수혜자인 당사자, 그리고 제3자가 인성 대상에 대한 행위의 시작과 과정 및 결과를 평가함에서 당사자들의 관계 및 연령과 성별, 사회경제적 지위, 행위의 정도에 따라 차별적으로 구분하여 설명해야 할 것이다.

또한, 자신에 대한 건강한 정신 및 육체적 관리와 가치관과 삶의 목표 또한 인간관, 국가관, 세계관 등의 기준과 가정에서 조부모 및 부모 형제와 친지들에 대한 기준, 그리고 친구와 선, 후배 및 학교나 직장, 군대 등 단체 및 공연장, 도서관, 지하철 등 공공 및 공용시설 등의 기준에 따라 인성의 행위가 개인적으로 다소 달라질 수 있으므로 이 또한 적용하여야 한다.

그리고 좋은 인성의 행위는 그 행위에 대한 정도의 많고 적고 크고 작음에 따라 기준점을 정하기가 상당히 모호함으로 일반적인 기준을 정하기가 어려울 수 있다. 그러므로 좋은 인성의 기준을 객관적이며 보편타당한 관점에서 말하고자 한다.

예를 들어 다음 설명의 예는 좋은 인성의 기준이 되는지에 대하여 생각해 보기로 하자. 상황은 대한민국 통계청에서 발표한 중산층의 가정에서의 이야기로 대학을 나온 어머니와 일반 인문계 고등학교 2학년인 아들의 행위에 대하여 당사자인 어머니와 아들, 그리고 당사자의 가정에 관심이 없는 제3자가 보는 인성의 관점에 대한 설명이다.

어머니가 아들에게 겨울용 고급 점퍼를 사주었다. 아들은 학교에서 가정형편이 어려운 동급생에게 어머니가 사준 고급 점퍼를 그 친구에게 주었다. 어머니는 그 사실을 아들에게 전해 듣고 잘하였다고 아들에게 말을 해 주었다. 그 후 어머니는 아들에게 고급 점퍼를 다시 사주었는데, 아들은 다시 어려운 친구에게 점퍼를 또 주었다. 이번에는 자신이 신고 있던 고급 운동화를 그 친구가 신고 있던 운동화와 바꿔 신고 왔다. 이때 아들의 어머니와 아들과 이런 상황에 대한 이야기를 들은 제3자가 생각하는 인성의 기준에 대한 생각과 판단은 차이가 있게 된다. 이것이 여러 가지 정황에 대한 정도의 차이이다.

어머니는 아들의 첫 번째 행위에 대하여 몇 가지의 마음이 있었겠지만, 감정을 숨기고 칭찬을 해준 것으로 판단이 된다. 어머니의 성격에 따라 차이가 있겠지만, 대부분의 어머니들은 두 번째의 행위에 대해서는 감정을 표현하며 아들의 행위에 대하여 걱정을 하소연할 지도 모르겠다. 하지만 제3자는 어머니와 같은 생각을 가진 사람일 수도, 아니면 그럴만하니까 그러는 거라고 생각하는 분도 더러 있을 수 있겠다.

인성이 좋다는 말의 의미는 흔히 사람들이 착하다고 하는 말과는 다른 개념을 가지고 있다. 착한 사람이 인성이 좋을 수는 있지만 인성이 좋은 사람이라고 해서 모두 착한 사람이 아닐 수 있다는 말이다. 인성을 베푸는 정도를 말하는 것으로 인성을 행하는 사람의 연령과 성별 그리고 사회, 경제적 여건과 현재 행위자가 처해 있는 상황에 따라 고려해 봐야 하는 것이며, 세상 사람들은 제3자로서 그에 대한 인성 행위에 대한 등급을 매기고 평가를 하는 것이 일반적이다.

사회적 지위나 학력이 높을수록 경제적으로 부유할수록, 상대적으로 건장한 체격을 갖추었을수록 등 여러 가지 조건과 상황을 고려하여 인성 행위에 대한 가치와 폭, 정도를 가늠하여 평가하는 것이다. 그러므로 좋은 인성은 우리 사회가 예절과 윤리와 도덕적으로 정의한 사회적 규범의 기준을 따르는 것이 합당하다 하겠다. 삶의 본질을 알고 자신의 정체성을 알며 더불어 주변의 정체성을 이해하고 시대의 정체성을 파악하여 그 상황에 맞게 처신하는 것이 좋은 인성을 가진 사람이라 할 것이다.

모든 사람들이 반드시 함께 실천해야 할 공통적인 좋은 인성의 기준의 원칙은 자신의 존재와 정체성을 위한 효행 정신과 이기적인 나의 삶만을 고집하지 않고, 정직하고 이타적인 마음으로 공존 및 상생을 위해 배려하며 공유하는 소통 정신과 생의 주기에 맞춘 연륜과 경험, 그리고 지식과 지혜에 대한 존중과 신뢰를 바탕으로 예절과 책임을 다하며 상부상조하는 협동 정신의 의미가 담겨 있어야 한다.

02
21세기는 인성의 시대

1) 인성교육의 필요성

고대 그리스의 철학자 아리스토텔레스(기원전 384년~322년경)가 말했듯이, 인간은 태어나면서부터 사회적 동물이며, 공동으로 살아가는 사회 환경에 적응할 수 없거나 이러한 환경이 없더라도 잘살 수 있다면 그 사람은 신이거나 동물일 것이다. 인간은 누구나 할 것 없이 사회적 동물이므로 인생을 살아감에 있어 반드시 가져야 할 공통적인 인격적 핵심 요소들인 예의범절, 생활태도, 삶의 가치관, 행동실천, 합리적 의사결정, 모범적 답습 등 인격의 가장 중요한 핵심 요소들을 배우고 익히는 습득과정을 거치고 규범적 반복 실습교육으로 체질화해야 한다.

다시 말하면 서양 속담에 요람에서 무덤까지, 동양 속담에 "세 살 버릇 여든까지 간다."라는 중요한 일깨움이 있다. 이것은 바로 인성교육에 대한 교육 시기를 두고 말하는 것이며, "콩 심은 데 콩 나고 팥 심은 데 팥난다.", "정승 집안에 정승 나고, 효자 집안에 효자 나며, 소 같은 집 안에 소 새끼만 난다.", "다른 도둑질은 다 해도 씨도둑질은 못한다.", "배운 게 도둑질이다."라는 속담에서 일러 주듯이 교육 환경과 방법에 대해서 잘 말해주고 있으며 현재까지도 이 속담의 효과와 영향력이 크다고 할 수 있다.

세계를 움직이는 동서고금의 유명한 인물들은 모두 한결같이 인성과 인품이 훌륭했으며, 그에 따른 행동 역시 모범적임과 동시에 자기 관리에 철저했으며 겸손을 미덕으로 삼아 자신보다는 타인에 대한 배려가 출중하였고, 사심적 욕심 또한 없어 함께 더불어 사는 공유적 환경에 앞장서는 지극히 인간적이며 아름다운 기부 문화를 일궈냈다. 유구한 역사와 아름다운 미풍양속으로 이어져 온 우리 민족은 단군신화의 건국이념 정신인 홍익인간과 재세이화에서 명확하게 나타나 있듯이 인성을 바탕으로 삶을 영위해온 자랑스러운 민족이다.

현대의 서구 문명과 함께 자본주의가 유입되어 배금사상에 물들여진 우리의 교육은 이러한 인본 교육이 아닌 획일화된 배금 물질 교육을 근심해 오던 여러 학자들의 고민처럼, 참으로 안타까운 현실로 흉물스런 괴물로 우리의 모든 삶을 위협 당하고 있다. 우리가 사는 현대사회는 생각하고 느끼고 행동하는 완만한 자연 섭리에 따른 교육이 아니라, 그저 보면서 생각하고 생각하면서 뛰어야만 남들과의 경쟁 속에서 자신과 가족이 생존할 수 있는 포화 없는 전쟁터에서 끝나지 않는 그런 지옥과 같은 세상에서 살고 있다.

바쁘고 급격한 도시화와 개인주의화로 인해 개인의 성적, 스펙 혹은 재력과 권력으로 사람을 평가하는 시대가 되었다. OECD 34개국 중 최하위권인 삶의 질과 입시 지옥 울타리에 있는 청소년, 경제적 빈곤과 외로움의 고독사의 수렁에 빠져 있는 노인들의 자살률 1위, 노동과 공부 시간에 비해 낮은 효율성으로 행복이란 단어보다는 스트레스라는 말을 전 세계에서 최고로 많이 사용하는 나라에 우리는 살고 있다.

그리고 고등학교나 대학을 졸업해도 심지어 석박사 학위가 있더라도 취업이 어려우며, 있는 자와 가진 자들에게 갑질을 당하며 부당한 대우로 인권을 유린당하여도 참고 또 인내하여만 하는 삶을 살아가고 있다. 과연 선량한 우리 조상으로부터 물려받은 본연의 인성 유전자(Personality Genes)는 도대체 어디로 사라지고 없는 것일까?

요사이 뉴스에서 빈번하게 보도되는, 사회적, 경제적, 명예적으로 모든 사람들이 부러워하는 높은 지위에 있는 인물임에도 더 많은 욕심으로 마치 아귀와 같은 탐욕과 비리를 저질러 재판을 받는 사건들을 보면 "윗물이 맑아야 아랫물이 맑다."라는 삼척동자도 알만한 상식은 업신여기며, "물이 맑으면 고기가 없다."라는 교훈적 말씀을 역설적으로 받아들여 이기적 삶을 사는 사람들이 많음을 마음 아프게 생각한다.

이러한 사람들은 모두 잘못된 집안에서 태어났거나 돌연변이들이라 할 것이다. 또한, 지속적인 인성교육을 받지 않았기 때문에 경주 최부자댁과 달리 도덕적으로 무엇이 우선인지를 판단하지 못하므로 인성교육의 필요성이 더욱 중요한 시점이라 여겨진다. 더 한심한 것은 정치인들이다.

연일 보도되는 공중파나 종합편성 TV를 포함한 매스 미디어를 보면 이 어려운 불경기를 타파할 민생법안 처리는 아예 뒷전이며, 국민들은 안중에도 없고 국회의원 연금처리법은 번개처럼 통과시켰으며 당리당략을 위한 미운 짓만 하고 민생에 아주 중요한 수많은 법안 통과에는 아예 관심조차 없는 듯하다. 당선시켜달라고, 국민을 위해 열심히 일하겠노라고 백 번 천 번, 아니 만 번도 불사하며 공약해 놓고 그 소중한 약속은 까

많게 잊은 것 같아 가슴이 무너진다.

　게다가 인성의 결정체라 할 수 있는 종교단체에서마저 몇몇 종교지도자들의 사리사욕을 채우는 부적절한 행동 및 부정축재 등, 있어서는 절대로 안 될 행위도 빈번히 일어나 종교적 명예를 실추시키는 뉴스에 회자되고 있다. 학생들과 교사들만 인성교육을 의무화한 것처럼 정치인을 비롯한 각계각층의 인사들에게도 인성교육을 의무화 내지는 정례화를 해야 하지 않을까 절실한 마음이다.

　인성교육을 평소 가정과 학교, 직장 등 사회 전반적으로 실시함으로써, 긍정적인 자아감을 형성하고 남을 배려하며 서로가 다름을 인정할 수 있는 소양을 함양함으로써, 더불어 삶을 즐겁게 영위할 수 있는 성품의 기초를 형성해야 한다. 만약 인성교육 없이 살아가게 된다면, 아마도 원시적인 생존본능대로 살아가게 될 것이다. 사람답게 살기 위해서는 도덕과 질서를 배워 실천하고 서로 돕는 미덕을 아름답게 여길 줄 아는 사고방식을 자연스레 몸에 익히도록 부모로부터, 그리고 학교 교육으로 배워야 한다. 사회 공동체 생활에 공생하며 모두가 인간답게 살기 위해서 그 어느 교육보다 반드시 필요한 교육이 인성교육이다.

　세계화된 글로벌 국제사회와 진화하며 변화하는 미래사회에서 필요한 인재는 개인의 지적능력뿐만 아니라 인성이 기본이 되지 않으면 선택받는 인재가 될 수 없을 것이다. 미래사회는 창의력과 기술은 물론 인간미 넘치는 감수성과 고도의 도덕성을 지닌 통합된 인간을 필요로 하며, 각종 산업과 과학의 발달로 인간관계가 단절되고 있는 우리 시대의 문제점을 해결할 수 있는 것은 바로 인성교육을 통해서라고 생각된다.

국제사회는 더는 똑똑하기만 한 천재보다 인격적인 지도자를 원하고 있지 않으며, 과학의 힘이 큰 현대사회에서마저도 개인적, 민족적 이익을 위하여 인명을 해치는 테러와 전쟁이 인류를 위협하는 사람을 원하지 않고 있으며 자신에 대한 이해함은 물론, 타인에 대해 배려하고 존중하면서 더불어 살기 위한 능력이 배양되어 있으며 창의력과 기술은 물론이고 인간미 넘치는 감수성과 고도의 도덕성을 지닌 통합된 그런 인재를 원하고 있으므로 인재교육이 절실히 필요한 이유이다.

2) 역경과 인내, 그리고 극복과 인성의 상관성

인생을 한 평생토록 살아가는 데에는 반드시 역경이 함께하며, 이를 인내하며 극복해 나갈 때 성장하게 되며 삶의 경험과 지혜를 얻을 수 있다.

우리 인간은 정자와 난자의 수정에 도달하기 전부터 역경이 시작된다고 할 것이다. 잉태 후 태아로서의 예기치 못하게 발생하는 물리적, 화학적 또는 생리적 태내의 환경 변화에도 역경이 있을 수 있고, 출산 시 양수의 편안함에서 벗어나며 세상에 나오는 환경적 변화에 대한 커다란 역경을 접하게 되는 것이다. 이 역경을 극복하지 못하면 사망에 이를 수 있으니 삶의 첫걸음부터 녹록지가 않다.

출생 후 세상을 향한 첫울음으로 목의 이물질을 뱉어내는 과정에서도 역경이요, 눈을 뜨는 것과 목을 가누는 것, 그리고 몸을 뒤집는 것, 기는 것, 손으로 쥐는 것, 일어서는 것, 걷는 것, 말문을 트는 것 등 역경이라고 하면 너무 많아 이루 말로 설명하기 곤란할 지경이 되고 만다. 이뿐만이 아니라 영아기와 유아기를 거쳐 청소년기, 중장년기와 노년기에 이르러 죽음을 맞이하는 직전까지도 역경은 계속되고, 우리는 극복해야 다음 단계를 수순으로 맞이할 수 있는 것이다.

우리는 이 과정에서 자연스럽게 인성에 대한 공부를 스스로 하게 되는 것 같다. 뇌에서 인지 세포가 활성화되기 전까지는 부모님으로부터 받은 유전적 소인의 성품으로 역경을 극복하며, 교육을 제대로 받게 되면 후천적인 삶을 원만하게 살아가는 인성교육이 되어 한 사람의 인생을 좌지우지한다. 인생의 삶과 역경, 그리고 극복을 위한 인내는 한 가족이며 인성을 구성하는 많은 덕목들을 완성시키는 핵심인자(核心因子)이다.

인성이란, 모든 어려움을 감수하며 은근과 끈기를 최대한 발휘하여 현재에 처한 자신의 상황을 장단기적으로 극복하는 역량이 필요하다. 혹시 역경지수(AQ, Adversity Quotient)라는 단어를 들어본 적이 있는가? 이 단어는 미국의 커뮤니케이션(Communication) 이론가 폴 스톨츠(Paul G. Stoltz)가 1997년 자신의 저서에서 대개의 사람들은 역경에 부딪히면 3가지 유형의 대응심리를 갖게 된다고 말한다.

첫째, 힘든 문제만 부딪히면 무조건 포기하거나 도망가려는 사람들 범주인 퀴터(Quitter) 족(族).

둘째, 포기하고 도망가지는 않지만, 역동적으로 문제를 극복하지 않고 그저 자신의 일이 아닌 것처럼 수수방관하며 될 대로 되겠지 하며 현실에 안주하고 마는 사람들 범주의 캠퍼(Camper) 족(族).

셋째, 역경이라는 산을 만나면 모든 힘을 다해 올라가 반드시 정상을 정복하려는 사람과 같이 모든 역경을 도전해서 성공시키는 사람들 범주의 클라임버(Climber) 족(族).

인성을 완성시키는 데에는 오랜 시간과 세월이 필요하며, 여러 가지로 혼재된 기막히고도 별의별 상황이 있을 수 있다. 위에서 말한 폴 스톨츠의 3가지 범주의 사람들처럼 자신이 가지고 있는 직간접의 경험을 포함한 지식적 배경과 강하고 약한 체질인 유전적 기질로 나뉘어 표현되어 연출될 수도 있는데, 여기에 개인별 정신적인 역량이 각 범주 간을 넘나들 가능성을 배제할 수 없는 것이다. 인성이 곧 삶의 질과 가치를 결정하게 하는 중요한 핵심 요소라고 한다면 역경을 극복하는 능력은 핵심 요소를 구성하게 하는 핵심인자인 것이다. 마치 세포 속에 존재하는 미토콘드리아(Mitochondrion)가 만들어 내는 ATP(Adenosine Priphosphate, 아데노3인산)와 같이 역경을 극복하는 에너지원의 존재라고나 할까?

토마스 에디슨(Thomas Alva Edison, 1847.2.11~1931.10.18.)은 미국의 발명가이자 사업가(GE:General Electric)로 미국 특허 1,093개로 발명을 하면서 수만 번에 걸친 어렵고도 외로운 역경을 거친 인물로 유명하며, 헬렌 켈러(Helen Adams Keller), 마리 퀴리(Marie Curie), 디즈니랜드의 월트 디즈니(Walt Disney), 맹인박사 강병우 등 어렸을 때 즐겨 읽던 세계의 위인전을 살펴보면 위인전의 주인공들은 한결같이 역경을 극복하는 데에 도(道)가 트인 달인들이라 하겠다. 이들의 공통점을 살펴보면 포기하지 않는 불굴의 의지력과 도전력, 그리고 자신감이라 할 수 있는데 이 3가지 요소가 필수적이라 여겨진다. 인생을 살아감에 있어 삶은, 여러 가지의 역경과 부딪히며 함께 할 수밖에 없는 길고도 먼 여행길이라고 말한다.

IQ(Intelligence Quotient)나 EQ(Emotional Quotient)보다 AQ가 높은 사람이 글로벌 시대에서는 더욱 필요한 인재라 하겠다. 요즘 세상에서 지식이란 인터넷의 발전으로 인해 컴퓨터와 스마트 폰으로 양방향 및 다방향으로 도 공유가 가능하다. 하지만 인성을 완성도를 높이는 지혜만큼의 공유 는 실천적 행위와 행동이 뒤따라 줘야 하므로 성공하기란 그리 쉽지 않 을 것이다. 인성의 완성도가 높은 사람들은 폴 스톨츠가 말한 역경지수 (AQ)가 높은 사람들의 세 가지 특징과 관련이 있을 가능성이 매우 높다.

첫째는 역경지수가 높은 사람들은 역경이나 실패 때문에 타인에게 책 임을 떠넘기거나 비난을 돌리지 않으며,

둘째는 역경이나 실패가 자신 때문에 생겼다고 스스로를 비난하거나 비하하지 않는다. 그리고 셋째는 자신들이 직면한 어렵고 힘에 부친 문제 들도 낙관적인 마음과 의지를 가지고 해결할 수 있다고 강력하게 믿는다.

03
바른 인성은
좋은 습관에 의해 만들어진다

1) 인성은 언어의 습관으로 바뀐다

말과 언어는 생각을 바꾸고 생각은 인성을 바꾸며, 인성은 그 사람의 삶의 질을 바꾸게 한다. 부정적인 언어를 사용하며 살아가는 사람은 불만과 반항하는 생각과 마음 속에서 위험하게 살고 있다고 느낀다. 그래서 대부분의 사람들이 외면하므로 결국 고독하게 된다. 이런 부류의 사람들은 사회적 동물의 특징으로 함께 살아야 하는 습성에 적응하지 못하고, 행복한 삶과도 거리가 멀어지는 결과를 초래한다.

이와 반대로 긍정적인 언어를 사용하는 사람은 자신은 물론 다른 사람에게도 기쁨과 편안함을 주고 호감적인 인상과 성품을 지닌다. 그래서 모든 사람들이 우호적이며 협동적으로 그와 가까이 지내기를 원하게 되어 즐겁고 행복한 삶을 영위한다.

이와 같이 언어와 말 안에 내포하는 힘은 참으로 대단하다. 언어란 한자의 '말씀 언(言)'과 '말씀 어(語)'가 합성된 일반명사로, 생각에 대한 감정이나 느낌 따위를 나타내거나 전달하는 내용을 약속된 일정한 문자나 음성(말)으로 표현하는 것을 지칭한다.

태아로 있을 때부터, 언어에 대한 내용은 이해할 수는 없지만, 언어가 가지고 있는 내용의 성질을 알게 된다. 이것은 엄마가 언어를 접하면서 느끼는 모든 감정과 파동이 태아에게 그대로 전해지기 때문일 것이다.

만약 엄마가 긍정적이며 부드러운 언어를 접했을 때에 느껴지는 뇌의 반응에 따라 부교감신경이 활성화되어 태아가 있는 자궁의 환경은 평온하며 안정적인 상태가 유지되지만, 반대로 부정적이거나 무서운 분위기의 언어를 접했을 경우는 교감신경의 활성화로 혈관이 수축되며 심장 박동이 커지고 호흡이 불규칙해지는 등 태내, 외부의 환경이 매우 불편해진다. 태아 역시 심한 스트레스를 받아 괴로우므로 피하려고 몸을 뒤척이며 괴로워하게 되고, 이런 상황이 일정 기간 계속되거나 자주 일어나게 되면 불안정한 정서성향의 아이로 태어날 가능성이 높거나, 심지어 미숙아로 태어날 수도 있다는 학계의 보고가 있다.

그러나 긍정적이며 바르고 좋은 언어를 접하며 행복한 태교를 하였다면, 정서적으로나 신체적으로나 아주 건강한 아이로 태어난다. 이처럼 언어는 우리의 삶을 시작하는 첫걸음부터 인성을 구성하는 데 아주 기초적이며 중추적인 역할을 하고 있다. 언어는 글과 말, 이렇게 두 가지로 나눌 수 있는데, 그 힘은 지구를 구성하는 공기와 물이라 할 만큼 그 기능은 실로 대단하다.

지금은 고인이 되신 대한민국 제14대 김영삼 대통령(1927~2015)은 어린 시절부터 책상머리 앞에 장래희망을 '대통령'이라고 큼지막하게 적어서 붙여 놓아 결국 그의 꿈인 대통령이 되었고, 고려의 최영 장군(1316~1388)은 "황금 보기를 돌같이 하라."는 아버지 최원직의 유언을 평생의 좌우명으로 삼아 평생을 함께하였다고 한다.

『돈키호테』의 작가로 널리 알려진 스페인의 대문호 미겔 데 세르반테스(Miguel de Cervantes, 1547~1616)도 "정직이 최상의 정책이다."이라 했고, 영국의 총리이자 노벨문학상을 받은 윈스턴 레너드 스펜서 처칠(Winston Leonard Spencer Churchill, 1874~1965)도 옥스퍼드 대학의 졸업식에서 자신의 좌우명이었던 "Don't give up! Never give up! Don't you ever and ever give up(포기하지 마라! 절대로 포기하지 마라! 영원히 포기하지 마라)!"로 아주 간단하게 축사를 마쳤다고 한다.

이처럼 평소에 자신의 지켜야 할 소중한 글귀를 간직하거나 잘 보이는 곳에 부쳐 놓고 생활을 한다면 "말(언어)이 씨가 된다."라는 우리의 옛 속담처럼 삶의 이정표가 되어 인생을 좌우하며 그 말 그대로 이루게 되는 것이다.

언어에는 눈으로 보는 시각적 자극을 담당하는 브로카 영역(Broca's Area)과 말로 듣는 청각적 자극을 담당하는 베르니케 영역(Wernicke's Area)이 있는데, 학습으로서의 효과가 가장 좋은 결과를 가져올 수 있다. 이 두 가지 자극의 학습 방법이 시청각 교육으로 단기 기억의 중추인 해마(Hippocampus)를 통한 기억의 회로가 가장 강렬하게 반복적으로 작동되며, 변연계(Limbic System)와 장기 기억을 위한 대뇌 전 영역으로 저장되고 의지중추인 안와전두피질(OFC, Orbital Frontal Cortex)에 안착하게 되며 자신이 정한 최종 목표로 향해하게 한다.

지난 2009년에 MBC방송국 아나운서실에서 한글날 특집 기념으로 『말의 힘』이라는 실험 다큐멘터리 프로그램을 기획하여 방영하였는데, 이 실험에서 실로 믿기지 않는 놀라운 결과가 나타났다. 한 솥에서 새로 지은 쌀밥을 같은 크기와 모양인 2개의 유리병에 각각 담아 한 개의 병에는 '고맙습니다', 다른 한 개의 병에는 '짜증 나'라는 글귀를 써서 각각의 병에 붙인 후 실험 준비를 마쳤다. '고맙습니다' 라고 씌어 있는 병에는 사랑합니다, 고맙습니다 같이 긍정적이거나 좋은 말만 해주었고, '짜증 나'라고 씌어 있는 병에는 짜증 나, 냄새나 등 부정적이거나 불쾌한 말을 해주었다. 그리고 다른 아나운서들도 돌아가면서 각각의 실험 대상인 병에 이와 같은 방법으로 말을 하였다.

4주인 한 달 후, '고맙습니다.'라고 쓰인 병의 밥에는 하얀 누룩곰팡이가 보기 좋게 서려 있었지만, '짜증 나'라고 쓰인 병의 밥에는 식중독이나 알레르기를 일으키는 검고 푸른곰팡이와 함께 밥이 썩어 있었다. 참으로 놀라운 결과였다.

또한, 2012년 9월 28일 '이영돈 PD의 먹거리 X파일'의 추석특집 '밥의 힘'에서도 각각 '사랑해'와 '미워해'라는 글귀를 붙이고 같은 실험을 하여 같은 결과를 가져왔고, 우리나라 사람들이 즐겨 마시는 대중적인 술인 소주에도 '사랑해'와 '미워해'라는 글귀를 각각 붙이고 즉석 실험을 한 결과, '사랑해'라고 쓴 소주는 순한 맛으로, '미워해'라고 쓴 소주는 더 독한 맛으로 변해 있음을 실험자 모두가 확인하였다.

일본의 에모토 마사루(江本勝) 박사(1943~2014)의 저서 『물의 비밀』에서는, 흔히 우리가 마시는 생수에 물이 좋아한다는 언어인 사랑, 감사 등과 같은 긍정어인 '고맙습니다', '감사합니다', '천사'에 노출된 물의 결정체를 현미경으로 관찰한 결과, 보석같이 예쁘고 아름다운 모양이었으나, 부정적인 언어인 '바보', '망할', '악마' 등에 노출된 물의 결정체는 육각형조차 갖추지 못하고 뭉개진 형태로 나타난 결과를 서술하고 있다. 이 외에 학교 등에서도 수업시간에 양파나 식빵 등 여러 종류의 물질에 실험을 해본 결과도 거의 유사한 결과가 가져와, 실험자들로 하여금 놀라움을 안겨줬다.

에모토 마사루 박사의 말에 의하면, 인체도 약 60~70%의 물을 가지고 있으므로 실험 효과 반응이 있으리라 짐작하게 한다. 사람의 인성을 만들기 위해서는 언어와 말로 하는 교육이 반드시 필요하므로 위의 실험의 결과는 절대적일 수도 있겠다.

요즘은 학생들이 자기들끼리 사용하는 대화나 언어를 휴대폰이라는 매개체와 카카오톡, 페이스북 등 여러 가지의 SNS로 쉽게 접할 수가 있다. 그 내용을 살펴보면, 대부분이 정상적인 말이나 글귀를 심하게 단축하거나 앞뒤와 중간 글자들을 뒤엉켜 만든 단어, 그리고 출처를 알 수 없는 국적 없는 단어를 사용하며 거기에다 앞이나 뒤에나, 중간에나 할 것 없이 대화의 태반이 욕으로 구성되어 있다. 이 현상은 남학생이든 여학생이든 구분이 없으며 어리나 좀 더 나이가 먹거나 전부 비슷하다.

이런 꼴을 보고 있자면 과거 영화 속에서 외국영화, 특히 미국영화를 볼 때 "Fuck You!", "Ass Hole!", "Son Of Bitch!" 따위의 욕설이 대사 중에 아주 빈번히 나오던 기억이 난다. 쟤네들은 왜 저렇게 욕을 해댈까 하며 참으로 한심하게 여겼었다. 그런데 이제는 우리 아이들이 이렇게 되다니, 어떻게 우리나라가 이런 세상이 되었을까 하는 마음이 들어 안타깝기 그지없다. 이 모든 것이 부모와 어른들의 언어습관이 잘못된 결과로구나 하는 생각이 든다.

재능교육이 매월 발행하는 교육 매거진 『맘(Mom)대로 키워라』 3월호에서는 초등 저학년들의 '욕'에 관한 사용실태를 담았다. 서울 A 초등학교 3학년 100명을 대상으로 실시한 설문조사에서 초등학생 10명 중 7명은 언어를 사용할 때 욕을 쓴다는 결과나 나왔다. 욕을 하는 초등학생들이 점차 늘고 있고, 욕을 시작하는 시기도 저학년으로 계속 내려가고 있음을 알 수 있다.

그렇다면 어린이들은 욕을 주로 어디서 배울까? '학교, 학원 등의 친구들로부터'라는 응답이 45%를 차지했다. 그밖에 '나도 모르게' 21%, '인터넷이나 SNS에서'라고 응답한 어린이도 14%에 이른다. 우리 어린이들이 굳이 의도하지 않아도 학교든, 가정이든 자연스럽게 욕에 노출될 수밖에 없는 환경에 둘러싸여 있음을 의미한다.

욕을 하는 이유에 대해서는 '화가 나고 스트레스를 받아서'라는 응답이 54%에 이른다. 어른들과 똑같이 크고 작은 스트레스를 경험하는 우리 아이들이 그것을 해소할 방법이 부족하다는 증거이기도 하다. 이 밖에도 '세고 강해 보이려고 욕을 사용한다.' 18%, '싸울 때 욕을 쓰지 않으면 지는 것 같아서' 9%라는 응답도 흥미롭다. 진짜 '센 것, 강한 것'의 의미를 깨닫지 못하는 어린이들이 욕을 힘이 세고 강해지기 위한 도구로 생각하고 사용한다는 것이다.

본 조사를 통해 어린이들의 언어 사용 환경에 친구나 학교, 학원만큼이나 부모님의 역할도 중요하다는 점을 알 수 있다. 어린이들은 부모님이 사용하는 언어를 따라 하며 묘한 쾌감을 느끼고 부모님의 언어를 곧잘 사용하곤 한다. 적은 비율이지만 부모님으로부터 욕을 배운다고 답변한 학생이 8%에 이르는 것도 이와 관련이 있다.

욕을 사용하지만 부모님 앞에서는 사용하지 않는다는 답변도 48%에 이른다. 아이들의 언어 환경에 부모님들의 역할이 중요하게 작용한다고 볼 때, 적어도 부모가 아이들의 언어 환경을 해치는 일은 없어야 할 것이다(출처: 경원일보 염현철 기자, 2014.02.27). 그러므로 참다운 인성을 위해서는 긍정적인 언어와 말로 감성의 뇌인 변연계를 잘 다스리며 이성의 뇌인 전두엽과의 조화로운 화합을 통하는 것이 해답이라 하겠다.

2) 바른 자세는 좋은 인성의 기둥

예로부터 "바른 자세는 그 사람의 인격과 성품을 나타낸다."라고 하여 인성에 대한 기본적인 요소로 삼았었다. 자세가 구부정하게 되면 소화기관인 위와 장이 가슴에 눌려서 소화 기능이 원활하지 못하게 되고, 호흡기관을 보호하고 있는 가슴뼈와 갈비뼈가 활짝 펴져 있지 않은 탓에 폐 또한 충분한 산소를 공급받지 못하여 폐활량이 미흡하므로 뇌와 각 기관에 공급되는 산소량의 부족해진다. 결국, 신진대사와 순환기능에 문제가 발생한다.

이렇게 되면 뇌의 신경세포와 신경교세포의 생성하는 미토콘드리아가 세포를 생성하는 데 필요한 ATP가 제공하는 에너지원을 제대로 공급받지 못 하고 정보전달에 필요한 신경전달물질이 부족하여 정신적, 육체적 활동에 지장을 준다. 통합적인 이성의 뇌 영역인 대뇌 전두엽의 기능이 부족하므로 감정의 뇌인 변연계를 통제하는데 어려움을 겪게 되어 인성에 악영향을 주는 것이다.

신체를 곧추세우고 있는 경추와 척추, 그리고 요추는 뇌로부터 나오는 중추신경과 말초신경, 그리고 체성신경에 이르기까지 모든 감각과 운동신경을 망라하고 있다. 그러므로 어떠한 운동도 목과 허리를 바르게 하는 자세부터 가르치고 있으며 비로소 이 자세가 안정적으로 유지될 때야 다음의 변형된 품새를 가르치는 것이 일반적이다.

또한, 바른 자세는 바른 호흡이 뒷받침이 되어야 가능하므로 그에 맞는 여러 가지의 호흡법을 함께 가르친다. 주희와 그 문인(門人)들의 학문상 문답을 기록한 주자어류(朱子語類)에서 말하는 "정신일도하사불성(精神一到何事不成)"은 올바른 자세에서 비롯된다 할 수 있다.

바른 자세를 갖기 위해서는 무엇보다 척추를 튼튼하게 만드는 올바른 자세를 위한 습관이 필요하며 기본적 동작으로 기기, 눕기, 앉기, 일어나기, 서기, 걷기, 뛰기, 잠자기, 물건 들기 등 올바른 훈련이 중요하다. 이 동작들은 7~8개월의 영아기 때의 기기를 제외한 모든 동작들은 우리의 삶과 평생을 함께하는데 이중에서 바른 습관으로 길들지 않으면 각종 질환에 시달릴 수 있는 눕기, 앉기, 서기와 걷기 등 몇 가지 동작들을 살펴보기로 하자.

① 눕기

누운 자세를 말하며 눕기의 전후 연속 동작은 서기와 앉기이며 눕는 자세에서도 인성이 필요하다. 인간의 삶에서 휴식은 생존을 위한 경제적 사회적 정치적 활동을 영위하기 위하여 반드시 취해야 할 재충전 행위의 기본자세로 눕기가 해당한다. 80년이 수명이라 가정한다면, 평생 약 20~25년 정도를 잠으로 보낸다.

일생의 약 25%의 시간을 재충전의 시간으로 갖는 셈이 된다. 이 수면 시간은 생명과 생존활동을 위한 기적을 일으키는 시간이기도 하는데, 이 시간 동안 뇌를 포함한 신체의 모든 세포들이 면역력을 키워 스트레스를 해소시키고 노폐물을 배출하며, 호흡이 일정하고 편안해지며 혈액의 흐름이 느려지고 아픈 것이 치유되는 등 새롭게 재정비하는 즐거운 시간이기도 하다.

우리 인간은 이 시간을 철저히 지켜내야만 나머지 55~60년을 건강상 별 무리 없이 질병에 노출되지 않으며 즐겁고 행복하게 살 수 있는 것이다. 우리 삶에서 이렇게 소중한 잠을 자기 위해 잠자리에 눕게 되는데 누운 자세가 좋아야 편안한 숙면을 취할 수 있는 것이다. 각자의 자는 습관에 따라 경추나 척추와 요추에 무리를 주어 몸 전체의 신경계에 좋지 않은 자세가 되니 고치도록 해야 된다.

㉮ 등을 대고 반듯이 눕는 자세

요가에서 말하는 사바사나(Sabasana)로 불리는 송장 자세로 완전휴식을 위한 자세이다. 이 자세는 심신이 이완되고 호흡과 맥박이 편안해져 스트레스에서 오는 긴장과 피로감을 없애준다. 또한, 혈액과 호흡 순환이 잘 되므로 인체의 유해한 노폐물이 사라지고 몸과 마음에 안정을 주므로 스트레스나 운동 후에 취하면 좋은 자세이다. 하지만 이 자세는 경추의 근육과 어깨에 무리를 줘서 팔과 손이 저리므로 오랜 시간동안 있는 것은 척추와 경추에 무리를 주어 좋지 않으며, 특히 두 팔을 올려서 뒤통수에 대거나 만세 등의 자세는 피해야 한다.

이것을 예방하려면 머리에 낮은 베개를 사용하고 종아리 윗부분에 머리 베개보다 약간 높은 베개나 쿠션 등을 받쳐 주면 척추의 S라인에 부담을 덜 수 있다. 일어날 때 갑자기 일어나는 것은 골격과 근육에 무리가 될 수 있으니 몸을 옆으로 돌려서 앉은 후 천천히 일어선다.

㉯ 옆으로 눕는 자세

옆으로 눕는 자세는 가장 편안하고 척추와 경추에 좋은 S라인에 가까운 자세이지만, 너무 구부리면 척추와 경추선이 틀어지므로 머리 베개의 높이가 5~10° 정도 들릴 정도의 높이에 맞춰서 베고 척추와 수평을 이루는 것이 중요하다. 너무 낮은 베개를 사용하면 머리가 아래쪽으로 기울며 너무 높은 베개를 사용하면 경추가 구부러져 혈관과 신경을 눌러서 좋지 않다. 이 자세에서는 척추와 골반이 틀어지지 않기 위해 무릎

을 구부린 채 다리 사이에 푹신한 쿠션이나 베개를 끼면 척추와 골반을
보호할 수 있다.

④ 엎드려 눕는 자세

　　엎드려 자는 자세는 가장 좋지 않은 자세로 경추
와 목, 어깨 근육에 무리를 주고 척추가 안쪽으로
심하게 들어가 지나치게 구부러진다. 그에 따라 허
리에 압력이 커지며 혈관과 신경계가 눌려 순환장
애로 이어질 가능성이 높다. 또한, 이 자세는 목을
옆으로 돌리므로 목과 어깨의 인대에 무리가 가서
목과 어깨 그리고 허리와 골반 통증이 함께 나타날
수 있으므로 반드시 피해야 할 자세이다. 뇌에 혈
액과 산소 공급이 잘 안 되므로 두통과 피로감을
느껴 무기력해지며 눈 밑에 다크서클(Dark Circle) 등이 생길 수 있고 호흡
도 편안하지 않으므로 숙면을 방해하여 꿈을 많이 꾸게 된다.

② 앉기

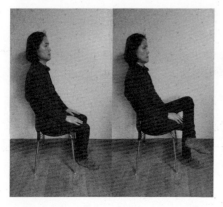

우리가 한평생을 살아가면서 가정 많이 취하는 자세가 바로 앉기이다. 80세를 평균수명이라 가정할 경우, 약 25년 정도를 의자나 바닥에 앉아서 생활하는 것으로 삶의 3분 1을 앉아서 보내는 셈이 된다. 이는 우리의 삶에서 앉기가 얼마나 높은 비중을 차지하며 중요한 것인가를 알려주는 지표가 되겠다. 또한, 이렇게 중요한 앉기의 자세는 주의집중을 하며 공부나 업무, 그리고 기타 각 개인이 하고자 하는 목표를 달성하기 위한 바로미터이며 성공의 열쇠라고 해도 과언이 아닐 것이다. 물론 앉기의 자세는 주의집중을 위한 각성상태만 있는 것이 아니라 몸과 마음의 휴식을 위한 명상자세로 만들어 알파파를 유도하는 자세이기도 하다.

잠을 잘 때 일어나는 현상인 렘수면(약 20~25%)과 비렘수면(1단계부터 4단계)의 패턴을 유지하면서 쉬는 시간도 중요하지만, 짧은 시간의 명상상태에서 알파파를 유도하는 편이 심신의 건강에 큰 도움이 될 수 있다.

지금 말하고자 하는 인성에서도 앉기 자세는 매우 중요한 부분을 차지하고 있다. 만약에 수업을 받는 자세나 어떠한 교육에 임하는 자세에서 앉기 자세가 흐트러져 있다면 예의에 어긋날 뿐 아니라 상대방을 존중하지 않는 태도로 오해받기 쉬울 수 있으며, 뇌부터 척추기관에 이르는 신경망에 각성효과가 저하되어 기억과 정보전달 등 학습효과가 떨어질 수 있는 것이다.

이러한 좋지 못한 자세가 습관으로 굳어진다면 허리디스크 질환(추간판 탈출증 등)이나 척추측만증, 만곡증으로 생리적으로도 많은 문제를 일으킨다. 허리가 구부정하면 같은 선상에 있는 목에도 영향이 오며 뇌로부터 뻗어 나오는 중요한 신경다발들이 목의 경추에 연결되어 있어 여러 가지의 질환으로 이어질 가능성이 많다.

이를 예방하기 위해서는 바른 자세의 앉기 연습이 반드시 필요하다. 의자에 앉을 때 엉치뼈(Sacrum, 천골)를 될 수 있는 한 의자 등받이 끝부분까지 깊숙하게 붙이고, 허리는 뒤로 약 10도 정도로 펴서 등받이에 닿게 하고, 목과 고개는 15도 전방을, 무릎은 90~110도로 세우고 허벅지는 바닥과 평평하게 하고 발바닥은 바닥에 살짝 닿는 정도가 바람직하다. 가끔씩 가방이나 책 등을 60도 정도로 약간 높게 쌓아서 발바닥을 올려놓은 것이 바람직하다.

그리고 장시간 의자에 앉아 있어야 한다면 허리를 받칠 수 있는 쿠션이나 약간 두꺼운 책 등을 사용하는 것이 좋은데, 이것은 허리의 구조상 S곡선이 맞추어야 허리에 가해지는 압력을 감소시켜 허리에 무리를 주지 않기 때문이다. 무엇보다도 중요한 것은 앉기 자세를 할 때 다리를 꼬고 앉지 말아야 한다. 이런 자세를 계속하게 되면 골반이나 고관절이 틀어져 통증을 동반할 수 있고 바른 자세를 취할 수 없게 된다.

아주 쉬운 방법으로 허리를 곧게 펴고 앉는 자세는 혼자 있을 때 하는 자세로 의자에 앉아서 다리를 최대한으로 넓게 벌리게 되면, 허리 근육에 힘이 들어가 척추를 받쳐 주며 허리가 펴지게 된다. 그리고 반드시 1시간의 한 번씩은 의자에서 일어나서 허리와 다리의 근육을 잠시라도 풀어줌으로써 바른 자세의 앉기를 계속해서 유지하는 비법이라 하겠다.

③ 서기와 걷기

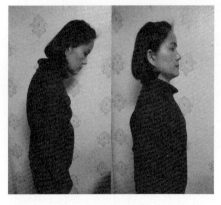

인간은 직립보행을 시작으로부터 문화와 역사가 시작되었고 해도 과장된 표현이 아닐 것이다. 서기 시작하면서부터 시야가 넓어져 위험에서 자신을 보호할 수 있는 능력이 생겼으며, 다른 사람들과도 소통의 폭이 넓어졌으며 이동의 수단 또한 다양하게 발전을 시켜왔다.

사람은 서 있는 자세나 걷는 태도로 인격과 인성을 가늠할 수 있으며, 그 사람을 판단하게 하는 중요한 척도의 하나라고 대부분의 사람들이 알고 있다. 턱은 당기고 목을 바르게 하여 시선은 앉기와 마찬가지로 15도 전방을 바라보는 형태를 취하며 배꼽을 배 안쪽으로 살짝 당기게 되면 요추 부근의 근육에 힘을 주면서 허리와 상체의 가슴이 바로 펴지게 된다.

또한, 양쪽 허벅지는 서로 닿을 수 있어야 다리가 일직선으로 되며 양쪽 팔은 힘을 뺀 편안한 상태로 바지의 재봉선에 살짝 붙이면 된다. 양어깨의 높이를 맞추고 오른쪽 발과 왼쪽 발에 같은 힘을 주고 이마와 발끝이 직선이 되도록 서 있는 형태가 바른 서기의 자세이다. 가정이나 직장, 그리고 학교 등에서 간단하게 해 볼 수 있는 방법으로는 벽에 뒤꿈치를 붙이고 바르게 서 보는 자세를 하면 알 수 있는데, 이때 뒤통수와 양쪽 어깨 및 날개뼈와 등, 그리고 엉덩이와 종아리, 발뒤꿈치가 벽에 닿아야 하는데, 뒤통수와 어깨 및 날개뼈가 벽에 잘 안 닿지 않는다면 거북목(Turtle Neck)과 둥근 어깨(Round Shoulder) 증후군인 경우일 수 있다.

이런 경우에는 이미 경추와 척추, 골반 등 골격의 균형이 맞지 않음으로 인한 결과일 수 있으니 전문병원에서 진료를 받는 것이 좋다. 목과 척추에 좋은 운동법으로는 매켄지 운동(McKenzie extension)과 윌리엄 운동(William extension)이 있으나, 전문가의 도움을 받으며 훈련하는 것이 필요하다.

인성의 관점에서 서기와 걷기를 살펴본다면 구부정하거나 한쪽 다리를 앞이나 옆으로 내미는 등의 짝다리 자세는 상대방으로 하여금 불손하게 보일 수 있으며 비아냥대는 모습으로 비출 수 있으므로 피해야 하며, 상대방과 대화 시 집중하지 않은다는 느낌을 주어 자신이 목표한 바를 이루기 어려울 수 있으므로 주의해야 한다.

바르게 걷는 자세는 양쪽 발과 다리에 같은 힘을 주고 나란히 하여 중심을 맞추고 몸체는 전방으로 약 5도 정도로 기울이고 고개를 똑바로 들어 시선은 10~15미터 지면 앞을 보고, 배꼽과 단전부위에 의식적으로 힘을 주고 어깨를 약간 뒤로 처지는 느낌으로 펴고 등을 곧게 한 다음 엉덩이는 자연스럽고 바르게 하며, 양쪽 팔은 L자 또는 V자로 힘을 주지 않은 상태에서 편안하고 자연스럽게 앞뒤로 번갈아가며 흔들어 주고, 걸을 때 양쪽 무릎이 아주 살짝 스치도록 하고 뒤꿈치부터 시작하여 발바닥에서 엄지발가락이 마지막으로 바닥에 닿는 것이 좋다.

3) 긍정의 마음가짐은 인성을 만든다

인성 좋은 사람의 100%가 부정보다 긍정의 마음을 가지고 있다. 좋은 인성을 가진 사람은 겸손하고 타인에게 배려하는 마음을 가지며 협동과 봉사로 인간관계의 세계를 넓혀간다. 인간관계가 좋다는 것은 모든 분야에서 성공할 수 있는 기회가 많이 주어진다는 것을 의미하며, 그로 말미암아 자신이 희망하는 최종 목표를 달성하게 하는 최고의 수단이 된다.

좋은 인성을 가진다는 의미를 다른 말로 바꾸어 말한다면, 개인이나 집단사회 생활에서 자신을 통제하고 절제할 수 있는 능력으로 완급경중(緩急輕重)을 형평(衡平)과 공평(公平)의 미를 조화롭게 하여 리더십(Leadership)을 발휘할 수 있는 능력을 소유하고 있다는 뜻으로 해석할 수 있다.

과거를 거쳐 현대에 이르기까지 이러한 능력을 갖고 인류를 이끌어온 사회 각계각층의 인물들이 바로 인성리더십 능력의 대표적 인물들이다. 이들이 소위 인성교육진흥법에서 말하는 예(禮), 효(孝), 정직, 책임, 존중, 배려, 소통, 협동의 인성 핵심 가치·덕목 8가지 중에 '희생(犧牲)'이라는 한 가지 덕목을 더 실천함으로써 현재와 같이 문화가 발전하며 풍요로운 사회가 되었으리라 여겨진다.

이와 반대로 나쁜 인성, 블랙리더십(Black-leadership)을 가진 자들은 사리사욕(私利私慾)을 채우기 위해 분쟁과 전쟁, 그리고 테러의 위험을 야기한다. 이들 때문에 전 세계인이 두려움에 불안한 날들을 보내고 있으니 인성교육이란 어떠한 학문보다 소중하다 할 수 있다. 즉, 태교에서부터 필수적으로 가르쳐야할 핵심과목인 것이다.

희생의 덕목을 실천한 우리 선조들을 살펴보면 헤아릴 수도 없이 많은 위인들이 많으나, 민족 최대의 암울하고 치욕적인 일제 강점기 36년의 역사 속에 독립의 초석이 된 유관순 열사, 안중근 의사, 이봉창 의사, 윤봉길 의사, 백정기 의사를 비롯하여 지옥 여행과도 같은 독립운동을 하신 많은 의사와 열사들은 인성의 덕목 중에 희생이라는 핵심가치를 가장 높이 실천하신 분들이다. 이러한 희생정신이 없었다면 지금과 같은 대한민국의 위상은 고사하고 팔레스타인과 같은 그런 국민들로 힘들게 살아갈지도 모르는 일이다.

이러한 분들은 인성교육 핵심덕목의 모든 가치들을 실천할 수 있는 모든 능력의 소유자로 정직으로 소통하며, 나라에 충성하고 부모에게 효행하며 어른과 이웃을 공경하고 존중하여 배려와 협동 정신으로 책임을 다하는 덕목을 갖추었기에 자기희생(自己犧牲)으로 국가와 민족을 구한 우리 겨레의 영웅들로 마음에 새기며 본받아야 할 것이다. 이러한 영웅들은 어려서부터 자기관리와 절제가 생활화되어 있었기에 가능하며 자기관리를 위해 항시 목표와 사명감이 뚜렷한 가치관을 세워서 매일 다짐하였으리라 짐작한다.

바른 마음가짐이란, 자신의 처지와 분수를 알고 지키며 진리와 현명한 지혜를 지향하여 선한 정의를 따르며 바른 언어 사용과 공손한 태도로 타인을 존중하고 밝고 맑은 정신 상태를 지속하는 것으로 이 바른 마음가짐이 습관화되면 예절 바른 사람으로 나타나게 된다.

또한, 홍익인간의 사상으로 자신의 목표와 계획을 확실하게 세우며 목적이 변질되지 않도록 자기를 철저하게 절제하고 통제하여 그 뜻을 이루게 하는 근본 자세이다. 바른 마음가짐을 실천하기 위해 율곡 이이 선생은 해주의 은병정사(隱屏精舍)에서 제자들을 가르칠 때 교재로 사용하기 위해 집필한 『격몽요결』에서 군자가 가져야 할 9가지 마음가짐을 '구사'라 하였으며, 불교 경전에서는 '팔정도'라 하여 바른 마음가짐이 수행의 시작이라고 하였다.

유관순 열사

안중근 의사

윤봉길 의사

박정기 의사

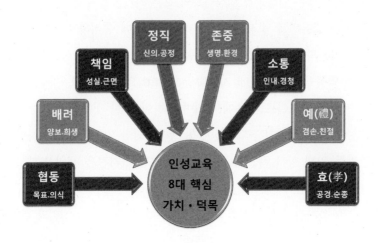

이율곡의 격몽요결(擊蒙要訣)		불교의 8정도(八正道)
구사(九思) (9가지의 바른 마음가짐)	구용(九容) (9가지의 바른 몸가짐)	(8가지의 바른 마음관)
시사명(視思明)	목용단(目容端)	정견(正見)
청사총(聽思聰)	성용정(聲容靜)	정사유(正思惟)
색사온(色思溫)	색용장(色容莊)	정어(正語)
모사공(貌思恭)	두용직(頭容直)	정업(正業)
언사충(言思忠)	구용지(口容止)	정명(正命)
사사경(事思敬)	입용덕(立容德)	정념(正念)
의사문(疑思問)	수용공(手容恭)	정정진(正精進)
분사난(忿思難)	기용숙(氣容肅)	정정(正定)
견득사의(見得思義)	족용중(足容重)	

04
인성 구성의 기본 자질

1) 4대 핵심 자질

① 예의(禮儀)와 효행(孝行)

우리나라는 예로부터 동방예의지국(東方禮儀之國)이라 하여 온 백성이 예절이 바른 것뿐만 아니라 모두 효자로 살아가는 그런 민족이었다. 또한, 건국이념인 광명개천(光名開天)과 홍익인간(弘益人間), 그리고 재세이화(在世理化)로 예절과 효행을 몸소 배우고 실천하며 5천 년의 역사를 살아온 민족인 것이다.

하지만 세계의 산업화에 발맞추어 고도의 경제발전을 이루다 보니 예절과 효행을 근본으로 삼던 농경사회의 문화가 공업화 정보화 시대로 바뀌면서 핵가족화되었다. 그러니 대문을 열어 놓고 이웃과 정겹게 살아가기보다는 땅을 밟지 않는 고층 아파트에 감옥과도 같은 철 대문을 굳게 닫고 이웃이 누구인지조차 모르고, 심지어 주변에서 사람이 죽어가도 아무도 알 수 없는 지경에 이르게 되었다.

옛날과 같은 보릿고개는 없어졌다. 하지만 이제는 인심과 인정이 메

마르며 고갈된 보릿고개에 시달리고 있으며, 핵가족도 모자라 이혼하는 부부가 전 세계 1위로 올라섰고 그에 따라 결손가정이 늘어났다. 감수성이 예민한 어린아이들과 청소년들의 육체적 정신적 고통을 가중시키며 사회적 범죄의 구렁텅이로 이들을 몰아넣고 있는 지경이 되었다.

또한, 의료혜택이 좋아지자 장수하는 노인들이 많아졌지만 이 노인들을 보살필 자녀들도 이제는 더 이상 없으며 나라에서도 모두 보살필 수 없는 형편이라, 춥고 배고프고 거기에다 외롭기까지 한 노후를 폐지나 빈 병을 주우며 죽지 못해 살아간다. 노인들의 자살률도 경제협력개발기구(OECD) 국가에서 1위를 차지하고 있다. 차라리 못 먹고 살았지만 옛날이 더 살기 좋았다 말을 하는 사람들이 점점 더 많아지고 있다.

이대로 동방무례지국으로 남을 것인가? 매년 수십 건에 달하며 해마다 증가 폭이 커지고 있는 인면수심(人面獸心)의 패륜범죄(悖倫犯罪)는 도저히 인간이라고 부를 수 없을 정도이다. 경제가 발전하면 인성도 함께 균형적으로 발전해야 하지만 현실적으로는 그렇지 않다. 부익부(富益富) 빈익빈(貧益貧)이 되다 보니 사람의 마음속에 내재해 있는 욕망과 욕구라는 본능적 자아를 극복하지 못하여 발생하는 미성숙한 사회적 범죄인 것이다.

우리는 이와 같은 환경 속에서 살고 있으며 집의 문을 나서거나 TV와 같은 매체를 통해서 쉽게 가난한 사람과 부유한 사람을 눈으로 볼 수 있다. 학교에 서나 직장에 서나 각종 모임에서나 심지어 대중교통을 타고 다니면서까지 빈부의 차이를 느끼며 스스로 자신을 비교해 볼 수도 있는 것이다.

현재의 시대는 자본주의 시대이며 이를 거스를 수는 없기에, 스스로 열심히 노력하고 성실하게 살고 목표를 향해 달려가며 하나씩 이루어가는 즐거운 마음을 가지는 정의로운 교육과 이를 뒷받침 해주는 사회적 제도가 반드시 있어야 한다. 물론 교육적 이론과 형식적 제도기 아닌 실천적 교육과 보상적 제도가 필요하며 지금과 같이 일부 몰지각한 정계와 재계, 교육계, 연예계 그리고 국가의 녹봉을 먹으며 국가와 국민의 안전을 심각하게 위협하는 여러 분야의 공무원들은 각성해야 할 것이다.

각계각층의 모든 지도자와 공무원 계층의 솔선수범을 하기 위해 정부는 이들에 대한 인성교육을 정기적으로 실시하여 각 개인에 대한 인성 역량에 대한 자질을 강화시키며, 전 국민으로 확대 실시해야 대한민국이 진정으로 행복지수와 삶의 만족도가 높은 국가가 될 것이다. 예의와 효행은 모든 사람들이 하나가 되게 하는 사랑의 띠이며 사회적 범죄를 없앨 수 있는 최선의 방법이라 하겠다.

진정한 교육의 순서는 지식을 가르치는 것보다 지혜를 가르치는 것을 우선적으로 해야 한다. 논어(論語) 학이편(學而篇)에 나오는 글귀로 "행유여력 즉이학문(行有餘力 則以學文)", 즉 사람으로서의 도리(道理)인 예의와 효행 등 인성을 갖추고 난 후 그 남은 힘으로 학문을 익히라는 귀한 말씀을 되새겨 보게 한다.

② 정직(正直)과 책임(責任)

"정직한 삶은 떳떳하며 거침이 없다.", "죽을 때까지 행복하려면 정직하라.", "정직만큼 풍요로운 재산은 없다." 이 모든 말이 정직에 관한 말이며 자신에게나 타인에게나 진실한 마음과 언행이 인간의 삶에서 얼마나 중요한가를 잘 표현해 주는 말들이다.

인성이 좋고 나쁨을 근원적으로 보자면 그 사람의 진실성을 보는 것이나 마찬가지이다. 진실한 사람은 자신에게 솔직하여 표리부동(表裏不同)하지 않아 언행일치(言行一致)로 타인에게도 초지일관(初志一貫)된 행위를 한다. 그러므로 다소 유연(柔軟)하지 않아 보이고 융통성(融通性)이 부족해 보이지만, 정직이라는 신념으로 대인관계에 있어 함부로 배신(背信)하지 않는다.

정직하려면 첫 번째 자신에게 진실해져야 정직해질 수 있다. 사람이 살아가면서 자신과의 약속을 헤아릴 수 없을 정도로 하고 있지만, 그 약속들을 진실하고 성실하게 지켰나 혹은 자기합리화를 통해 구렁이가 담 넘어가듯이 대충대충 넘어갔나를 돌이켜 잘 생각해 봐야 할 일이다.

두 번째는 자기가 아닌 다른 사람, 즉 부모 형제와 자손, 친척(親戚), 선생님, 친구와 선후배, 직장동료와 상사, 거래처, 이웃 사람 등 우리가 살아가면서 만나고 헤어지는 모든 부류의 사람들과의 관계에서 진실성이 있는 정직이다. 사람들은 대부분 그 사람이 진실한지 그렇지 않은 지에 대해 느낌으로 알곤 한다. 물론 그렇지 않은 사람들도 있지만 완벽하지는 않아도 진실한 분위기는 느낄 수 있다고 생각한다.

이런 경우 얼굴과 눈과 언행(言行)에서 나타나기 마련인데, 각자의 민감도(敏感度)에 따라 사전(事前)에 느낄 수도 있고 사후(事後)에 느낄 수도 있고 더러는 아예 느끼지 못하는 사람도 있게 마련이다. 아예 느끼지 못하는 부류의 사람은 아주 순박(淳朴)하고 순수(純粹)한 사람들이라 사회의 때가 묻지 않은 사람들이라 하겠다. 이러한 사람들이 정직하지 못한 사람들, 소위 사기꾼을 만나서 경제적 손실을 입고 심리적 고통으로 힘들어 하는 모습은 참으로 안쓰럽기 짝이 없다.

필자도 예전엔 후자 쪽에 속하여 가슴앓이를 한 적이 종종 있었다. "사람이 사람을 아프게 한다."라는 말이 있다. 이 말의 속내를 살펴보자면 진실(眞實)과 정직(正直)과 책임(責任)에 관한 내용인 것이다. 정직과 책임은 처음과 끝이요, 안과 밖이며 무형(無形)과 유형(有形), 추상(抽象)과 구상(具象)이라 할 수 있다. 책임(責任)은 그 사람의 진면모(眞面貌)로 참다운 그의 모습(模襲)이다.

책임이란 첫째, 스스로가 자신에게 가지는 책임과 둘째, 타인으로부터 부여받은 책임 그리고 셋째, 자신의 잘못으로 경제적(經濟的), 심리적(心理的) 보상(補償) 등의 복구(復舊)를 해야 하는 책임 등 그 강도나 세기가 다를 뿐 반드시 해야 할 의무적(義務的) 실천사항이 되겠다.

주어진 책임을 처음부터 끝까지 다하는 태도인 책임성의 형태는 사람마다 조금씩 다르지만 보통 말하는 책임성이 강한 사람은 진실한 마음과 성실한 태도가 내재되어 있는 정직한 사람이라 할 수 있다. 한마디로 함축(含蓄)시키자면 인성이 좋은 사람이라 하겠다.

책임이란 것은 일종의 부담으로 정신적, 육체적 더러는 경제적, 사회적인 고통이 따르게 마련으로, 책임의 종류에 따라 다르긴 해도 엄밀히 따져 보자면 개인적인 불이익이라 할 수 있다. 이를 감내(堪耐)하고 책임을 완성시키는 것은 그 사람의 인간성, 즉 인성(人性)에 기인(起因)한다.

책임성이 강한 사람이 많을수록 이 사회는 진실하고 성실하며 정직한 사람이 될 것이다. 이와 같이 된다면 당연적(當然的) 책임인 의무(義務)를 제외하고는 사회적으로나 개인적으로나 낭비적(浪費的)이며 불필요한 보상적인 책임은 불가피(不可避)한 사고(事故)가 아니라면 거의 사라질 수 있다고 여겨진다.

정직한 사람이 되는 훈련은 자신이 겪은 하루하루를 조금의 거짓 없고 성실한 자세로 '내 마음의 일기'를 쓰는 것으로 족하며, 책임 있는 사람이 되는 훈련은 무리하지 않는 범위에서 자신이 자신에게 약속하며 계획한 목표대로 정한 책 읽기, 즉 '독서'이다.

독서란 첫 장부터 마지막 장까지 인내를 가지고 책임성 있게 수행하는 선행이며 그 열매는 놀라울 정도로 달다. 자신과의 약속을 지키므로 책임 있는 사람도 되고 지식과 견문을 넓혀 지혜로운 사람이 되니 일거양득(一擧兩得)이라 하겠다.

③ 존중(尊重)과 배려(配慮)

존중과 배려는 인간관계에서 없어서는 안 될 중요한 마음가짐과 기본적 자세의 미덕이다. 사람은 누구나 귀한 존재로 존중받으며 살기를 원하고 다른 사람들로 하여금 배려받기를 바라는 마음이 인지상정(人之常情)이다. 타인들로부터 존중과 배려를 받기 위한다면 나부터 다른 사람들을 항상 인격적으로 존중하며 매사(每事)에 있어서 배려하는 바른 인성을 갖추어야 한다.

존중이라는 미덕(美德)을 깨우치려면 무엇보다도 스스로가 겸손(謙遜)한 언행(言行)을 가져야 하므로 경거망동(輕擧妄動)을 하지 말 것이며 일거수일투족(一擧手一投足)을 신중(愼重)한 마음과 자세로 임하여야 하고 자신의 말을 앞세우기보다는 상대방 또는 다른 사람들의 말을 경청(敬聽)하여야 할 것이다.

사람의 마음은 때때로 간사(奸詐)하여 자신도 모르는 사이에 옳지 못한 마음을 갖고 사회적 지위, 경제적 여건, 신체적 조건, 명예와 학력 그리고 연륜(年輪) 등 자신과 비교하여 본인보다 못하다는 편견적(偏見的)인 생각으로 홀대(忽待)하거나 천시(賤視)하는 비인성적이며 반 인권적인 어리석은 행동을 하기 쉽다. 그러므로 존중하는 마음을 가지려면 편견적인 사고방식을 전면적으로 바꾸지 않고는 이룰 수 없다.

편견적인 사고방식을 바꾼다면 자신이 가지고 있는 그릇된 생각을 바꾸어야 하는데, 제일 먼저 해야 할 일은 '성급한 마음'을 버리는 것이고 그다음에 해야 할 일은 '바라는 마음'이며 마지막으로 해야 할 일은 '아쉬운 마음'이 되겠다. 이 세 가지 마음이 사람들의 순수하고 정직한 마음을 흩트려 놓는 장본인(張本人)이라 할 수 있다.

첫째, 성급한 마음은 초조(焦燥)하고 불안한 마음으로 자신감의 결여(缺如)가 잠재적으로 내재하고 있으며 심리적으로 정서 불안 등 성장 과정에서 환경적인 요인에 기인할 수도 있다. 성급한 마음은 자신은 몰라도 다른 사람들이 자신의 행동거지(行動擧止)를 보고 알아차릴 경우가 많다. 이러한 경우, 자신의 마음을 정화하고 순화시키는 명상이나 호흡법, 이완요법(弛緩療法) 등으로 치유하는 방법이 도움이 될 수 있다.

둘째, 바라는 마음은 존중과 배려가 아니고 세속적인 거래(去來)이므로 좋은 인간관계를 형성하기 어려운 상황이 따를 수 있다. 인간관계를 다른 모습으로 조견(照見)한다면 일종의 거래라 할 수 있다. 그렇지만 처음부터 거래로 생각하며 인간관계를 한다면 내가 존중이나 배려한 만큼, 내지는 그 이상의 대가(代價)가 반드시 돌아와야겠지만, 인간관계의 속성상 그렇지 않은 경우가 많다.

내가 어떤 사람을 도왔다고 그 사람이 반드시 나를 도와야 하는 것이 아니라, 훗날의 상황에서 나보다 더 어려운 사람을 도울 수 있을 것이다. 이것이 인간관계의 꽃 중의 꽃인 바로 '사랑의 띠'인 것이다. 바라는 마음을 갖고 있다고 해서 바라는 것이 더 많이 온다는 보장이 없으므로 괜스레 마음만 아플 수 있으니 긍정적이며 편안한 마음을 갖는 것이 정신건강에 도움이 되겠다.

버리는 마음을 가지는 훈련으로는 세상과 주위를 살피며 나보다 더 어렵고 불편한 사람들의 마음을 헤아리고 진실한 마음으로 신앙생활을 하며 자신을 이해하며 매 순간에 감사하며 만족하는 삶을 살아가는 방법이 좋으리라 생각한다.

마지막 셋째, 아쉬운 마음이다. 누구나 자신이 하고자 한 일이나 목표에 대해 못다 이룬 것을 아쉬워하거나 미련이 남기 마련이다. 이러한 마음을 즉시 잊어버릴 수는 없지만, 독일의 심리학자 헤르만 에빙하우스 (Hermann Ebinghaus)가 주장한 망각곡선(忘却曲線)에 의해 일정 기간 후 아쉬운 마음을 잊어버리는 것이 심신의 건강상 좋다.

아쉬운 마음은 우리 뇌의 공포회로(恐怖回路)인 편도체(扁桃体, Amygdala)에 저장이 되어 유사한 경험에도 가중(加重)이 되어 정신건강에 악영향을 미쳐 집중도를 떨어뜨리고 자율신경계에 영향을 주어 교감신경을 활성화하며 우울증(憂鬱症)을 초래(招來)할 수도 있다.

아쉬운 마음을 버리는 연습은 세로토닌(Serotonin)이 생성할 수 있도록 경쾌한 노래를 들으며 가볍게 몸을 움직이는 스트레칭(Stretching)이나 걷기운동을 하며 행복(幸福)했던 기억을 되살리거나 성공한 나의 미래 모습에 대한 즐거운 상상(想像)을 하는 것만으로도 충분하며 양질(良質)의 단백질(蛋白質) 섭취(攝取)도 많은 도움이 되겠다.

④ 소통(疏通)과 협력(協力)

소통이 되어야 협력할 수 있다. 소통은 인류의 현재와 미래를 결정짓는 중요한 명제(命題)이다. 지나간 인류의 역사를 살펴보면 소통의 부재(不在)로 인한 갈등(葛藤)과 전쟁 등 경제, 정치, 문화, 사회적으로 막대한 손실을 입고 사망과 가난(家難) 그리고 질병에 신음(呻吟)하며 고통(苦痛)받은 세월이 너무도 길었다.

진정한 소통은 우선 한쪽에 치우치지 않는 원활(圓滑)한 의사소통이 있어야 하며, 양자(兩者) 간 다자(多者)간의 공평한 대우(待遇)와 처우(處遇)에 있으며, 그러기 위해 언어와 행위라는 매개체(媒介體)가 있고, 이 매개체 안에는 정직함과 배려심이 충만(充滿)하여야 하며, 밖으로는 예의와 겸손, 경청, 그리고 인내와 양보, 그리고 상생의 의지가 보여야 공감(共

感)할 수 있게 된다, 즉 좋은 인성을 가져야 한다는 말이다.

공감하고 소통하여 함께 상생(相生)의 길로 가고자 할 때 비로소 진정한 협력이 탄생하게 되는 것이다. 현재와 미래의 시대는 정보화 시대로 나와 다른 사람 그리고 내가 속한 집단과 집단과의 협력이 과거보다 더 많이 필요로 하고 있는데, 이 모든 것이 문명과 과학이 발달함에 따라 단조로운 삶이 아니라 편하지만 복잡한 삶을 살아가야만 하기 때문이다.

대부분의 사람들은 생존을 위해 그리고 더 나은 삶의 질을 높이기 위해 부단히 노력을 하고 있다. 이 노력은 왜 하는가? 나의 만족을 위해서이기도 하지만 내가 아닌 다른 사람들에게 보여주고 이해시키며 설득(說得)하기 위하여, 무언가를 찾아내고 만들고 머리를 쥐어짜듯 밤을 새워 가며 때맞춘 식사도 걸러 가며 일을 하고 있다. 이것은 타인과의 소통을 위한 것이다.

소통을 하려면 공감을 통하여야만 이해시키기가 수월하며 그래야 재화(財貨)든, 명예(名譽)든, 권력(權力)이든 획득할 기회가 주어지는 것이다. 사람의 마음을 자연스럽게 열게 하는 것은 공감이라는 마법의 열쇠인데, 이 열쇠를 만드는 재료는 자신의 삶에서 실제로 겪은 직접적인 체험이나 경험을 진솔한 마음이다. 이는 적절한 감성으로 보여야 해서 대단히 어려운 일이라 할 수 있다.

하지만 이렇게 어려운 방법을 통하지 않고 다른 사람들로부터 공감을 얻을 수 있는 비교적 쉬운 소통의 기술을 몇 가지 방법을 제안하고 싶다. 상대방이 말할 때 눈을 초롱초롱 반짝이며 입가에 미소를 지으며 무조건 잘 들으며 그때그때에 적절한 감정표현 등의 추임새를 잘 해주기만 하면 상대방으로부터 호감을 얻는 동시에 공감과 소통을 선물로 받을 수 있다.

이와 반대로 내가 상대방에게 이야기할 때에는 말하는 속도와 정확한 발음상태, 그리고 적절한 단어 선택 및 상황에 맞는 표정, 그리고 상대방의 호응도 등을 눈치 채지 않게 알아차려 지루하지 않도록 분위기와 어울리는 적당한 유머를 섞어가며 자신이 말하고자 하는 내용의 이해도를 높여야만 공감을 얻고 소통으로 끌어낼 수가 있는 것이다.

공감과 소통을 잘 끌어낼 수 있는 유명한 화법들로는 단점을 특징이나 장점으로 바꾸어 말하는 부메랑 화법, 부정과 긍정의 혼합된 대화에서 부정적 내용을 전자에, 긍정적 내용을 후자에 배치하여 감정순화에 도움을 주는 아론슨 화법, 자신의 의견에 대해 강한 주장보다는 상대방의 의견을 존중하며 우회적인 방법인 'Yes, But' 화법, 혈연(血緣), 지연(地緣), 학연(學緣), 취연(趣緣) 등 4가지의 연관성(聯關性)을 가지고 대화를 이끌어 가는 4연화법, 경청화법, 칭찬화법, 후광화법 등 여러 가지 방법이 있으니, 본인의 성격과 잘 맞는 대화법을 선택하여 훈련하면 소기의 목표를 달성할 수 있을 것이다.

또한, 대인관계에서 소통을 잘하려면 기억력이 좋아야 한다. 사람들의 기억력이란 특출한 일부의 사람들을 제외하고는 대부분 비슷하며 노력과 훈련에 의하여 기억력을 향상할 수 있다. 사람을 기억하는 방법은 그 사람의 이미지와 얼굴, 그리고 이름 및 직업 그리고 나이, 기호 등 그 사람에 대한 주변 정보에 관한 것들을 매칭(Matching)하여 기억하기 쉽게 구조화를 하는 것이다.

기억을 구조화하는 방법에는 영국의 토니 부잔(Tony Buzan)이 개발한 생각의 지도인 '마인드 맵(Mind Map)'을 응용하여 나름대로 개발하여 기억하면 효과적이며 두뇌도 개발될 것이다.

2) 선천적 인성과 후천적 인성

① 유전적 요인인 선천적 인성

생득적(甥得的) 요소로 부모가 가지고 있는 인성은 물론, 조부모(祖父母) 등 오랫동안 이어온 선천적인 가계 전통성(傳統性)에 기인할 수 있다. 예를 들면 가문의 전통과 관습(慣習) 등에 의한 문화적 풍습을 들 수 있으며, 어버이가 가지고 있는 무수한 유전형질(DNA)을 통한 유전 정보로 자식에게 전해지게 되므로 신체의 형태와 모습은 물론 정신적 기질이 잠재(潛在 potential) 또는 현재(顯在 actual)로 인성을 지배한다. 우리의 속담에 "콩 심은 데 콩 나고 팥 심은 데 팥 난다.", "효자 집안에 효자 나고 정승 집안에 정승 난다." 와 같은 속담처럼 그 속성이 이어져 가게 되는 것이다.

하지만 모든 기질이 동물의 습성과 같이 그대로 이어져 가는 것은 아니며 인성이란 환경적 요소와 교육적 수양에 의해 좋은 방향으로 변화가 될 가능성이 높으나, 그 반대로 폐쇄적인 환경에 그대로 방치할 경우 인간도 동물과 같이 유전적 기질을 본받게 되므로 백지설(白紙說, Theory of Tabula Rasa)을 주장한 존 로크(John Locke)의 설명처럼 인성을 위한 환경과 교육의 설정(設定)이 매우 중요하다고 할 수 있다.

② 교육적 요인인 후천적 인성

일생을 살아가는 동안 환경적 요소로 직접적 내지는 간접적으로 영향을 받게 되는 다양한 교육을 들 수 있다. 직접적 교육 환경이란, 한 사람이 살아가면서 함께 살아가는 부모, 형제, 친척, 친구, 선후배, 선생님, 이웃 사람과 연예인, 정치인, 사업가 등 유명한 주변 인물과 자신이 처해 있는 위치적 환경과 경제적 환경인 부모의 재산과 소득, 유. 무형의 미래 가치 등을 말하며, 간접적 교육 환경이란 교육 기관 등에서 습득하게 되는 학습과 각종 서적이나 무수한 매스 미디어(Mass media)에 의한 것이라 할 수 있는데, 이러한 직접적 환경과 간접적 환경은 서로 유기적인 관계를 가지고 있으므로 인성 형성에 미치는 영향은 지대하다 할 것이다.

그러므로 현재 청소년과 여성은 물론 전 국민이 무분별하게 사용하며 거의 중독에 빠지다시피 하는 SNS(Social Networking Service) 등의 사용횟수를 줄이고 사람과 사람이 직접 대면하여 대화하는 직접 소통법으로 원만한 대인관계의 질과 폭을 넓혀가야 한다.

SNS는 빠른 정보교환, 공유와 의사소통 및 업무처리를 원활하게 하는 순기능이 있지만, 이와 반대로 나의 물음에 답변을 지체하거나 또는 응답하지 않을 경우 정서를 분산시키는 등 심리적 장애, 불안증세까지 나타난다. 그리고 직접적인 대인관계를 회피하는 등 나만의 세계에 빠질 위험이 있다는 전문가들의 주장이 제기되고 있다.

일부 선진국에서는 제도 하에 학생들의 휴대폰 사용시간을 제안하는 등의 조치를 실시하고 있으며, 성인들도 일과 시간 이외에는 휴대폰 사용을 스스로 자제하는 풍토가 조성되고 있다. 문명의 발달로 편안한 혜택을 누리고 있는 것은 사실이지만, 그 이면에는 우리가 버리지 말아야 할 것들인 환경, 대인관계, 건강, 심리. 가정, 일자리, 인성 문제 등 너무 많은 부분들을 그 대가로 지불하고 있는 것이다.

더 늦기 전에 이제라도 인간성 회복을 위한 바르고 알찬 후천적 인성 교육을 통하여 모든 사람들을 변화시켜서 모든 것이 손가락 하나로 만들어 가는 사회가 아닌, 몸과 마음으로 소통하고 사람과 사람들이 부딪치며 생활하는 아름다운 풍토를 만들어 가야 할 것이다.

대상별 인성덕목 구성내용

분류		인성덕목	구성내용	해석범위
개인	나	정직 진솔	진솔성 (진실과 솔직)	나와 남에게 진실한 마음으로 솔직하게 사실대로 거짓없이 말하기
			용기 역경	실수나 잘못을 숨기지 않고 인정하며, 자신이 처한 상황과 고통에 대한 어려움과 두려움에 굴하지 않으며, 강한 의지력으로 있게 소신 있게 도전하여 난관을 극복하기
		절제 인내	자기조절	내 안에 있는 다양한 감정과 욕구에 대해 사리분별을 판단하며 행동하기
			인내(끈기)	은근과 끈기를 갖고 참아내며 견디기
		자율 자존	자기이해	나 자신을 객관적으로 바라보며 이해하기
			자기존중	나 자신을 귀하게 여기며 긍정적 시선으로 바라보기
			자기결정	나 스스로 합리적으로 판단하고 결정하여 행동하기
사회	너	책임 성실	근면	성실하게 맡은 역할 하기, 최선을 다하기, 행위에 책임지기
			약속이행	약속 지키기
			신뢰(신용)	믿을만한 사람 되기
		배려 소통	타인이해 및 공감	타인의 감정, 생각, 관점을 이해하기
			관용(관대)	타인에게 너그럽게 대하기

분류			인성덕목	구성내용	해석범위
사회	너		배려 소통	용서	타인의 잘못을 용서하기
				친절(이타성)	다른 사람에게 관심 두고 도움 주기, 타인을 보살피기
				대인관계능력	타인의 말을 잘 듣기, 남의 감정을 파악하기, 타인과의 관계를 잘 맺고 유지하기
				갈등해결능력	문제에 직면하기, 협상하기, 대안을 찾고 결정하기
			예절	효도	부모에게 효도하기
				공경	웃어른을 공경하기
				공손(겸손)	동년배나 아랫사람에게 공손하기, 바른 언어 및 행동하기, 예의범절 지키기, 과장된 허세를 부리지 않기
	우리		정의	공정(형평)	공평하게 대우하기, 평등하게 대우하기, 사회적 약자를 보호하기
				인권존중	편견을 갖거나 차별하지 않기
			시민성	협동	집단 및 공동체 문제에 관심 두고 협력하기
				질서 및 준법	질서 지키기, 규칙이나 법 지키기
				애국심	나라를 사랑하기
			인권 (인애)	세계시민의식	인종, 민족, 국적, 종교 등의 차이를 초월하여 모든 인류를 사랑하기, 전지구적 문제 해결을 위해 협력하기
				세계평화	세계평화와 비폭력을 추구하기
				타 문화 이해	타 문화를 인정하고 교류하기

05
동양과 서양의 인성교육관(人性教育觀)

1) 동양의 인성 교육관

맹자가 주장한 인성론은 성선설로 공손추편(公孫丑篇)에 등장하는 사단설(四端說)을 바탕으로 한 인간의 4가지 본성(本性), 즉 사성(四性)을 측은지심(惻隱之心), 수오지심(羞惡之心), 사양지심(辭讓之心), 시비지심(是非之心)이라 하였고, 다시 사성을 이루는 정신적 구성 요인으로는 사단(四端)과 칠정(七情)으로 나뉘어 설명하고 있다.

인간의 본성은 4가지의 성품(性品)으로 나뉘는데 첫 번째, 측은지심(惻隱之心)으로 남의 어려움이나 불쌍한 것을 보고 안타깝고 가여워 애처롭게 여기며 어떠한 방법으로든 도와주고 싶은 마음을 말하며 두 번째, 수오지심(羞惡之心)이라는 것은 악(惡)한 상황이나 잘못을 부끄럽게 여기고 나쁜 점을 싫어하는 마음이며 세 번째, 사양지심(辭讓之心)은 나보다 남을 배려하는 마음에서 나오는데 그 마음은 양보해주는 마음이고 속아주고 넓게 이해하고 용서해 주는 마음이다. 네 번째, 시비지심(是非之心)은 옳을 시 是, 그럴 비 非, 갈 지 之, 마음 심 心 즉, 옳음과 다름 그리고 바름과 그름을 판별하여 가릴 줄 아는 마음을 뜻하는 것이다.

그러므로 위에서 말한 인간이면 누구나 가지고 있다는 4가지 본성을 정리하자면, 가엾고 애처롭게 여기는 마음은 仁이 되고, 부끄럽고 싫어하고 미워하는 마음은 義가 되며, 남을 배려하며 귀하게 대하는 마음은 禮가 되고, 옳고 그름을 구분하는 마음은 智가 되는 것으로 인의예지는 태어나면서부터 지닌 것으로 이 4가지 본성을 조화롭고 안정적으로 수양하는 것이 완성된 인성의 목표인 것이다.

퇴계 이황이 주장한 주리론(主理論)은 이기이원론(理氣二元論)이라 하여 사단(四端)과 칠정(七情)은 근본적으로 다른 것이어서 군자(君子)는 사단을 일생의 근간으로 삼고, 소인(小人)은 칠정을 중요하게 생각하며 살아가게 된다고 하였고, 율곡 이이의 주기론(主氣論)는 이기일원론(理氣一元論)을 설명하며 사단과 칠정은 인간의 정신적 지주(支柱)로서 유기적 관계로 서로 얽혀 있어 본질적으로 동일하다고 보았다.

바르고 옳은 인성을 수양하기 위해서는 생각하는 것과 몸가짐이 매우 중요하다고 여기어 중국 남송(南宋)시대 성리학의 대가 주자(朱子 朱熹 1130~1200))와 그의 제자 유자징(劉子澄)이 소년들에게 예절과 인성을 가르칠 목적으로 편찬한 수양서인 소학(小學)에서 구사구용(九思九容)인 아홉 가지의 생각과 행실을 강조하였다.

① 아홉 가지 생각(구사九思)이란

첫째, 시사명(視思明)

눈으로 사물을 볼 때 밝은 바른 마음으로 보아야 되겠다는 생각을 가져야 한다. 사사로운 편견과 겉으로 나타나는 것만을 가지고 판단하지 말고 신중하게 보라는 뜻이다.

둘째, 청사총(聽思聰)

귀로 어떤 소리나 말씀을 들을 때, 밝게 지혜를 가지고 현명하게 듣되 그 소리나 말씀이 무엇을 의미하는지를 알아들어야 한다.

셋째, 색사온(色思溫)

얼굴은 항상 부드럽고 온화한 표정을 가져야 하며 어떠한 상황에 처할지라도 그것을 표현하지 말아야 한다는 의미이다.

넷째, 모사공(貌思恭)

외모와 몸가짐, 그리고 행동거지와 옷차림을 반듯하게 하여 남을 대할 때 예의가 바르고 겸손한 마음을 생각해야 한다는 뜻이다.

다섯째, 언사충(言思忠)

말은 군더더기 없이 진실된 말을 전달해야 한다는 마음을 생각해야 신뢰를 얻을 수 있으며 헛되거나 경고망동(輕擧妄動)한 언사(言事)를 삼가야 한다는 의미이다.

여섯째, 사사경(事思敬)

일을 하려 할 때는 정신을 집중하여 신중하며 차분한 마음으로 존중하며 섬기듯 처리해야 한다는 뜻이다.

일곱째, 의사문(疑思問)

모르는 것이 있거나 의심이 나는 것이 있으면 대충 소홀히 넘기지 말고 반드시 묻고 배워서 깨우쳐야 한다는 것으로, 모르는 것이 알려고 하는 것보다 더 큰 부끄러움이라는 의미이다.

여덟째, 분사난(忿思難)

억울하고 역정이 날 때, 참지 않고 화를 내거나 바르지 않는 행동을 하지 말아야 한다는 마음을 가져야 훗날 어려운 상황을 피할 수 있다는 뜻이다.

아홉째, 견득사의(見得思義)

권력이나 돈, 명예 등 어떤 것이든지 이익이 되는 경우에도 본인의 처지와 맞으며 바르고 합당한 것인지를 생각해야 한다는 뜻으로, 신중한 생각 없이 급하게 판단하여 받아들이면 얻는 것보다는 잃은 것이 많을 수 있다는 의미이다.

② 아홉 가지 몸가짐(구용九容)이란,

첫째. 족용중(足容重)

발은 무겁게 가져야 하는 것으로 발걸음을 가볍게 하지 않으며 경솔하게 움직이지 말아야 한다는 뜻으로, 발을 옮 묵직하고 진지해야지 가볍고 방정맞게 움직여서는 안 된다는 것이다.

둘째, 수용공(手容恭)

손을 쓸데없이 함부로 움직이게 되면 상대방을 무시하는 것으로 생각하기 쉬우며, 또한 자신을 가볍게 여기게 되고 예의가 없이 보이게 되며 집중(集中)하지 못하여 신뢰(信賴)를 얻을 수 없게 되므로, 반드시 필요할 때만 손을 사용하고 바르고 가지런히 모아야 한다는 뜻이다.

셋째, 목용단(目容端)

눈은 마음의 창(窓)이며 진실을 표현해 주는 것으로 대인관계 시 가장 큰 부분을 차지하는 중요한 의사소통기관이다. 따라서 눈을 온화(溫和)하고 부드럽게 떠서 차분하게 상대편을 바라보아야 하며, 눈을 돌리며 자주 깜빡이거나 힘을 주어 눈살을 찌푸리는 행동을 하는 것은 예의에 어긋나는 것으로 태도이다.

넷째, 구용지(口容止)

입과 혀가 사람의 인성에 미치는 영향은 생사(生死)를 갈라놓을 정도로 대단히 크므로 사용하지 않을 때에는 힘을 주지 않은 상태에서 다소곳이 입을 다물어야 하며, 쓸데없는 말을 남발(濫發)하거나 상황에 맞지 않는 동문서답(東問西答)을 한다면 교양(敎養)이 없는 사람으로 간주(看做)되기 쉽다.

다섯째, 성용정(聲容靜)

말을 할 때 음성과 언어는 또렷하고 조용하며 서둘지 않는 차분한 목소리로 대화를 나누어야 하며, 화가 난 것과 같이 성이 난 음성으로 말을 하게 되면 듣는 상대로 하여금 불쾌(不快)하게 되므로 조심하여야 한다.

여섯째, 두용직(頭容直)

머리와 목을 곧고 바르게 들어 허리를 펴서 자세를 바르게 하여야, 단정(端正)하며 자신감(自信感)이 있게 보여 상대에게 신뢰를 줄 수 있다.

일곱째, 기용숙(氣容肅)

기(氣)란 모든 사물에게 존재하지만 형태를 증명(證明)할 수 없는 자연적 현상인 일종의 에너지나 동력(動力)을 의미하는 것으로, 양(陽)의 기운

과 음(陰)의 기운(氣運)을 조화롭게 다스리라는 뜻이다. 즉, 이 기운을 잘
다스리려면 안정(安靜)되고 바른 호흡(呼吸)을 하며 평온한 마음을 만들고
몸의 자세를 엄숙히 가져야 한다.

여덟째, 입용덕(立容德)

흐트러짐 없는 바른 자세로 서 있는 것으로 의젓하고 당당한 모습에서
덕이 엿보이고 교양과 예절의 근본(根本)이 된다는 의미이며, 건강한 생각
과 강직한 신체가 비롯되고 모든 일에 자신감을 가질 수 있다는 뜻이다.

아홉째, 색용장(色容莊)

색(色)이란 얼굴의 표정을 말하는데, 그늘이 지지 않으며 언제나 명랑
하고 긍정적이며 온화한 미소를 가져야 상대에게 좋은 호감(好感)을 갖게
한다는 의미이다. 우울하거나 화가 난 표정(表情)은 자신에게나 다른 사
람들에게도 좋지 않은 인상을 주게 된다.

바른 인성을 위한 동양적 가르침

구사(九思)		대상	구용(九容)	
시사명(視思明)	밝고 정확하게 보며	판단	목용단(目容端)	눈을 바르게 뜨고
청사총(聽思聰)	바르고 똑똑하게 듣고	소통	성용정(聲容靜)	고요하고 맑은 음성으로
색사온(色思溫)	따뜻한 미소를 지으며	표정	색용장(色容莊)	꾸밈없는 표정을 지으며
모사공(貌思恭)	공손한 모습으로	자세	두용직(頭容直)	머리를 바르게 들고
언사춘(言思忠)	진솔한 말만 하고	진실	구용지(口容止)	쓸데없는 말을 삼가며
사사경(事思敬)	모든 일에 신중하며	교양	입용덕(立容德)	의젓하고 덕망 있게 서서
의사문(疑思問)	의심나면 물어보고	노력	수용공(手容恭)	손을 공손하게 하고
분사난(忿思難)	분함을 참아내며	수양	기용숙(氣容肅)	기운을 차분하게 다스려
견득사의(見得思義)	정당한 이득을 취하라	신중	족용중(足容重)	경고망동을 피하라

2) 서양의 인성교육관

① 인성교육의 역사적 배경

서양의 인성교육에 관한 개념은 주지주의(主知主義) 철학자인 소크라테스와 플라톤, 그리고 아리스토텔레스가 주장한 '덕(德)'이었으며 덕을 실천하는 방법을 구체적으로 설명하고자 했다.

㉮ 소크라테스(Socrates, BC 470~399경)

지덕복합일설(知德福合一說)로 이성을 바탕으로 덕을 쌓으면 행복해진다는 이론으로 인성의 덕목을 갖추어야 한다고 해석할 수 있으며, 진정한 지식은 바른 행위로 이어지며 행복의 가치로 승화되며 이것은 참된 행복을 얻을 수 있다고 하였다.

소크라테스	
행복(幸福)=진리(眞理)	
진지(眞知)	덕(德)=선(善)
이성(理性)	

㉯ 플라톤(Platon, BC 427~347경)

인간의 본질이 물질적이 아니며 소멸하지 않는 영혼, 또는 정신(Psyche)을 의미하며, 인간의 삶이 정신세계에서 의식과 무의식, 잠재의식의 총체로서 영혼이 주체가 되어 완전한 이성으로서 마음과 몸을 지배할 때 완전한 인성이 이루어지는 것으로 보았다.

따라서 이성이 감성을 지배하게 되면 가장 바람직한 인성을 갖추게 된다고 생각하여 이성적인 교육이 인성 발달에 중요하지만, 권력과 명예와 재화를 획득하게 된 유명한 사람일수록 감각적인 현실 세계의 특성상 관계적 도덕성을 잃기 쉽다고 주장하였다.

플라톤		
정의(正義)=선(善)=이데아		
지혜(智慧)	용기(勇氣)	절제(節制)
이성(理性)		

㉑ 아리스토텔레스(Aristoteles, BC 384~322경)

스승인 플라톤의 이론을 계승하여 정신과 영혼의 세계에 대한 좀 더 구체적인 방법으로, 현실의 상황에 부합되며 마음과 육체가 조화를 이룬 인간적 삶을 포함해 공동사회와 함께 어우러지는 인성 교육을 반복하며 발전시켜야 한다고 강조하였다.

다시 말하면, 플라톤은 이데아 사상을 통하여 최고의 선을 이룰 수 있지만 현실의 삶 속에서는 불가능하다고 하였으며, 아리스토텔레스는 이데아를 형상화(Form)하고 현실의 세계를 질료화(Matter)하여 궁극적이며 최종 목표인 행복의 이데아를 실현할 수 있다는 자연의 사다리 이론을 말했다.

즉, 이성과 감성의 적절한 조합이 이데아 실현에 중요하다고 질료형상론(質料形相論, Hylomorphism)를 주장하였다. 그러므로 가치관과 목표가 형상이 되고 이것을 달성하려면 그에 부합되는 계획과 전략이 질료(원료나 재료)가 되어야 한다는 것이다.

아리스토텔레스	
중용(中庸)	
덕(德)=지성(知性)/지혜, 이해력	덕(德)=품성(品性)/용기, 절제, 정의
이성(理性)	

② 인성교육과 심리학적 관계

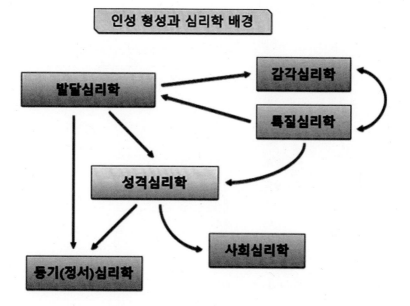

인성 형성과 관련한 심리학의 분야에는 발달심리학(Developmental Psychology), 성격심리학(Prsonality Psychology), 인지심리학(Cognitive Psychology), 동기심리학/정서심리학(Psychology of Motivation/Psychology of Emotion), 사회심리학(Social Psychology) 등이 있다.

연구이론에는 정신분석학(精神分析學, Psychoanalysis), 개인심리학(個人心理學, individual psychology), 사회학습이론(社會學習理論, Social Learning

Theory), 특질이론(特質理論, Trait Theory), 개인현상학(個人現象學, individual phenomenology) 등을 꼽을 수 있다.

③ 동, 서양의 인성 구성의 원칙

동양	사성 (四性)	심 (心) ↓ 성 (性)	측은지심 (惻隱之心)	어려움이나 불쌍한 것을 보고 측은하게 여기는 자애로운 마음
			수오지심 (羞惡之心)	악(惡)의 잘못된 행위를 알아차리고 미워하는 마음
			사양지심 (辭讓之心)	자신과 타인에게 불편함이 없도록 양보하고 배려하는 마음
			시비지심 (是非之心)	시비(是非)와 사리분별(事理分別)을 판단할 수 있는 마음
	사단 (四端)	이 (理) ↓ 선 (善)	인(仁)	모나지 않고 어짊
			의(義)	옳음
			예(禮)	갖추어야 할 도리
			지(智)	바르게 앎
동양	칠정 (七情)	기 (氣) ↓ 화 (和)	희(喜)	기뻐하는 마음
			노(怒)	화를 내는 마음
			애(哀)	슬퍼하는 마음
			구(懼)	두려워하는 마음
			애(愛)	사랑하는 마음
			오(惡)	미워하는 마음
			욕(欲)	바라는 마음
	오욕 (五慾)	낙 (樂) ↓ 만 (滿)	수면욕(睡眠慾)	잠자고 싶은 욕심
			식욕(食慾)	먹고 싶은 욕심
			색욕(色慾)	종족을 보존하기 위한 이성에 대한 욕심
			명예욕(名譽慾)	유명해지고 싶은 욕심
			재물욕(財物慾)	가지고 싶은 욕심
서양	윤리 (倫理)	습 (習) ↓ 덕 (德)	아레테(Arete) 니코마크스 윤리 (아리스토텔레스)	뛰어난 재능을 조화롭게 하는 중용의 덕목 의지가 중요함

서양	정의(正義)	선(善)↓진(眞)	국가론(Poliiteiā) 이데아 사상 (플라톤)	인간 행동의 근원인 영혼 3분설 참된 지식을 주는 정신 기능은 이성(Logos) 실천하는 이성의 밑에 기개, 격정(Thumos) 야심, 노여움 등 심리적 요소들의 욕망(Ephithymia)
	도덕(道德)	지(知)↓덕(德)	지행합일설 주지주의 도덕사상 (소크라테스)	무지에 대한 지의 가르침 '악법도 법이다.'
	봉사(奉仕)	애(愛)↓사(仕)	박애주의 사상 인도주의 철학 기독교 휴머니즘 (Christian humanism)	박애주의(博愛主義, Philanthropism) 서로 평등하게 사랑하여야 한다는 윤리 철학적 주의 인도주의(人道主義, Humanitarianism) 기독교 문화 안에서 자연적인 인간성의 회복 운동 기독교 휴머니즘(Christian humanism) 하나님을 중심으로 인간의 능력, 존엄성, 주체성을 강조하는 사상

이러한 관점에서 볼 때 인간의 본성 즉 인성은 선천적 유전적인 영향도 받는 것이지만, 그보다는 후천적인 영향을 더 많이 받는다고 할 수 있다. 여기에서 인성(Personality)과 관련되는 여러 용어들을 비교해 봄으로써 인성의 개념을 정리해 보기로 한다.

첫째, 성격(Character)은 희랍어의 '카타크테로'에서 나온 말이다. 즉, 이미 새겨진 구조물과 같이 튼튼하게 만들어진 것, 목재나 석재로 조각된 것과 같은 의미를 지니고 있다.

둘째, 기질(Temperament)은 한자의 기분과 체질의 합성어로서 체질에 바탕을 둔 정서적 반응 경향이라고 할 수 있다.

셋째, 개성(Individuality)은 다른 사람과 여러 측면에서 차이가 나는 독자적 특성을 나타내는 것이다. 그러나 인성은 이러한 여러 견해를 종합적, 포괄적으로 설명하려는 것이다. 즉, 인성은 성격, 기질, 개성 등의 상위 개념이라고 한다면 성격, 기질, 개성 등은 인성의 하위개념이라 할 수 있다.

다시 말하면, 인성은 개인의 특징적인 사고, 감정, 행동을 결정하는 심리—생리적 체계로서 개인 내부에 존재하는 역동적 구조라고 할 수 있다. 즉, 인성은 한 개인이 타인에게 풍기는 첫인상에 해당하므로 가치적 판단을 하기 이전의 상태라고 할 수 있다.

06
종교에서 본 인성관

1) 유교(儒敎)

유교(儒敎)는 공자(孔子)의 도의(道義)를 중심으로 발전한 유교의 기본 사상(思想)으로 대학(大學)에서 언급한 명명덕(明明德, 밝은 덕을 밝히는 일), 신민(新民 백성을 새롭게 하는 일), 지어지선(止於至善, 지선에 머무르는 일)의 삼강령(三綱領)이며, 이를 바탕으로 격물(格物), 치지(致知), 성의(誠意), 정심(正心), 수신(修身), 제가(齊家), 치국(治國), 평천하(平天下)의 팔조목(八條目)을 통하여야만 수기치인(修己治人, 자신을 수양한 후에 남을 다스릴 수 있다)의 최종 목표를 이루게 된다고 하였다.

결국, 인간은 우선적으로 자신의 내적인 수양과 수행을 함으로써 사물의 근본 원리와 도리인 원형이정(元亨利貞 주역의 文言傳)의 4가지 덕목으로 '원(元)'은 만물이 시작되는 때로 봄에 속하며 인(仁)으로 이루어진다.

형(亨)은 만물이 성장하는 때로 여름에 속하며 예(禮)로 실천된다. 이(利)는 만물이 이루어지는 때로 가을에 속하며 의(義)로 행해진다. 정(貞)은 만물이 완성되는 때로 겨울에 속하며 지(智)로 이루어진다.

즉, 인의예지(仁義禮智)의 인(人性)이 완성되면 타인과의 원만한 소통과 교류가 이루어진다는 것이 유교적 인성에 대한 관점이라고 할 수 있다.

예를 들자면, 농부가 농사를 짓는 것은 자신의 생업을 위해서이기도 하지만, 다른 사람들에게 곡식을 제공하기 위함도 된다는 것이다. 유교적 인성교육의 진정한 의미는 후천적인 의(義), 예(禮), 지(智)를 잘 훈련하여 선천적인 인(仁)의 인간을 완성하려는 데 가치를 찾을 수 있다.

2) 불교(佛敎)

불교(佛敎)에서는 인성에 대해서 집착과 욕심의 굴레를 벗고 인간이 내재하고 있는 순수하고 청정한 불성(佛性)을 발현하게 하는 것이라고 하였다. 색즉시공(色卽是空) 공즉시색(空卽是色)으로 의식과 육체는 허물이요, 그 본질은 불성(佛性)이며 무지(無知)와 탐욕(貪慾)에서 비롯된 3독(毒)인 탐(貪)·진(瞋)·치(癡)의 3가지 번뇌로 인한 인생의 고통을 스스로 깨닫고 육체와 정신적 의식에서 벗어날 때 해탈(解脫)을 하며 진전한 인성이 완성되는 것이라 보았다.

불교에서는 인성과 깨달음이 같은 맥락이라고 보는 경향이 있는데, 이를 위해서 4가지 거룩한 진리라는 의미의 사성제(四聖諦)인 삶의 생노병사(生老病死)에 대한 괴로움인 고성제(苦聖諦), 애집(愛執)과 같은 끝없는 고통의 원인인 집성제(集聖諦), 마음의 모든 욕망(慾望)이 사라져 괴로움이 없어지는 멸성제(滅聖諦), 이 세상의 모든 괴로움을 해결하고 열반에 도달할 수 있는 방법인 도성제(道聖諦)를 교리로 제시하며 고(苦)·집(集)·멸(滅)·도(道)라고 일반적으로 줄여서 부른다.

사성제는 모두 인성과 관련이 있으나, 특히 도성제에 나타나 있는 팔정도(八正道)가 현실에서 추구하는 인성교육의 내용과 가깝다고 여겨진다. 팔정도(八正道)란 괴로움을 없앨 수 있는 여덟 가지의 방법을 말한다.

① 정견(正見): 바른 견해이다.

사성제에 대한 올바른 이해를 말한다. 즉 괴로움의 발생과 소멸, 그리고 괴로움의 소멸에 이르는 길을 바르게 아는 것이다.

② 정사(正思): 바른 생각이다.

탐욕스러운 생각, 성내는 생각, 남을 해치려는 생각 등을 버리고 고통당하는 모든 사람들에게 자비를 베풀겠다는 생각을 가지는 것을 말한다.

③ 정어(正語): 바른 말이다.

거짓말, 모함하는 말, 욕하는 말, 꾸며대는 말을 하지 않고 시의적절한 말, 성실한 말, 남에게 용기를 주는 말을 하는 것이다.

④ 정업(正業): 바른 행동이다.

살생, 절도, 음행을 하지 않는 것이다. 적극적으로는 고통당하는 사람에게 자비를 베풀고 화해와 평화를 가져오는 행위를 하는 것이다.

⑤ 정명(正命): 바른 직업이다.

남에게 해를 주지 않는 직업을 갖는 것이다. 나의 욕심만을 위한 직업이 아니라, 나도 이롭고 남도 이로운 직업을 선택해야 한다.

⑥ 정정진(正精進): 바른 노력이다.

이미 생긴 선(善)은 더욱 자라도록 노력하고, 아직 생기지 않은 선은 생기도록 노력하고, 이미 생긴 악(惡)은 끊도록 노력하고, 아직 생기지 않은 악은 생기지 않도록 노력하는 것이다.

⑦ 정념(正念): 바른 명상이다.

비파사냐 명상 또는 마음 챙김을 말한다. 이는 이 순간에 일어나는 몸의 반응, 생각, 감정을 집중하여 알아차리는 것을 말한다. 영어로는 Mindfulness로 번역한다.

⑧ 정정(正定): 바른 집중이다.

마음을 한 곳에 집중하는 것이다. 샤마다 명상을 말한다. 정정을 통해 마음이 고요해진 상태를 삼매(三昧)라고 한다. 정을 닦는 구체적인 방법이 선(禪)이기 때문에, 때로는 2가지를 합해서 선정(禪定)이라고도 한다.

팔정도를 줄이면 혜(慧)·계(戒)·정(定)의 삼학(三學)이 된다. 정견과 정사는 혜에, 정어, 정업, 정명은 계에, 정정진, 정념, 정정은 정에 각각 해당한다. 팔정도나 삼학은 둘 다 괴로움에서 벗어나는 길을 제시한 것이다.

삼학(三學)	혜(慧)	계(戒)	정(定)
팔정도(八正道)	정견(定見) 정사유(正思惟)	정어(正語) 정업(正業) 정명(正命)	정정진(正精進) 정념(正念) 정정(正定)

3) 기독교(基督敎)

기독교(基督敎, Christianity)에서는 성부(여호아), 성자(예수), 성령(영성, spirituality)의 삼위일체로 사랑과 희생, 그리고 봉사정신을 인성교육의 핵심으로 가르쳐 왔다. 따라서 자신의 영욕보다는 타인에 대한 배려와 긍휼하는 마음이 좋은 인성을 만들고 지상의 낙원을 가꾸게 되며 모두가 행복을 누릴 수 있는 것으로 보았다. 기독교적 교육관은 겸양과 배려, 양보로 교만하고 불손한 사람에게는 벌을 주시고 겸손한 이에게는 은총을 베풀어 준다고 성경에서 가르치며 바람직한 인성의 중요성을 강조하고 있다.

4) 대종교(大倧敎)

대종교(大倧敎, 교조(敎祖) 나철羅喆, 1863~1916)에서 본 인성이란 성(性)·명(命)·정(精)의 삼진귀일(三眞歸一)과 지(止)·조(調)·금(禁)의 3법의 근본 교리로, 고조선의 건국이념인 인간을 넓게 이롭게 한다는 뜻의 홍익인간(弘益人間)과 하늘을 공경하고 사람을 사랑해야 한다는 경천애인(敬天愛人)에서 보듯이, 예와 의를 강조하며 인성교육을 가르쳐 왔으며 자연의 이치에 순종하며 물질에 대한 욕심을 절제하도록 행동함을 뜻하는 순천절물(順天節物)의 정신을 중요하게 여겨왔다.

5) 이슬람(Islam)

이슬람(Islam, 聖使 무함마드, 570~632)의 인성교육은 '이만'이라 부르는 6가지 종교적 믿음인 6신(信)과 '이바다'라고 하는 5가지 종교적 의무인 5행(行)을 기본으로 하며, 무슬림의 신앙생활을 지탱하는 다섯 기둥인 '아르칸'을 근본으로 유일신을 섬기는 단일종교국가로 모든 가정과 사회에서 이슬람적 교리의 언칙에 따라 종교적 인성교육을 실시하고 있다.

㉮ 이만의 6신神

(1) 알라 (2) 천사들 (3) 경전들 (4) 예언자들 (5) 마지막 심판 (6) 운명론에 대한 여섯 가지 믿음

㉯ 이바다의 5행行

(1) 신앙고백(샤하다)

이슬람교의 신앙고백으로, "알라 외에 신은 없으며, 무함마드는 알라의 예언자이다."라고 하는 고백.

(2) 기도(살라트)

매일 5차례의 기도.

(3) 단식(사움)

이슬람력 9월(라마단) 한 달 동안 일출부터 일몰까지의 음식 및 음료의 섭취와 성행위를 금함.

(4) 자선(자카트)

일반적으로 상공업에 종사하는 부자들의 재산의 2.5%나 농민들의 연 생산의 10~20% 정도이며, 이 돈이나 생산물은 가난한 사람들에게 분배된다.

(5) 메카 순례(하즈)

이슬람력 12월(둘 힛자)에 이루어지며 경제적 신체적으로 능력이 있는 모든 무슬림이 일생에 한 번 행해야 하는 다섯 가지 기둥.

6) 유대교(Judae敎)

유대교(야훼와 모세의 율법을 믿는 셈 계의 헤브라이인이 BC 2000년경 팔레스타인 지방에

서 시초)의 인성교육은 임신에서부터 유년시절을 어머니가 전담을 하며 소년기에는 가정과 학교가 담당하게 되는데, 1차적으로 구약 성경(타나흐)을 기본으로 하는 모세 오경(히브리어 토라)인 창세기, 출애굽기(탈출기), 레위기, 민수기, 신명기와 성문서(이스라엘의 현자들이 대자연의 신비와 인간의 양심을 통해 깨달은 삶의 체험을 하느님의 섭리), 그리고 선지서인 5권의 대 선지서(대 예언서)의 이사야, 예레미야, 애가, 에스겔, 다니엘과 12권의 소선지서(소예언서)의 호세아, 요엘, 아모스, 오바댜, 요나, 미가, 나훔, 하박국, 스바냐, 학개, 스가랴, 말라기로 구성된 종교 기반적 원리를 철저히 가르친다.

또한, 2차적으로 타나흐에 위배되지 않은 내용으로 이루어진 미쉬나(실제 삶에 적용할 때 필요한데 타나흐(구약성경)에 기록되어 있지 않은 구전을 기록한 책)와 미드라시(더 보편적이라 미시나에도 없는 사항에 대한 것으로 전통이나 전설을 기록해 놓은 기록서), 그리고 탈무드(배워질 것)로 미시나와 그에 대한 주석을 담아 놓은 80권의 책을 바탕으로 교육이 이루어진다.

7) 원불교(圓佛敎)

원불교에서 인성(人性)이란 인격적 성품, 즉 사람의 성질과 됨됨이를 말하며 개인, 가정, 사회, 국가 등 미래의 운명을 좌우하기 때문에 인성이 곧 미래라고 가르치고 있다. 인성 속의 하자(瑕疵)는 현실 속에서 태풍을 몰고 올 수도 있고, 함정을 팔 수도 있고 블랙홀이 될 수도 있다.

그러므로 인성은 항상 주의 깊게 관리해야 할 대상으로 인성의 장점은 단점이 될 수 있지만, 단점도 잘 활용하면 장점이 될 수 있다. 또한, 인성 속에서 긍정적인 것과 부정적인 것을 가려내지 못하는 것은 수도상의 영아(嬰兒)라 하였다.

인성 속에서 긍정적 요소는 최대한 성장시키고, 부정적 요소는 최소화해야 하며, 인성 수행의 실지에 들어가기 위해서는 첫째, 말과 행동을 일치시켜야 한다(言行一致). 둘째, 안 볼 때나 볼 때나 한결같아야 한다(隱現一致). 셋째, 양심을 갖고 겉과 속이 다르지 않아야 한다(內外一致). 넷째, 옳고 바르게 알아야 하며 그대로 행동에 옮겨야 한다(知行一致). 다섯째, 원만구족(圓滿具足) 지공무사(至公無私)와 일치시켜 간다.

원만구족(圓滿具足)함은 두루 갖추었다는 의미로써 비움 속에 우주를 품은 것을 뜻한다면, 지공무사(至公無私)함은 은혜가 너른 세상에 고루 미치는 데 사사로움이 없다는 의미로써 너른 세상을 위하는 마음에 나를 드러냄이 없다는 뜻이다. 즉 육근(六根, 눈, 귀, 코, 입, 몸, 마음)을 원만구족 지공무사하게 하여야 한다.

그러므로 원불교적 의미에서의 인성교육은 신구의 삼업은 복짓고 죄 짓는 밭이다. 육근을 요약하면, 신구의 삼업으로 이를 작업할 때 일원상처럼 사용해야 한다는 말이다. 이를 위해 첫째, 솔성요론(率性要論)과 둘째, 삼십계문(三十戒文)을 두어 삼업(三業)을 청정하게 하도록 하여 인성에 대한 삶의 가치관과 행동지침을 중요시하였다.

ㄱ. 솔성요론(率性要論)

솔성요론은 성품을 거느리는 가장 기초적이고 요긴한 표준으로서 심성을 계발하고 생활을 향상시키는 좋은 습관을 길들여서 선도를 지향하게 하는 동시에 불심(佛心)을 기르며 보살도를 실행하는 공부법이다. 개인적으로는 기질 변화로 좋은 습관을 기르는 공부법이며, 사회적으로는 건전한 도덕 질서를 유지하고 평화 안락한 인류 시민 공동체 사회를 지향하는데 모든 인류가 실천해야 할 덕목이다.

종교가에서는 계율과 같이하지 말라는 부정적인 가르침이 많은데, 원불교에서는 계문과 함께 성품을 발현하여 적극적으로 생활에 활용해 갈 것을 가르치고 있다는 데 솔성요론의 의의가 있다. 솔성의 성은 본성(本性)·불성(佛性)·자성(自性) 등으로 다양하게 표현되어 모두 천부적인 인간의 본래성을 말하며, 개체 인간들의 특성을 긍정하기 이전의 것으로 모든 인간의 본래성은 동질적이며, 범성일여(凡聖一如)의 본구적인 것이라고 본다.

1. 사람만 믿지 말고 그 법을 믿을 것

생로병사로 변화하는 육신만을 믿지 말고 영원불멸한 진리를 깨친 성자의 교법을 믿고 수행해야만 진리를 깨칠 수 있게 된다.

2. 열 사람의 법을 응하여 제일 좋은 법으로 믿을 것

대도정법(大道正法)을 믿지 않고 사도(邪道)를 믿게 되면 오히려 악도에 떨어지고 영생 길을 망치게 된다.
성자들이 깨친 진리도 깊고 얕은 차이가 있다. 그러므로 진리를 크게 깨친 주세 성자의 대도 정법을 믿고 수행해야 영생길을 개척한다.

3. 사생(四生) 중 사람이 된 이상에는 배우기를 좋아할 것

학문을 닦고 수행에 힘써서 도학과 과학이 조화를 이루고 내외가 겸전한 인격을 이루어야 만물의 영장으로서 인간다운 인간이 될 수 있다.

* 四生: 생물이 태어나는 4가지 모양. 1) 태생(胎生, 사람이나 짐승처럼 태로 태어나는 것). 2) 난생(卵生, 새처럼 알에서 태어나는 것). 3) 습생(濕生, 벌레처럼 습기에서 태어나는 것). 4) 화생(化生, 귀신처럼 업력으로 스스로 태어나는 것).

4. 지식 있는 사람이 지식이 있다 함으로써 그 배움을 놓지 말 것

조그마한 지식에 만족하거나 집착하지 말고, 큰 지혜를 얻을 때까지 게으름 부리지 않고 부지런히 노력해야만 중근기(中根機)에 떨어지지 않고 진급할 수 있다.

5. 주색낭유(酒色浪遊)하지 말고 그 시간에 진리를 연구할 것

물질생활에 여유가 생겼다고 해서 향락주의나 사치풍조나 소비생활에 마음을 빼앗기면 강급하거나 악도에 타락한다. 경제적·시간적 여유가 있으면 진리·종교·철학·예술 등의 탐구에 힘쓰고 수행 정진해야만 더욱 진급할 수 있다.

6. 한편에 착(着)하지 아니할 것

한편에 착하면 고통에서 벗어나기 어렵고 악도에 타락하기 쉽다. 애착(愛着), 탐착(貪着), 집착(執著), 편착(便着), 원착(怨着)에서 벗어나야만 자유와 해탈을 얻을 수 있다(無着行).

7. 모든 사물을 접응할 때에 공경심을 놓지 말고 탐한 욕심이 나거든 사자같이 무서워할 것

공경심으로 사물을 대해야만 처처불상(處處佛像)임을 알게 되고, 처처불상임을 알아야 사사불공(事事佛供)의 수행을 할 수 있다. 하루살이는 전깃불을 이 세상에서 가장 아름다운 꽃으로 잘못 알아 날아들어 타죽게 된다. 탐한 욕심은 자신을 망치는 길이므로 멀리 도망가야 한다.

8. 일일시시(日日時時)로 자기가 자기를 가르칠 것

나의 본래 마음을 찾아 스승으로 삼는 것이 가장 큰 공부법이다. 남을 가르치려는 사람은 먼저 자기 자신부터 가르쳐야 한다.

9. 무슨 일이든 잘못된 일이 있고 보면 남을 원망하지 말고 자기를 살필 것

모든 잘못의 책임을 자기 자신에게서 찾아야만 그 잘못을 바르게 고칠 수 있고, 남을 원망하지 않고 감사생활을 할 수 있으며, 상극악연(相剋惡緣)을 짓지 않고 상생선연(相生線緣)을 지을 수 있다.

10. 다른 사람의 그릇된 일을 견문하여 자기의 그름은 깨칠지언정 그 그름을 드러내지 말 것

남의 잘못을 스승 삼고 거울삼아 자기의 잘못을 깨치고 고쳐갈지언정, 남을 흉보지도 말고 남의 앞길을 막지도 말아야 상생선연으로 살아갈 수 있다.

11. 다른 사람의 잘된 일을 견문하여 세상에 다 포양하며 그 잘된 일을 잊어버리지 말 것

다른 사람의 잘한 일을 나의 스승으로 삼고 같이 기뻐하며, 잊지 않고 거울로 삼아야 진급하는 사람이 되고 국량이 활달한 사람이 될 수 있다.

12. 정당한 일이거든 내일을 생각하여 남의 세정을 알아줄 것

내가 싫은 일을 남에게 하지 말고, 내가 좋은 것을 남에게 먼저 베풀며, 항상 남을 이해해주고 보살펴 주는 사람이라야 나도 남으로부터 이해받을 수 있고 도움을 받을 수도 있다.

13. 정당한 일이거든 아무리 하기 싫어도 죽기로써 할 것

부당한 일이라면 아무리 나를 유혹하거나 설사 개인적 이익이 된다 할지라도 거기에 끌려가면 오히려 더 큰 죄업을 짓게 된다. 정의를 실천하기 위해서는 생명도 아깝지 않은 마음을 가져야 한다. 여기에서 정당한 일, 정의가 무엇인가에 대한 바른 판단이 필요하다.

14. 부당한 일이거든 아무리 하고 싶어도 죽기로서 아니할 것

아무리 하고 싶고 큰 이익이 돌아온다 할지라도 불의를 행하게 되면 일시적인 이익은 될지라도 영원히 큰 죄업을 짓게 되며, 인류 역사상에 큰 죄인이 된다.

15. 다른 사람의 원 없는 데에는 무슨 일이든지 권하지 말고, 자기 할 일만 할 것

아무리 좋은 일이라 할지라도 다른 사람이 좋은 줄을 모르거나 원이 없을 때는 자기 고집으로 무리하고 성급하게 권하지 말고, 묵묵히 자기 할 도리를 다하여 다른 사람이 스스로 깨쳐 원하도록 자연스럽게 인내심을 갖고 기다릴 줄 알아야 한다.

16. 어떠한 원을 발하여 그 원을 이루고자 하거든 보고 듣는 대로 원하는 데에 대조하여 연마할 것

지행일치(知行一致), 언행일치(言行一致), 원행일치(願行一致)의 노력이 있어야 원하는 일을 바르게 이룰 수 있다(출처: 원불교용어사전,한국민족문화대백과).

ㄴ. 삼십계문(三十戒文)

원불교 교도가 마땅히 지켜야 할 30가지의 계문. 보통급 십계문, 특신급 십계문, 법마상전급 십계문을 말한다.

원불교 교도가 마땅히 지켜야 할 30가지의 계문. 보통급 십계문, 특신급 십계문, 법마상전급 십계문을 말한다.

⑴ 보통급(普通級) 십계문

① 연고 없이 살생을 말며, 일체 생명을 고귀하게 알아서 아끼고 사랑하자는 것.

② 도둑질을 말며, 땀 흘려 일해서 자력 생활을 하자는 것.

③ 간음(姦淫)을 말며, 부부간에 이해·존경·협조를 바탕으로 한 숭고하고 아름다운 사랑을 하자는 것.

④ 연고 없이 술을 마시지 말며, 도덕적이면서도 멋과 낭만이 넘치는 생활을 하자는 것.

⑤ 잡기(雜技)를 말며, 여가를 선용하여 문화·예술의 창조에 힘쓰자는 것.

⑥ 악한 말을 말며, 아름답고 부드러우며 품위 있는 말을 사용하자는 것.

⑦ 연고 없이 쟁투(爭鬪)를 말며, 파사현정과 사회정의 실현에 용감하게 앞장서자는 것.

⑧ 공금(公金)을 범하여 쓰지 말며, 개인의 이익보다는 공익을 앞세우자는 것.

⑨ 연고 없이 심교간(心交間)에 금전을 여수(與受)하지 말며, 마음으로 사귀는 친구 사이에는 불변의 의리와 우정을 갖자는 것.

⑩ 연고 없이 담배를 피우지 말라. 건전하고 예의 바른 선업을 쌓아가자는 것.

⑵ 특신급(特信級) 십계문

① 공중사(公衆事)를 단독으로 처리하지 말며, 단체의 일에는 대중의 뜻에 따르고 민주주의를 발전시켜 가자는 것.

② 다른 사람의 과실(過失)을 말하지 말며, 다른 사람의 잘못을 널리 이해하고 용서하며 조그마한 장점이라도 발견해서 칭찬하고 격려해 주자는 것.

③ 금은보패 구하는 데 정신을 뺏기지 말며, 사치심, 허영심, 소비 풍조를 버리고 검소 절약의 생활을 하자는 것.

④ 의복을 빛나게 꾸미지 말며, 겉으로 화려하게 꾸미기를 좋아하는 생활보다 안으로 알맹이 있는 사람이 되자는 것.

⑤ 정당하지 못한 벗을 좇아 놀지 말며, 항상 선지식을 가까이하고 의리와 인격으로 친구를 사귀자는 것.

⑥ 두 사람이 아울러 말하지 말며, 남의 의견을 존중하고 자기와 반대되는 의견도 잘 들을 줄 알며 때로는 저줄 줄도 알자는 것.

⑦ 신용 없지 말며, 생명을 걸고서라도 약속과 신용을 지키자는 것.

⑧ 비단같이 꾸미는 말을 하지 말며, 남에게 아첨하는 말이나 남을 유혹하는 말이 아닌 진실하고 정직한 말을 하자는 것.

⑨ 연고 없이 때아닌 때 잠자지 말며, 잠잘 때 잠자고 일할 때 일하며 시간을 잘 활용하자는 것.

⑩ 예 아닌 노래 부르고 춤추는 자리에 좇아 놀지 말라. 부당한 유흥과 향락에 빠지지 말고 건전하고 정당한 정서 생활을 하자는 것.

⑶ 법마상전급(法魔相戰級) 십계문

① 아만심(我慢心)을 내지 말며, 언제나 겸손의 미덕을 갖추자는 것.

② 두 아내를 거느리지 말며, 부부간에 일편단심으로 진실한 사랑을 하자는 것.

③ 연고 없이 네발 달린 짐승인 사육(四肉)을 먹지 말며, 생명존중사상에 입각해서 육식을 절제하고 채식을 많이 하자는 것.

④ 나태(懶怠)하지 말며, 공부와 사업에 게으르거나 핑계를 대지 말고 부지런하고 성실하게 하자는 것.

⑤ 한 입으로 두말하지 말며, 언제나 진실하고 정직한 말을 하며 자기가 한 말에 대해서는 끝까지 책임을 지자는 것.

⑥ 망령된 말을 하지 말며, 항상 예의 바르고 법도 있고 필요한 말을 하자는 것.

⑦ 시기심(猜忌心)을 내지 말며, 다른 사람이 잘되는 것을 내가 잘되는 것처럼, 다른 사람이 잘하는 것을 내가 잘하는 것처럼 알아서 같이 기뻐하고 좋아하자는 것.

⑧ 탐심(貪心)을 내지 말며, 텅 빈 마음과 무소유의 정신으로 안분 자족하는 생활을 하자는 것.

⑨ 진심(瞋心)을 내지 말며, 화나는 마음을 참고 인욕 수행에 힘쓰자는 것.

⑩ 치심(痴心)을 내지 말라. 마음속에 지혜의 등불을 밝히자는 것.

이 삼십계문을 보면 '연고 없이'라는 조항이 7개나 된다. '연고 없이'란, 어디까지나 계문에 지나치게 얽매이지 말고, 상황의 변화에 따라 신축성 있게 대처하고 융통성 있게 활용하라는 뜻이며, 계문을 지키지 않으면서 이를 합리화하기 위한 구실로 삼아서는 결코 안 된다는 것이다.

또한, 사람들이 몸과 입과 마음으로 업을 짓는 것을 신구의 삼업이라고 한다. 신업(身業)은 몸으로 짓는 업으로, 살생(殺生)·투도(偸盗)·사음(邪淫)이다. 구업(口業)은 입으로 짓는 업으로, 남을 속이려고 진실하지 못한 말을 하는 일을 하는 망어(妄語), 교묘하게 꾸며대는 말을 하는 기어(綺語), 두 개의 혀라는 뜻으로 먼저 말한 것을 뒤집는 말을 하는 양설(兩舌), 남의 단점을 들추어 말하거나 욕하는 말을 하는 악구(惡口)이다.

의업(意業)은 마음으로 짓는 업으로 남의 것은 탐하고 자기 것은 몹시 아끼는 탐애(貪愛)·눈을 부릅뜨고 방해를 하는 진애(瞋碍)·어리석음을 숨기는 치암(癡暗)이다. 이를 통칭하여 10가지의 악업(惡業)이라고 한다.

악업이 쌓이게 되면 마음의 그늘이 생기고 그 그늘은 행동으로 표현되며 결국 인성에 대한 평가로 이어지며 부정적이며 불만에 가득 찬 삶으로 이런 인성을 가진 사람에게는 그 누구도 함께 동반자가 되려 하지 않으니 외롭고 고독한 인생으로 불행하게 살게 되는 것이다.

'초발심자경문'에 '선남자, 선여인들에게 세 가지 법이 있다면 진리의 도량에 이르게 되나니, 그 세 가지란, 첫째 신체의 청정(身淨)이요, 둘째는 입의 청정(口淨)이요, 셋째는 생각의 청정(意淨)이다. 이 세 가지 법을 갖추면 부처의 도량에 이르게 된다.

몸을 가벼이 움직이지 않으면 산란한 마음을 다스려 선정(禪定)을 이루고 말이 적으면 미혹을 돌이켜보아 지혜를 이룬다. 실상(實相)은 언어를 떠난 것이며 진리는 경거망동하지 않는다. 입은 모든 화근의 문이니 반드시 엄하게 지키고 몸은 모든 재앙의 근본이니 경거망동하지 말아야 한다.

자주 나는 새는 그물에 걸리기 쉽고 가벼이 날뛰는 짐승은 화살을 맞을 위험이 있다. 그러므로 부처는 설산에서 6년 동안 앉아 움직이지 않았고 달마는 소림굴에서 9년 동안을 무언으로 침묵하였다. 후세에 참선하는 사람들은 어찌 이 일을 본받지 않는가 하여 업을 잘 다스리라고 하였다.

신구의(身口意) 삼업(三業)의 구체적인 열 가지 행위, 즉 몸(身)의 3가지 악행(惡行)인 생명을 죽이는 살생(殺生), 도둑질하는 투도(偸盜), 음란한 행위를 하는 사음(邪淫)과 입(口)의 3가지 악행인 거짓말(妄語), 이간질을 하는 말(兩舌), 저주 등 험한 말(惡口), 없는 걸 꾸며내는 말(綺語), 그리고 위 7가지 행위나 행동을 하도록 만들게 한다는 3가지의 생각(意)인 욕심내는 탐욕(貪欲), 자기의 뜻이 어그러짐에 노여움과 성내는 마음의 진에(瞋恚), 사악한 생각인 치암(癡暗)을 십악(十惡)과 팔사(八邪)인 여덟 가지 그릇된 길, 즉 사견(邪見), 사사(邪思), 사어(邪語), 사업(邪業), 사명(邪命), 사정진(邪精進), 사념(邪念), 사정(邪定)이 인성의 덕을 그르치는 커다란 장애가 된다고 가르치고 있다.

바르고 좋은 인성을 유지하고 관리하기 위해서는 현재의 상황에서 내 외부에 대한 자신의 생각과 행동의 경계를 잠시 멈추고 호흡을 고르게 하여 온전하게 정신을 회복하고, 생각을 너그럽고 원만하게 하여 온전하고 합리적인 바른 판단을 만들어 내며, 사사로운 감정과 마음을 버리고 현명한 판단과 결정을 내려 행동을 실천으로 옮겨야 한다.

스스로 노력하는 모습과 자세로 자신과의 약속을 지키며 자신의 마음과 행동을 절제하며 통제해 갈 때 타인으로 하여금 자신을 대하는 태도를 자연스럽게 알 수 있게 되며, 자신도 알게 되며 비로소 자기 인성을 스스로 믿을 수 있게 느껴진다. 하지만 위와 같은 실행이 없으면 타인들로 하여금 인정받을 수 없으며 자신을 믿을 수 없으며 용기도 의욕도 잃게 되어 인성관리에 실패한다.

II

인성지수 검사

브레인스카웃

인성지수검사 문제지

1. 예의(禮儀)- 의지, 의식, 태도, 질서

[의지 항목]

1. 아침에 잠자리에서 일어날 때 어떤 생각이 드는가? ( )

① 잘 잤다. ② 일어나야지. ③ 더 자고 싶다. ④ 일어나기 싫다. ⑤ 눈뜨기조차 싫다.

2. 일어난 직후나 일과를 시작하기 전에 자신에게 힘과 용기를 주는 생각이나 말을 하는가? ( )

① 매일 한다. ② 자주 한다. ③ 가끔 한다. ④ 어쩌다가 한다. ⑤ 전혀 안 한다.

3. 도둑질이나 남을 괴롭히는 나쁜 행동을 하는 사람을 보면 어떻게 해야 하나? ( )

① 경찰에 신고한다. ② 주변 사람들에게 알린다. ③ 도와준다. ④ 모르는 척한다. ⑤ 나와는 관계없는 일이다.

4. 자신의 물건이나 남의 물건, 그리고 공동으로 사용하는 물건을 아끼고 소중하게 사용하는가? (   )

① 매우 그렇다. ② 그렇다. ③ 보통이다. ④ 그렇지 않다 ⑤ 매우 그렇지 않다.

5. 자신이 스스로 정한 좌우명 또는 목표가 있으며 계획대로 실천하려 노력하고 있는가? (   )

① 매우 그렇다. ② 그렇다. ③ 보통이다. ④ 그렇지 않다 ⑤ 매우 그렇지 않다.

[의식 항목]

6. 잠자리에서 일어난 후 이부자리를 말끔히 정리정돈하는가? (   )
① 매우 그렇다. ② 그렇다. ③ 보통이다. ④ 그렇지 않다. ⑤ 전혀 안 한다.

7. 잠자리에서 일어난 후 가장 먼저 하는 일은 무엇인가? (   )
① 가족이 있다면 아침 인사를 한다. ② 씻는다. ③ 앉는다. ④ 무언가를 먹는다. ⑤ 다시 눕는다.

8. 자신이 보관하는 물건이 어디에 무엇이 있는지를 알고 수시로 점검하는 편인가? (   )
① 100% 그렇다. ② 75% 이상 그렇다. ③ 50% 정도이다. ④ 25% 정도이다. ⑤ 잘 모르며 어쩌다가 한다.

9. 항시 옷을 깨끗하게 입으며 한 번 입은 옷(속옷 제외)은 다시 입으려고 잘 보관하는 편인가? (   )
① 매우 그렇다. ② 그렇다. ③ 보통이다. ④ 그렇지 않다. ⑤ 매우 그렇지 않다.

10. 식당이나 조용한 장소에서 소란스러운 사람이 있다면 어떻게 하고 싶은가? ( )

① 주의를 주고 싶다. ② 나도 똑같이 한다. ③ 한 대 쥐어박고 싶다. ④ 신경 안 쓴다. ⑤ 모르겠다.

[태도 항목]

11. 본인은 책상이나 서랍, 옷장, 신발장 등을 언제나 깨끗하게 사용하는가? ( )

① 매우 그렇다. ② 그렇다. ③ 보통이다. ④ 그렇지 않다. ⑤ 전혀 안 한다.

12. 아침에 식사에 대한 질문에 해당하는 번호를 쓰시오. ( )

① 꼭 먹는다. ② 차려주면 먹는다. ③ 차려 달라고 한다. ④ 반찬 투정을 한다. ⑤ 아예 안 먹는다.

13. 혼잣말이나 가족과 친구 그 누구에게도 바르고 고운 말을 사용하며 욕 따위는 하지 않는 편인가? ( )

① 매우 그렇다. ② 그렇다. ③ 보통이다. ④ 그렇지 않다. ⑤ 매우 그렇지 않다.

14. 다른 사람을 만났을 때 자신이 먼저 인사를 하며 남들에게 예의가 바르다는 말을 듣는 편인가? ( )

① 잘 듣는 편이다. ② 자주 듣는 편이다. ③ 가끔 듣는다. ④ 어쩌다 듣는다. ⑤ 전혀 듣지 못한다.

15. 다른 사람들과 식사할 때 예절을 잘 알며 그대로 실천하는 편인가? ( )

① 매우 그렇다. ② 그렇다. ③ 보통이다. ④ 그렇지 않다. ⑤ 매우 그렇지 않다.

[질서 항목]

16. 옷장에 옷을 자신 스스로가 정리하고 있으며, 계절별로 정리정돈이 잘 되어 있는가? (   )

① 매우 그렇다. ② 그렇다. ③ 대충한다. ④ 다른 사람이 정리정돈해준다. ⑤ 별로 신경 안 쓴다.

17. 버스나 지하철 이용 시 줄을 잘 서며 자리를 노약자나 임산부가 있다면 양보를 하는가? (   )

① 매우 그렇다. ② 그렇다. ③ 보통이다. ④ 그렇지 않다. ⑤ 전혀 안 한다.

18. 어떠한 행동을 할 때 분위기와 장소와 때를 가릴 줄 알며 상황에 맞는 행동을 하는가? (   )

① 매우 그렇다. ② 그렇다. ③ 보통이다. ④ 그렇지 않다. ⑤ 매우 그렇지 않다.

19. 공공장소나 단체 행동할 때 개인행동을 자제하며 불평불만 없이 규칙에 잘 따르는 편인가? (   )

① 매우 그렇다. ② 그렇다. ③ 보통이다. ④ 그렇지 않다 ⑤ 매우 그렇지 않다.

20. 자신 및 타인과의 약속 그리고 공공예절이나 교통법규 등을 잘 지키고 있는가? (   )

① 매우 그렇다. ② 그렇다. ③ 보통이다. ④ 그렇지 않다 ⑤ 매우 그렇지 않다.

2. 효행(孝行)- 순종, 공경, 자존, 도리

[순종 항목]

1. 부모님께 꾸지람을 듣거나 매를 맞았을 때 부모님에 대해 왜 나를 낳았냐고 대든 적이 없었는가? ( )
① 한 번도 없었다. ② 1번 그랬다. ③ 2~3번 그랬다. ④ 그런 생각이 많이 든다. ⑤ 아예 달고 산다.

2. 자신이 할 일이 있어도 부모님께서 시키는 일이 있다면 군소리 없이 하는 편인가? ( )
① 항상 그렇다. ② 그렇다. ③ 반반이다. ④ 하지 않을 때가 많다. ⑤ 아예 하지 않는다.

3. 부모님 또는 선생님, 손윗사람들한테 잘못을 지적받았을 때 순순히 받아들이는 편인가? ( )
① 항상 그렇다. ② 그렇다. ③ 보통이다. ④ 그렇지 않다. ⑤ 항상 그렇지 않다.

4. 동생과 다투었을 때 부모님께서 내 잘못이 아닌데 나를 더 혼낸다면 어떤 기분일까? ( )
① 기분은 나쁘지만 이해한다. ② 불공평하다. ③ 좋지 않다. ④ 원망스럽다. ⑤ 매우 화가 난다.

5. 당신은 살아오는 동안 부모님의 말씀에 말대꾸나 눈에 거슬리는 행동을

하지 않은 편인가? ( )

① 매우 그렇다. ② 그렇다. ③ 보통이다. ④ 그렇지 않다. ⑤ 매우 그렇지 않다.

[공경 항목]

6. 자신이 이 세상에 태어난 걸 부모님께 고맙고 자랑스럽게 생각하는가? ( )

① 매우 그렇다. ② 그렇다. ③ 보통이다. ④ 그렇지 않다 ⑤ 매우 그렇지 않다.

7. 부모님과 대화할 때 존경하는 마음과 바른 자세로 항상 진실하고 솔직하
게 대화에 응하는가? ( )

① 매우 그렇다. ② 그렇다. ③ 보통이다. ④ 그렇지 않다 ⑤ 매우 그렇지 않다.

8. 부모님의 마음을 헤아리며 기쁘게 해 드리는 방법을 알고 있으며 그렇게
하고 있는가? ( )

① 매우 그렇다. ② 그렇다. ③ 보통이다. ④ 그렇지 않다. ⑤ 매우 그렇지 않다.

9. 부모님 중 어느 한 분이라도 아플 경우 몸과 마음으로 최선을 다해 병간호
를 하는가? ( )

① 매우 그렇다. ② 그렇다. ③ 보통이다. ④ 그렇지 않다. ⑤ 매우 그렇지 않다.

10. 부모님께서 바르지 않은 행동을 보였거나 하셨을 때 나는 어떠한 행동을
하는 편인가? ( )

① 정중하게 개인적으로 말씀드린다. ② 아무 때나 편할 때 말한다. ③ 마음에
두고 기회를 노린다. ④ 모른 척한다. ⑤ 상대하기 싫다.

11. 부모님께서 자기 자신을 소중하고 귀하게 생각하고 계신다고 생각하는가? (   )
① 매우 그렇다. ② 그렇다. ③ 보통이다. ④ 그렇지 않다 ⑤ 매우 그렇지 않다.

12. 부모님이나 손윗사람들한테 말을 듣기 전에 나의 할 일은 스스로 알아서 하는 편인가? (   )
① 항상 그렇다. ② 그렇다. ③ 보통이다. ④ 그렇지 않다. ⑤ 항상 그렇지 않다.

13. 나는 항상 목표를 정하고 계획을 세워 실천하고 있으며 나에 대한 믿음을 확실히 갖고 있는가? (   )
① 항상 그렇다. ② 그렇다. ③ 보통이다. ④ 그렇지 않다. ⑤ 항상 그렇지 않다.

14. 부모님이나 선생님으로부터 충고나 조언을 들었을 경우 명심하여 실행에 옮기는 편인가? (   )
① 매우 그렇다. ② 그렇다. ③ 보통이다. ④ 그렇지 않다. ⑤ 매우 그렇지 않다.

15. 당신은 가정생활 시 빨래, 설거지, 청소 등 가사 일을 누구의 요청 없이도 스스로 하는가? (   )
① 항상 그렇다. ② 그렇다. ③ 보통이다. ④ 그렇지 않다. ⑤ 항상 그렇지 않다.

[도덕 항목]

16. 나의 형제자매와 다투지 않으려고 노력하며 다투는 일이 있더라도 차분

하고 평온하게 말하는가? (   )

① 매우 그렇다. ② 그렇다. ③ 보통이다. ④ 그렇지 않다 ⑤ 매우 그렇지 않다.

17. 내의 잘못으로 실수를 저질렀을 때 남의 핑계를 대지 않고 부모님께 용서를 구하는가? (   )

① 매우 그렇다. ② 그렇다. ③ 보통이다. ④ 그렇지 않다. ⑤ 매우 그렇지 않다.

18. 만만한 나의 아랫사람이 나에게 대들었을 때 나의 반응은 어떠한가? (   )

① 매우 기분이 나쁘지만 좋은 말로 타이른다. ② 매우 기분이 나쁘지만 참는다. ③ 못됐다고 하며 혼낸다. ④ 조용한 곳으로 가서 쥐어박는다. ⑤ 흥분을 하며 그 자리에서 때려준다.

19. 형제자매가 병중에 있을 경우 몸과 마음으로 최선을 다해 간호를 할 준비가 되어 있는가? (   )

① 매우 그렇다. ② 그렇다. ③ 보통이다. ④ 그렇지 않다. ⑤ 매우 그렇지 않다.

20. 부모님이 계실 경우 외출하거나 귀가 시 인사를 반드시 드리며 형제자매에게도 그러는 편인가? (   )

① 항상 그렇다. ② 그렇다. ③ 보통이다. ④ 그렇지 않다. ⑤ 항상 그렇지 않다.

3. 정직(正直)- 진실, 정의, 용기, 반성

[진실 항목]

1. 거짓말을 하는 사람은 나에게 도움이 되더라도 친구로 받아들일 수 없는 가? (   )
① 매우 그렇다. ② 그렇다. ③ 보통이다. ④ 그럴 수 없다. ⑤ 매우 그럴 수 없다.

2. 돈이 급하여 친구에게 사정하여 돈을 빌렸다. 돈이 생긴 후에 언제 갚을 것인가? (   )
① 즉시 갚으며 보답도 한다. ② 날짜를 정하여 한 번에 갚고 보답도 한다. ③ 나누어 갚지만 모두 준다. ④ 조금만 갚고 다음에 주겠다고 한다. ⑤ 갚을 생각이 없다.

3. 나는 혼자 있을 때 할 일이나 공부를 미루고 게으름을 피우며 나태하게 한 적이 있는가? (   )
① 매우 그렇다. ② 그렇다. ③ 보통이다. ④ 그렇지 않다. ⑤ 전혀 안 그렇다.

4. 부모님은 학교 선생님이시다. 사람은 항시 깨끗한 마음으로 살아가야 한다고 가르치신다. 어느 날, 학부모가 우리 집으로 찾아와 돈이 담긴 봉투를 내놓으며 우리 아이를 잘 부탁한다는 말을 듣게 되었고, 부모님은 그 돈이 담긴 봉투를 받으시는 장면을 목격하였다. 당신은 어떻게 할 것인가? (   )
① 이 사실을 경찰이나 학교에 알린다. ② 돈 봉투를 돌려드리라고 말씀드린다. ③ 생각해보고 결정한다. ④ 모르는 척한다. ⑤ 부모님께 용돈을 좀 내놓으라고 한다.

5. 전 달보다 성적이 좋지 않은 시험 성적표가 내 앞에 있다. 성적이 떨어지면 부모님께 몹시 매를 맞고 꾸지람을 듣기에 성적표를 고쳐서라도 꾸지람과 매를 피하고 싶다. 성적표를 고친다 하더라도 부모님은 전혀 알 수가 없는 상황이다. 당신은 성적표를 고치겠는가? (   )

① 매우 그렇다. ② 그렇다. ③ 보통이다. ④ 그렇지 않다. ⑤ 전혀 안 그렇다.

[정의 항목]

6. 인적이 없는 한적한 공원에 지갑이 떨어져 있다. 지갑 안에는 연락처도 있다. 어떻게 할 것인가? (   )

① 주인에게 전화를 걸어 돌려준다. ② 주워서 경찰서에 갖다 준다. ③ 주워서 가까운 우체통에 넣는다. ④ 주인에게 돌려주고 사례비를 달라고 한다. ⑤ 돈만 빼고 지갑은 버린다.

7. 학교에서 시험을 보는 중에 옆 친구로부터 답안지를 보여 달라면 답안지를 보여줄 것인가? (   )

① 전혀 안 보여준다. ② 아주 조금만 보여준다. ③ 반만 보여준다. ④ 대부분 보여준다. ⑤ 다 보여준다.

8. 학교 반장 선거를 위해 후보자가 2명 있었다. 이 중 한 명은 나와 절친한 관계이지만 리더십이 약간 부족하고, 또 한 명의 후보는 나와 친하진 않지만 다른 친구들 이야기를 들어보니 리더십이 강한 학생이라고 한다. 당신이 투표를 한다면 누구에게 투표를 할 것인가? (   )

① 반드시 친구한테 표를 준다. ② 친구에게 조건을 걸며 표를 준다. ③ 당선될 후보자에게 표를 준다. ④ 다른 후보에게 조건을 걸며 표를 준다. ⑤ 다른 후보

에게 표를 준다.

9. 체육 시간에 휴대폰을 훔쳐간 학생을 찾아가 주인에게 사과하고 돌려주라고 이야기를 해야 한다면 당신은 어떻게 하겠는가? ( )
① 당연히 한다. ② 무섭지만 그렇게 한다. ③ 생각해보고 결정한다. ④ 안 한다.
⑤ 할 생각이 전혀 없다.

10. 나의 아버지는 정치인이다. 하지만 자신이 국민과 약속한 것을 매번 잘 지키지 않는다면 아버지에게 충고를 하겠는가? ( )
① 당연히 한다. ② 무섭지만 그렇게 한다. ③ 생각해보고 결정한다. ④ 안 한다.
⑤ 할 생각이 전혀 없다.

[용기 항목]

11. 나는 나의 마음이 정한대로 생각하고 행동하는 편이다. ( )
① 매우 그렇다. ② 그렇다. ③ 보통이다. ④ 그렇지 않다. ⑤ 전혀 안 한다.

12. 과거에 내가 한 거짓말로 다른 사람이 피해를 보고 있다면 어떻게 하겠는가? ( )
① 무조건 솔직하게 털어놓는다. ② 기회를 봐서 사실을 이야기한다.
③ 내가 피해 보지 않을 정도로 조금만 이야기한다. ④ 상황에 맞게 눈치껏 이야기한다. ⑤ 비밀로 간직한다.

13. 당신은 내가 아닌 다른 사람에게 나의 약점이나 비밀을 말할 수 있는가? ( )
① 매우 그렇다. ② 그렇다. ③ 보통이다. ④ 그렇지 않다. ⑤ 전혀 안 한다.

14. 골목길에서 나쁜 아이들이 지나던 학생에게 금품을 요구하는 장면을 목격했다. 어떻게 할 것인가? ( )

① 112에 신고하고 못 하도록 막는다. ② 주변 사람들에게 도움을 청한다. ③ 소리를 냅다 질러댄다. ④ 모르는 척한다. ⑤ 그냥 구경한다.

15. 체육 시간에 학급 내에서 휴대폰이 없어졌다. 나는 휴대폰 훔쳐간 학생을 알고 있지만, 사실을 이야기를 하면 그 학생에게 폭력을 당할까 봐 두려워하고 있다. 당신이라면 사실대로 선생님에게 말하겠는가? ( )

① 당연히 한다. ② 무섭지만 그렇게 한다. ③ 생각해보고 결정한다. ④ 안 한다. ⑤ 할 생각이 전혀 없다.

[반성 항목]

16. 나의 실수로 인해 다른 사람이 손해를 봤다면 손해를 본 사람에게 어떻게 하겠는가? ( )

① 무조건 용서를 빈다. ② 기회를 봐서 용서해 달라고 말한다. ③ 내가 피해 보지 않는다면 용서를 빈다. ④ 모르는 척한다. ⑤ 남의 핑계를 댄다.

17. 게으름을 피우며 할 일이나 학업을 미룬 후 잘못했다고 생각하며 스스로에게 사과한 적이 있는가? ( )

① 매우 많다. ② 많다. ③ 많지 않다. ④ 거의 없었다. ⑤ 전혀 없다.

18. 일상생활을 하다 보면 잘못한 일이 생기게 되는데 스스로가 잘못을 고치려고 노력하는 편인가? ( )

① 매우 그렇다. ② 그렇다. ③ 보통이다. ④ 그렇지 않다. ⑤ 전혀 안 그렇다.

19. 남은 어떻게든 속일 수도 있지만 내 안에 있는 자신은 양심의 가책으로 인해 속일 수는 없다. 만약 자신을 자주 속인다면 양심 불량에 해당하며 계속하면 할수록 만성적인 마음의 병이 되어 진정으로 나쁜 사람이 될 수도 있다. 지금 당신은 자신에 대하여 반성하고 있는가? ( )

① 매우 그렇다. ② 그렇다. ③ 보통이다. ④ 그렇지 않다. ⑤ 전혀 안 그렇다.

20. 부모님으로부터의 꾸지람과 매가 무서워 나의 성적표를 고쳐서 부모님께서는 전혀 이 사실을 모르신 채 아무 일 없이 지나가게 되었다. 당신은 양심의 가책을 느끼고 있는가? ( )

① 매우 그렇다. ② 그렇다. ③ 보통이다. ④ 그렇지 않다. ⑤ 전혀 안 그렇다.

4. 책임(責任) - 근면, 성실, 자주, 자신

[근면 항목]

1. 본인은 생활계획표를 세워서 생활하고 있으며 이 계획을 잘 지키고 있는가? ( )
① 매우 그렇다. ② 그렇다. ③ 보통이다. ④ 그렇지 않다. ⑤ 매우 그렇지 않다.

2. 당신이 느끼기에 어떤 일이든지 부지런하게 일이나 공부하는 사람은 성공한다고 생각하는가? ( )
① 매우 그렇다. ② 그렇다. ③ 보통이다. ④ 그렇지 않다. ⑤ 매우 그렇지 않다.

3. 부지런함은 스스로의 마음가짐과 노력하는 실천으로 습관으로 만들어진다고 생각하는가? ( )
① 매우 그렇다. ② 그렇다. ③ 보통이다. ④ 그렇지 않다. ⑤ 매우 그렇지 않다.

4. 부지런한 습관은 본인의 굳은 의지와 끝없는 노력에 의해 만들어진다는 사실을 믿는가? ( )
① 매우 그렇다. ② 그렇다. ③ 보통이다. ④ 그렇지 않다. ⑤ 매우 그렇지 않다.

5. 당신은 아침에 일어나는 시간을 정해놓고 있으며 항상 싫은 기색 없이 시간에 맞게 일어나는가? ( )
① 매우 그렇다. ② 그렇다. ③ 보통이다. ④ 그렇지 않다. ⑤ 매우 그렇지 않다.

6. 아침에 일어나려니 몸이 약간 좋지 않았다. 학교나 직장에는 간단하게 전화만 하면 집에서 잠을 더 잘 수 있으며 편하게 쉴 수 있다. 당신은 어떠한 선택을 하겠는가? ( )

① 학교나 직장에 간다. ② 학교나 직장에 간 후 상태를 보고 결정한다. ③ 학교나 직장에 간 후 조퇴한다. ④ 전화 후 조금 늦겠노라 말한다. ⑤ 전화한다.

7. 선생님은 한 달에 4번을 독후감 쓰기 숙제로 내주신다. 우리 반 학생이 50명이나 되는데, 내가 생각하기에 학생들이 제출한 독후감을 자세히 읽어보실 것 같은 안 들고, 또 매번 쓰기도 귀찮아서 친구가 쓴 독후감을 몇 군데씩 옮겨 적어 낼까 생각 중이다. 당신이라면 이렇게 하겠는가? ( )

① 매우 그렇지 않다. ② 그렇지 않다. ③ 보통이다. ④ 그렇다. ⑤ 매우 그렇다.

8. 자신을 속여 죄책감을 느끼는 것을 양심의 가책이라고 한다. 성실과 관련이 있다고 생각하는가? ( )

① 매우 그렇다. ② 그렇다. ③ 보통이다. ④ 그렇지 않다. ⑤ 매우 그렇지 않다.

9. 아버지가 돌이 섞인 콩 한 포대를 광주리에 풀어 놓으시고 동생들과 함께 돌을 골라내라고 하셨다. 하지만 나는 숙제를 하는 중이어서, 하고 싶지 않았지만 아버지가 무서워서 한다고 했다. 당신은 숙제를 계속하고 동생들에게만 돌을 고르게 할 것인가? ( )

① 매우 그렇지 않다. ② 그렇지 않다. ③ 보통이다. ④ 그렇다. ⑤ 매우 그렇다.

10. 성실하다는 것은 어떤 일을 할 때 잔꾀를 부리며 대충대충 하지 않는 것

을 뜻한다. 또한, 자신을 믿는 강한 의지력이 있어야 한다. 당신은 스스로가 느끼기에 성실하다고 느끼는가? (   )

① 매우 그렇지 않다. ② 그렇지 않다. ③ 보통이다. ④ 그렇다. ⑤ 매우 그렇다.

[자주 항목]

11. 당신에게 어떤 일이 닥쳤을 때 타인의 도움이나 간섭 없이 자신의 힘으로 문제를 해결을 하는가? (   )
① 매우 그렇다. ② 그렇다. ③ 보통이다. ④ 그렇지 않다. ⑤ 매우 그렇지 않다.

12. 당신은 자신의 할 일을 잘 알고 있으며, 해야 할 일과 해서는 안 될 일을 구분하고 있는가? (   )
① 매우 그렇다. ② 그렇다. ③ 보통이다. ④ 그렇지 않다. ⑤ 매우 그렇지 않다.

13. 건강한 육체에 건강한 정신과 마음이 있다고 한다. 당신은 자신의 몸과 마음을 위해 육체적 운동과 마음 훈련을 규칙적으로 하고 있는가? (   )
① 매우 그렇다. ② 그렇다. ③ 보통이다. ④ 그렇지 않다. ⑤ 매우 그렇지 않다.

14. 잠자는 동안 꿈을 꾼다면 주로 어떤 꿈을 꾸는가? (   )
① 즐겁거나 행복한 꿈 ② 생활에 관한 일상적인 꿈 ③ 꿈은 꾸는데 생각이 잘 안 남 ④ 사람이나 동물들을 만나는 꿈 ⑤ 무섭거나 괴로운 꿈

15. 당신이 느끼기에 머릿속이 맑으며 몸이 건강한가? 만약, 그렇지 않다면 자신에게 맞는 운동을 하겠는가? 하겠노라 하고 약속을 지키지 않는다면 스스로 나에 대하여 반성하겠는가? (   )

① 매우 그렇다. ② 그렇다. ③ 보통이다. ④ 그렇지 않다. ⑤ 매우 그렇지 않다.

[자신 항목]

16. 당신은 지금 당신이 목표한 곳을 가야 하는데 달도 없고 깜깜하며 스산하며 으슥한 공원길을 지나가야 한다. 아래의 항목 중 어떻게 가겠는가? (   )
① 아무렇지도 않게 혼자 간다. ② 큰 소리로 노래를 하며 간다. ③ 전속력으로 뛰어간다. ④ 어떻게 하든 불(전등 등)을 구해 간다. ⑤ 못 간다.

17. 가슴에 손을 얹고 다음의 시조를 잘 읽는다. "태산이 높다 하되 하늘 아래 뫼(산)이로다. 오르고 또 오르면 못 오를 리 없건만은, 사람이 제 아니 오르고 뫼만 높다 하더라(양사언)." 실천할 수 있겠는가? (   )
① 매우 그렇다. ② 그렇다. ③ 보통이다. ④ 그렇지 않다. ⑤ 매우 그렇지 않다.

18. 당신은 사람들과 이야기할 때 주로 어디를 보면서 대화를 하는가? (   )
① 상대방의 눈 ② 상대방의 코 ③ 상대방의 입 ④ 여기저기를 본다. ⑤ 아무 데도 잘 안 본다.

19. 당신의 눈(시력)이 좋다고 가정할 때, 교실이나 회의실에 앉는다면 어느 자리에 앉겠는가? (   )
① 맨 앞자리 ② 중간 자리 ③ 아무 자리나 ④ 좌우측 맨 끝자리 ⑤ 맨 뒷자리

20. 자신이 정한 미래의 목표가 있는가? 있다면 계획대로 실천하고 있으며 성공할 자신이 있는가? (   )
① 매우 그렇다. ② 그렇다. ③ 보통이다. ④ 그렇지 않다. ⑤ 매우 그렇지 않다.

5. 존중(尊重)- 겸손, 경청, 신중, 인권

[겸손 항목]

1. 당신은 자신에 비해 나이가 어리거나 지식 또는 힘이 약한 사람에게 함부로 대한 적이 있는가? ( )

① 매우 그렇다. ② 그렇다. ③ 보통이다. ④ 그렇지 않다. ⑤ 매우 그렇지 않다.

2. 나보다 나이가 많든 적든 모든 사람들과 상대를 할 때 먼저 말을 하며, 내가 아는 이야기일 경우에는 상대방을 대신하여 말을 하는 습관이 있는가? ( )

① 매우 그렇다. ② 그렇다. ③ 보통이다. ④ 그렇지 않다. ⑤ 매우 그렇지 않다.

3. 당신은 박사학위를 취득한 지식인이며 이번 행사에서 강의를 하는 강사이다. 현재, 이 행사 준비로 말미암아 시간은 촉박하고 일손이 많이 모자라 누군가가 도와주길 바라고 있다. 당신이 하겠는가? ( )

① 당연히 한다. ② 한다. ③ 할 마음이 없지만 눈치 때문에 한다. ④ 모른 척 딴 청을 피운다. ⑤ 절대로 안 한다.

4. 길에서 울고 있는 5살 정도로 보이는 남자아이가 있는데, 사람들은 그냥 지나치고 있다. 당신이 그 아이에게 다가가서 울고 있는 아이에게 물으니 엄마를 잃어버려서 무섭다고 했다. 아이를 데려가 주변을 수소문 끝에 직접 아이의 엄마를 찾아 주었다. 아이의 엄마는 고맙다며 당신에게 사례비를 주면 받겠는가? ( )

① 당연히 해야 할 일이라며 받지 않는다. ② 받을까 하는 마음이 들지만 받지

않는다. ③ 생각해보고 결정한다. ④ 너무 많으니까 조금만 받는다. ⑤ "뭐 이런 걸 다…"라고 하며 받는다.

5. 당신의 목적이 이루어지기 위해서라면 정직하지 않은 겸손일지라도 할 수 있는가? (   )
① 매우 그렇지 않다. ② 그렇지 않다. ③ 보통이다. ④ 그렇다. ⑤ 매우 그렇다.

[경청 항목]

6. 당신은 어떤 일이나 공부에 집중하고 있을 때 다른 사람이 부르는 소리를 못 들을 때가 많은가? (   )
① 매우 그렇다. ② 그렇다. ③ 보통이다. ④ 그렇지 않다. ⑤ 매우 그렇지 않다.

7. 당신은 무슨 일을 하든지 집중력이 좋다는 말을 잘 듣는 편인가? (   )
① 매우 그렇다. ② 그렇다. ③ 보통이다. ④ 그렇지 않다. ⑤ 매우 그렇지 않다.

8. 다른 사람으로부터 들은 이야기의 내용을 꾸밈없이 그대로 다른 사람에게 전달할 수 있는가? (   )
① 매우 그렇다. ② 그렇다. ③ 보통이다. ④ 그렇지 않다. ⑤ 매우 그렇지 않다.

9. 다른 사람과 대화를 하거나 이야기를 들을 때 이야기와 다른 생각들이 자주 일어나는 편인가? (   )
① 매우 그렇지 않다. ② 그렇지 않다. ③ 보통이다. ④ 그렇다. ⑤ 매우 그렇다.

10. 내가 잘 아는 내용을 다른 사람이 이야기를 하고 있다. 정말 싫은 기색

없이 잘 들을 수 있는가? (   )

① 매우 그렇다. ② 그렇다. ③ 보통이다. ④ 그렇지 않다. ⑤ 매우 그렇지 않다.

[신중 항목]

11. 당신은 어떠한 일을 결정할 때 자신의 느낌과 기분으로 결정하는 편인가? (   )

① 매우 그렇다. ② 그렇다. ③ 보통이다. ④ 그렇지 않다. ⑤ 매우 그렇지 않다.

12. 일을 결정할 때 그 일에 관하여 잘 알고 있는 사람이나, 현재 하고 있는 사람들에게 많은 정보를 알아본 후에 그에 따른 필요한 계획을 세우고 차근차근 준비하는 편인가? (   )

① 매우 그렇다. ② 그렇다. ③ 보통이다. ④ 그렇지 않다. ⑤ 매우 그렇지 않다.

13. 지금 시험을 보려고 책상 앞에 놓인 시험지를 보고 있다. 당신이 제일 먼저 하는 일은 무엇인가? (   )

① 시험문제를 훑어본 다음 이름과 소속을 쓴다. ② 이름과 소속을 쓴 다음 문제를 푼다. ③ 아는 문제부터 풀며 모르는 문제는 대충 풀며 이름과 소속은 생각날 때 쓴다. ④ 1번부터 순서대로 풀고 이름과 소속은 맨 나중에 쓴다. ⑤ 모르는 문제 때문에 계속 신경이 쓰인다.

14. 책이나 영화를 봐야 한다면, 추리나 탐정계열의 소재를 내용으로 다룬 종류들을 보겠는가? (   )

① 매우 그렇다. ② 그렇다. ③ 보통이다. ④ 그렇지 않다. ⑤ 매우 그렇지 않다.

15. 여러 사람에게 간식을 주려고 지금 라면을 끓이려고 한다. 큰 냄비에 라면과 스프를 넣고 끓이며 집게로 젓고 있는데, 벌레인 것 같기도 하고 건조 양념인 것 같기도 한 것이 눈에 띄었다. 당신은 이것을 건져내서 확인해야 하겠는가? ( )

① 매우 그렇다. ② 그렇다. ③ 보통이다. ④ 그렇지 않다. ⑤ 매우 그렇지 않다.

[인권 항목]

16. 사람은 사회적 동물로 혼자서 살아갈 수 없으며, 내가 살아가기 위해서 다른 사람들을 존중하며 좋은 대우를 해줘야 나도 이와 같은 대접을 받을 수 있는 것이다. 이 내용이 옳다고 생각하는가? ( )

① 매우 그렇다. ② 그렇다. ③ 보통이다. ④ 그렇지 않다. ⑤ 매우 그렇지 않다.

17. 상대방이 나와 생각이 달라도, 나보다 아는 것이 없더라도, 나보다 가진 것이 없더라도, 나보다 다소 힘이 없더라도 함부로 대하거나 무시하지 않으며 상대방에게 잘 대해줄 수 있는가? ( )

① 매우 그렇다. ② 그렇다. ③ 보통이다. ④ 그렇지 않다. ⑤ 매우 그렇지 않다.

18. 우리의 문화와 모습이 많이 다른 다문화 가족이 어려움을 겪고 있다면 아무런 차별함 없이 이들의 어려운 문제를 직접 도와줄 마음과 각오를 진심으로 가지고 있는가? ( )

① 매우 그렇다. ② 그렇다. ③ 보통이다. ④ 그렇지 않다. ⑤ 매우 그렇지 않다.

19. 당신이 가르치는 학급에 아이들끼리 싸움이 났다. 알고 보니 1명의 아이가 2명의 아이로부터 일방적으로 당했다고 한다. 다치진 않았지만, 마음의 상

처를 받았다. 당신은 선생님으로서 어떻게 할 것인가? (   )

① 싸운 아이들을 따로 불러서 좋게 타이르며 다시는 이런 일이 없도록 각서와 다짐을 받는다. ② 싸운 아이들을 함께 불러서 모두 벌을 주며 다시는 이런 일이 없도록 각서와 다짐을 받는다. ③ 학부모를 학교로 불러들인다. ④ 학교 징계위원회에 넘긴다. ⑤ 경찰서에 넘긴다.

20. 몸이 불편한 장애인이 일어서도록 도움을 청하고 있어 마지못해 도움을 주었는데, 옷에 장애인의 침이 묻었다. 당신은 어떤 기분이 들겠는가? (   )

① 아무렇지도 않다. ② 닦으면 되니 괜찮다. ③ 어쩔 수 없이 참는다. ④ 더럽다. ⑤ 아주 더럽고 불쾌하다.

6. 배려(配慮)- 양보, 포용, 자비, 용서

[양보 항목]

1. 당신은 언제, 어디에서 무엇이든 어린이와 임신부, 노인들을 위하고 항상 양보하고 있는가? ( )
① 매우 그렇다. ② 그렇다. ③ 보통이다. ④ 그렇지 않다. ⑤ 전혀 안 그렇다.

2. 좋은 음식과 좋은 옷, 그리고 내가 가지고 싶은 것을 나보다 더 필요한 사람이 있다면 그 사람에게 양보하겠는가? ( )
① 매우 그렇다. ② 그렇다. ③ 보통이다. ④ 그렇지 않다. ⑤ 전혀 안 그렇다.

3. 사람의 마음 안에는 이성의 마음과 감정의 마음이 함께 살고 있다. 이 두 마음이 서로 마음이 맞지 않아 다투고 있습니다. 이성의 마음이 이겼으면 좋겠는가? ( )
① 매우 그렇다. ② 그렇다. ③ 보통이다. ④ 그렇지 않다. ⑤ 전혀 안 그렇다.

4. 당신보다는 남의 입장을 이해하여 자신 생각이나 주장을 굽히고 상대방의 의견에 따르는 편인가? ( )
① 매우 그렇다. ② 그렇다. ③ 보통이다. ④ 그렇지 않다. ⑤ 전혀 안 그렇다.

5. 당신은 앞으로 계속해서 언제, 어디에서 무엇이든 나보다는 다른 사람들에게 선뜻 양보하겠는가? ( )
① 매우 그렇다. ② 그렇다. ③ 보통이다. ④ 그렇지 않다. ⑤ 전혀 안 그렇다.

6. 당신에게 잘 해주는 사람 A와 잘 해주지 않는 사람 B가 있습니다. A와 B 두 사람 모두 똑같은 감정을 느낄 수 있는가? ( )

① 매우 그렇다. ② 그렇다. ③ 보통이다. ④ 그렇지 않다. ⑤ 전혀 안 그렇다.

7. 당신의 흉을 보며 단점을 말하고 다니는 사람이 있다. 이 사람과 똑같은 행동을 하겠는가? ( )

① 매우 그렇다. ② 그렇다. ③ 보통이다. ④ 그렇지 않다. ⑤ 전혀 안 그렇다.

8. 당신은 지금까지 게으름 없이 최선을 다해 열심히 일하였지만, 돈을 많이 벌지 못하였다. 하지만 주위를 돌아보면 열심히 일도 안 하며 놀기만 하는데 돈을 많이 버는 사람과 부모로부터 많은 재산을 물려받아 일을 하지 않더라도 부유하게 사는 사람들을 많이 볼 수 있다. 이 사람들을 좋게 생각하는가? ( )

① 매우 그렇다. ② 그렇다. ③ 보통이다. ④ 그렇지 않다. ⑤ 전혀 안 그렇다.

9. 남을 사랑하는 것과 미워하는 것은 함께 공존한다고 한다. 또한, 행복한 마음과 불행한 마음도 한 가족이라고도 합니다. 당신은 이 말을 믿을 수 있는가? ( )

① 매우 그렇다. ② 그렇다. ③ 보통이다. ④ 그렇지 않다. ⑤ 전혀 안 그렇다.

10. 나와 맞지 않고 내 기분에 들지 않는 것도 끌어안는 것을 포용이라 말한다. 마음이 넓은 사람을 바다와 같다고 하며, 어떤 상황에서도 넓고 깊은 마음으로 받아들이는 힘을 포용력이라고 표현한다. 다른 사람들의 말이나 행동이 본인의 생각과 마음에 차지 않아도 이런 모든 것을 충분히 받아들일 수

있는가? (   )

① 매우 그렇다. ② 그렇다. ③ 보통이다. ④ 그렇지 않다. ⑤ 전혀 안 그렇다.

[자비 항목]

11. 당신은 마음이 너그럽고 사람들을 보기만 해도 즐거우며, 어려움에 빠진 사람들을 보면 가여운 마음이 들고, 자신의 일과 같은 생각이 들어 어떻게 하든지 도와주고 싶은 마음이 있는가? (   )

① 매우 그렇다. ② 그렇다. ③ 보통이다. ④ 그렇지 않다. ⑤ 전혀 안 그렇다.

12. 당신은 남들보다 언제나 먼저 인사를 하며, 자신보다 남들을 먼저 챙겨 주는 편인가? (   )

① 매우 그렇다. ② 그렇다. ③ 보통이다. ④ 그렇지 않다. ⑤ 전혀 안 그렇다.

13. 당신이 잘 다니는 길에 몸이 불편해 보이는 노인이 항상 앉아서 "한 푼 보태줍쇼."라는 글을 써 놓고 사람들로부터 동냥을 한다. 이 노인 앞을 지나갈 때 언제나 불쌍한 마음이 들어 돈을 주고 가는가? (   )

① 매우 그렇다. ② 그렇다. ③ 보통이다. ④ 그렇지 않다. ⑤ 전혀 안 그렇다.

14. 다른 사람과 대화를 할 때 잘 이해할 수 있으며 많이 웃어주는 편인가? (   )

① 매우 그렇다. ② 그렇다. ③ 보통이다. ④ 그렇지 않다. ⑤ 전혀 안 그렇다.

15. 교통사고로 다친 강아지가 아파하며 길가에 누워 있지만, 사람들은 관심이 없는 듯 지나치고 있다. 당신이 이 강아지를 동물병원으로 데려가서 치료해 주고 보살펴 주겠는가? (   )

① 매우 그렇다. ② 그렇다. ③ 보통이다. ④ 그렇지 않다. ⑤ 전혀 안 그렇다.

[용서 항목]

16. 어린 시절에 술에 취하고 허구한 날 밤을 새워 때려가며 훈계를 하거나 어머니에게 유리를 깨거나 칼을 들고 무서운 폭력을 휘두르는 아버지가 있었다면, 지금의 당신은 용서하겠는가? (   )
① 매우 그렇다. ② 그렇다. ③ 보통이다. ④ 그렇지 않다. ⑤ 전혀 안 그렇다.

17. 아버지가 팔순이 넘은 노인이 되어 예전과 같이 폭력은 휘두르지는 못하지만, 여전히 성격을 버리지 못하며 자기만을 위한 이기심을 버리지 않고 있다면, 이와 같은 아버지가 있다면 당신은 용서하겠는가? (   )
① 매우 그렇다. ② 그렇다. ③ 보통이다. ④ 그렇지 않다. ⑤ 전혀 안 그렇다.

18. 자신이 저지른 못된 행동이 누적되어 마음의 상처를 받고 아내가 사망한 사유를 자식인 당신에게 전가하여 마음에 깊은 상처를 준 아버지가 있다. 그가 마음에도 없는 말로 미안하다고 한다면 당신은 용서하겠는가? (   )
① 매우 그렇다. ② 그렇다. ③ 보통이다. ④ 그렇지 않다. ⑤ 전혀 안 그렇다.

19. 친구가 사정상 급하다며 돈을 빌려주면 한 달 후에 갚겠다고 하며 굳은 약속을 해서 당신이 은행에서 돈을 빌려 친구에게 주었다. 하지만 연락이 끊긴 그 친구가 돈을 갚지 않아서 집을 은행에서 가져갔다. 그 후에 당신과 가족들은 엄청나게 힘든 생활을 하고 있던 중, 우연히 그 친구를 길에서 만나게 되었다. 그 친구는 당신에게 미안하다는 말을 하고 자신도 아직 어려움에서 벗어나지 못하고 있단다. 이 친구를 용서하겠는가? (   )

① 매우 그렇다. ② 그렇다. ③ 보통이다. ④ 그렇지 않다. ⑤ 전혀 안 그렇다.

20. 용서란 상대가 반성하고 빌며 사죄를 구하는 것을 받아들이는 것은 참된 용서가 아니다. 용서는 아무런 대가 없이 그저 관대하게 베푸는 것이라고 생각하는가? (　)

① 매우 그렇다. ② 그렇다. ③ 보통이다. ④ 그렇지 않다. ⑤ 전혀 안 그렇다.

7. 소통(疏通) - 공감, 공평, 인내, 노력

[공감 항목]

1. 당신은 TV 드라마나 다큐멘터리 또는 영화를 보면 마음이 찡하여 슬퍼 우는 편인가? ( )
① 매우 그렇다. ② 그렇다. ③ 보통이다. ④ 그렇지 않다. ⑤ 전혀 안 그렇다.

2. 며칠 후면 첫눈이 온다는 일기예보를 라디오에서 방금 들었다. 마음이 설레는가? ( )
① 매우 그렇다. ② 그렇다. ③ 보통이다. ④ 그렇지 않다. ⑤ 전혀 안 그렇다.

3. 당신은 낙엽이 쌓인 공원 벤치에 혼자 앉아 있다. 옆자리에 누군가가 앉아주길 바라는가? ( )
① 매우 그렇다. ② 그렇다. ③ 보통이다. ④ 그렇지 않다. ⑤ 전혀 안 그렇다.

4. 어느 상황이든 당신은 상대방과 이야기할 때 먼저 말을 꺼내는 편인가? ( )
① 매우 그렇다. ② 그렇다. ③ 보통이다. ④ 그렇지 않다. ⑤ 전혀 안 그렇다.

5. 살다 보면 어려움에 처한 사람들의 이야기를 듣게 된다. 남의 일이 아니라고 느껴지는가? ( )
① 매우 그렇다. ② 그렇다. ③ 보통이다. ④ 그렇지 않다. ⑤ 전혀 안 그렇다.

[공평 항목]

6. 당신은 세 사람에게 나누어 줄 돈을 가지고 있다. 하지만 세 사람은 자신이 받아야 할 돈의 액수를 전혀 모르고 있으며 알 수도 없으므로, 당신이 세 사람에게 나누어줄 돈의 일부를 떼어 가져도 그들은 전혀 알 수도 없다. 당신은 그들 몰래 돈의 일부를 떼어 가지겠는가? ( )
① 그렇다. ② 그럴 마음이 있다. ③ 생각해 볼 일이다. ④ 안 한다. ⑤ 절대로 안 한다.

7. 사람들과 토론하기를 좋아하며, 토론 중 옳지 않은 의견에는 싫다고 분명히 말하는 편인가? ( )
① 매우 그렇다. ② 그렇다. ③ 보통이다. ④ 그렇지 않다. ⑤ 전혀 안 그렇다.

8. 당신이 전지전능한 하나님이라면 국민을 등한시 하거나 부정부패한 정치인이나 공무원, 그리고 기업인, 양심 없는 종교지도자, 자질 없는 교육자들을 어떻게 하겠는가? ( )
① 모든 고통을 준 후 지옥으로 보낸다. ② 바로 지옥으로 보낸다. ③ 때려준 후 그러지 말라고 말한다.
④ 그러지 말라고 말한다. ⑤ 그것도 능력이니 그러거나 말거나 내버려 둔다.

9. 부자나 가난한 자나 아픈 사람이나 건강한 사람, 그리고 부지런한 사람과 게으른 사람 등 모든 사람들에게 주어진 시간이 같으며 그 시간의 값어치가 같다고 당신은 믿는가? ( )
① 매우 그렇다. ② 그렇다. ③ 보통이다. ④ 그렇지 않다. ⑤ 전혀 안 그렇다.

10. 당신은 종족, 국가, 피부색, 빈부, 교육수준, 외모, 능력, 지혜, 장애인, 병든 자 등 모든 조건에 차별을 두지 않으며 사람이라면 누군지 같은 사람으로 생각하는가? ( )

① 매우 그렇다. ② 그렇다. ③ 보통이다. ④ 그렇지 않다. ⑤ 전혀 안 그렇다.

[인내 항목]

11. 지금까지의 당신은 스스로가 하고자 했던 일들을 과연 몇 %나 달성하였다고 생각하는가? ( )

① 100% ② 75% ③ 50% ④ 25%⑤ 0%

12. 어떠한 일에 처하든지 오래 참는 사람들이 장수한다고 한다. 당신도 어떤 상황이든지 오래 참는가? ( )

① 매우 그렇다. ② 그렇다. ③ 보통이다. ④ 그렇지 않다. ⑤ 전혀 안 그렇다.

13. 건강검진 결과 암이라는 선고와 함께 6개월밖에 살 수 없다고 의사에게 말을 들었을 때, 당신의 삶은 모두 끝이라고 생각하였다. 남은 6개월의 삶 동안 당신은 기분이 좋겠는가? ( )

① 매우 그렇다. ② 그렇다. ③ 보통이다. ④ 그렇지 않다. ⑤ 전혀 안 그렇다.

14. 하나님이 주신 신비한 상자가 있다. 이 상자는 5년 동안 한 번도 열어 보지 말라는 조건이 붙어 있었다. 하지만 이 상자에 무엇이 들어 있는지 열어 보기 전에는 절대로 알 수가 없다. 자물쇠도 없고 단지 뚜껑만 덮여 있을 뿐이다. 당신은 이 신비한 상자를 어떻게 하겠는가? ( )

① 5년을 기다린다. ② 3년을 기다린다. ③ 1년을 기다린다. ④ 궁금해하다가 열

어 본다. ⑤ 즉시 열어 본다.

15. 당신은 자신을 믿으며 스스로가 정한 목표가 있고 이 목표를 이루기 위해 정확한 지식을 위해 공부하며 계획을 세우고 노력하고 있는가? (   )
① 매우 그렇다. ② 그렇다. ③ 보통이다. ④ 그렇지 않다. ⑤ 전혀 안 그렇다.

[노력 항목]

16. 당신은 지금까지 살아오면서 자신이 선택한 책을 처음부터 끝까지 읽어서 그 내용을 완전하게 알 수 있는 책이 있는가? (   )
① 아주 많다. ② 많다 ③ 보통이다. ④ 조금 있다. ⑤ 없는 것 같다.

17. 당신은 자신이 생각하기에 항상 계획을 세우고 잘 지키며 남들도 그것을 인정한다고 생각하는가? (   )
① 매우 그렇다. ② 그렇다. ③ 보통이다. ④ 그렇지 않다. ⑤ 전혀 안 그렇다.

18. 당신은 건강을 위해 매일 규칙적인 운동을 하며, 자기 발전을 위해 독서를 많이 하는 편인가? (   )
① 매우 그렇다. ② 그렇다. ③ 보통이다. ④ 그렇지 않다. ⑤ 전혀 안 그렇다.

19. 당신은 가족과 친구, 동료 등 본인과 관계있는 사람들을 위해 정기적이며 규칙적으로 안부를 묻는가? (   )
① 매우 그렇다. ② 그렇다. ③ 보통이다. ④ 그렇지 않다. ⑤ 전혀 안 그렇다.

20. 당신의 손에는 지금 아주 심하게 엉켜있는 실뭉치가 있다. 어떻게 하겠는

가? ( )

① 필요할 때 써야지 하며 차분히 실을 모두 푼다. ② 실을 풀다 안 풀리는 부분은 끊으며 끝까지 푼다. ③ 실을 풀되 심하게 엉킨 부분은 버린다. ④ 조금 풀어보다 이걸 왜 하나 싶어 버린다. ⑤ 버린다.

8. 협동(協同)- 균형, 봉사, 의무, 상생

[균형 항목]

1. 당신은 혼자서 어떤 일을 하거나 노는 것을 좋아하는 편인가? ( )
① 전혀 안 그렇다. ② 그렇지 않다. ③ 보통이다. ④ 그렇다. ⑤ 매우 그렇다.

2. 여러 사람들이 모여서 일을 할 때 마음에 들지 않더라도 화를 내거나 하던 일을 그만두지 않는가? ( )
① 매우 그렇다. ② 그렇다. ③ 보통이다. ④ 그렇지 않다. ⑤ 전혀 안 그렇다.

3. 'A 바구니'에는 19개의 작은 구슬이 담긴 바구니와 'B 바구니'에는 아주 큰 구슬 1개가 담긴 바구니가 있다면, 당신은 'A 바구니'를 꼭 선택하겠는가? ( )
① 매우 그렇다. ② 그렇다. ③ 보통이다. ④ 그렇지 않다. ⑤ 전혀 안 그렇다.

4. 당신은 집을 짓는 기술자이다. 혼자서 집을 짓게 되면 1년에 1채를 지을 수 있어 10년에 10채의 집을 지을 수가 있으므로 10억 원의 돈을 벌 수 있다. 또한, 당신과 같은 5명의 기술자가 함께 집을 짓는다면 1년에 5채의 집을 지을 수 있으므로 10년이면 총 50채의 집을 지을 수 있어 10억 원의 돈을 벌 수 있다. 집을 짓는다면 여러 명과 함께 집을 짓겠는가? ( )
① 매우 그렇다. ② 그렇다. ③ 보통이다. ④ 그렇지 않다. ⑤ 전혀 안 그렇다.

5. 당신은 축구나 야구, 농구, 배구 등 여러 명이 팀을 이루며 경기를 하는 스포츠를 좋아하는 편인가? ( )

① 매우 그렇다. ② 그렇다. ③ 보통이다. ④ 그렇지 않다. ⑤ 전혀 안 그렇다.

[봉사 항목]

6. 당신은 가정생활에서 집 안 청소며 빨래, 그리고 설거지 등 규칙적으로 많이 하는 편인가? ( )

① 매우 그렇다. ② 그렇다. ③ 보통이다. ④ 그렇지 않다. ⑤ 전혀 안 그렇다.

7. TV를 시청하면 불쌍한 이웃과 병마와 싸우는 어려운 이웃. 그리고 너무 가난하여 한 끼의 식사도 못 하는 아이들에 이르기까지 수없이 많은 홍보영상을 보게 된다. 금전적이든 육체적이든 봉사할 마음이 많은가? ( )

① 매우 그렇다. ② 그렇다. ③ 보통이다. ④ 그렇지 않다. ⑤ 전혀 안 그렇다.

8. 당신은 아무런 대가가 없는 자원봉사를 했으며 스스로 기회를 만들어서라도 자원봉사를 하겠는가? ( )

① 매우 그렇다. ② 그렇다. ③ 보통이다. ④ 그렇지 않다. ⑤ 전혀 안 그렇다.

9. 당신은 자신의 외모에 대하여 옷이나 장신구 등을 이용하여 꾸미기를 많이 좋아하는가? ( )

① 매우 그렇다. ② 그렇다. ③ 보통이다. ④ 그렇지 않다. ⑤ 전혀 안 그렇다.

10. 만약, 당신이 불의의 사고로 뇌사 또는 사망한다면 당신의 시신을 어떠한 조건 없이 기증하겠는가? ( )

① 매우 그렇다. ② 그렇다. ③ 보통이다. ④ 그렇지 않다. ⑤ 전혀 안 그렇다.

[의무 항목]

11. 늦은 시간이 되어도 본인이 맡은 일이나 해야 할 공부가 남아 있다면 끝까지 마친 후 귀가를 하는가? (   )

① 매우 그렇다. ② 그렇다. ③ 보통이다. ④ 그렇지 않다. ⑤ 전혀 안 그렇다.

12. 당신은 어떤 사람이든지 자신이 약속한 것이나 행동에 대하여 무슨 일이 있던지 반드시 지키겠는가? (   )

① 매우 그렇다. ② 그렇다. ③ 보통이다. ④ 그렇지 않다. ⑤ 전혀 안 그렇다.

13. 당신은 사람들과의 약속 장소에 도착할 때 약속 시간을 정확하게 지키는 편인가? (   )

① 매우 그렇다. ② 그렇다. ③ 보통이다. ④ 그렇지 않다. ⑤ 전혀 안 그렇다.

14. 당신은 항상 자신이 할 일과 하지 않을 일을 구분하며 남에게 피해가 가는 말과 행동을 조심하는가? (   )

① 매우 그렇다. ② 그렇다. ③ 보통이다. ④ 그렇지 않다. ⑤ 전혀 안 그렇다.

15. 일이나 공부를 미루지 않고 하며 책상이나 옷장도 흐트러지는 일이 없이 깔끔하게 사용하는가? (   )

① 매우 그렇다. ② 그렇다. ③ 보통이다. ④ 그렇지 않다. ⑤ 전혀 안 그렇다.

[상생 항목]

16. 당신은 어려운 친구를 잘 도와주며 즐거움을 항상 느끼는 편인가? (   )

① 매우 그렇다. ② 그렇다. ③ 보통이다. ④ 그렇지 않다. ⑤ 전혀 안 그렇다.

17. 여행을 가기 전에 함께 떠날 팀원들 충분히 상의하며 여행 계획을 상세하게 세우는 편인가? ( )

① 매우 그렇다. ② 그렇다. ③ 보통이다. ④ 그렇지 않다. ⑤ 전혀 안 그렇다.

18. 당신은 과수원에서 과일 농사를 하는 농부이다. 농약을 사용하면 벌레 먹은 것 없이 보기 좋은 과일들을 어려움 없이 많이 얻을 수 있다. 그러나 나무나 땅이나 사람에게나 좋지 않다. 농약을 사용하지 않고 과일 농사를 짓겠는가? ( )

① 전혀 사용하지 않겠다. ② 아주 약간만 사용하겠다. ③ 보통으로 사용하겠다.
④ 사용할 만큼 사용하겠다. ⑤ 모양이 좋고 수확이 많다면 많이 사용하겠다.

19. 우리나라에는 10대를 걸쳐 부자로 살아온 경주 최 부잣집의 이야기가 있다. "사방 1백 리 안에 굶어 죽는 사람이 없게 하라. 빚진 자들에게 희망을 선물하라. 재산을 1만석 이상 모으지 말라."라는 말씀을 약 300년 동안 지키며 가문의 전통으로 이어져 오고 있다. 당신이 부자라면 이렇게 하겠는가? ( )

① 매우 그렇다. ② 그렇다. ③ 보통이다. ④ 그렇지 않다. ⑤ 전혀 안 그렇다.

20. 내가 어려울 때 도움을 받아서 나를 도와준 사람한테 은혜를 갚으려고 찾아갔으나, "나는 지금까지 어려움 없이 잘살고 있으니 괜찮다." 하며 다른 사람을 도와주라고 했다. 이것이 '사랑의 띠'라고 불리는 함께 살아가는 아름다운 사회의 모습이다. 당신도 동참해야 한다고 생각하며 실천에 옮기겠는가? ( )

① 매우 그렇다. ② 그렇다. ③ 보통이다. ④ 그렇지 않다. ⑤ 전혀 안 그렇다.

인성지수검사 답안지 및 점수표

점수 합산 방법

각 항목당 ①번 5점 ②번 4점 ③번 3점 ④번 2점 ⑤번 1점을 매겨 모두 합산하여 합계를 낸다.

1. 예의(禮儀)- 의지, 의식, 태도, 질서

구분	의지					의식					태도					질서				
문항	1	2	3	4	5	1	2	3	4	5	1	2	3	4	5	1	2	3	4	5
점수																				
총점																				

2. 효행(孝行)- 순종, 공경, 자존, 도리

구분	순종					공경					자존					도덕				
문항	1	2	3	4	5	1	2	3	4	5	1	2	3	4	5	1	2	3	4	5
점수																				
총점																				

3. 정직(正直)- 진실, 정의, 용기, 반성

구분	진실					정의					용기					반성				
문항	1	2	3	4	5	1	2	3	4	5	1	2	3	4	5	1	2	3	4	5
점수																				
총점																				

4. 책임(責任)- 근면, 성실, 자주, 자신

구분	근면					성실					자주					자신				
문항	1	2	3	4	5	1	2	3	4	5	1	2	3	4	5	1	2	3	4	5
점수																				
총점																				

5. 존중(尊重)- 겸손, 경청, 신중, 인권

구분	겸손					경청					신중					인권				
문항	1	2	3	4	5	1	2	3	4	5	1	2	3	4	5	1	2	3	4	5
점수																				
총점																				

6. 배려(配慮)- 양보, 포용, 자비, 용서

구분	양보					포용					자비					용서				
문항	1	2	3	4	5	1	2	3	4	5	1	2	3	4	5	1	2	3	4	5
점수																				
총점																				

7. 소통(疏通) - 공감, 공평, 인내, 노력

구 분	공 감					공 평					인 내					노 력				
문 항	1	2	3	4	5	1	2	3	4	5	1	2	3	4	5	1	2	3	4	5
점 수																				
총 점																				

8. 협동(協同) - 균형, 봉사, 의무, 상생

구 분	균 형					봉 사					의 무					상 생				
문 항	1	2	3	4	5	1	2	3	4	5	1	2	3	4	5	1	2	3	4	5
점 수																				
총 점																				

III

인성항목 설명 및
검사 결과분석과
상담기법

브레인스카웃

01
인성 핵심 가치 및 덕목 설명

✍ 인성항목의 핵심가치 덕목을 의미하는 의식과 말과 행동에 관여하는 단어 중 악덕의 의미를 내포하고 있는 단어들을 제외한다면, 나머지 단어들은 거의 모두가 인성덕목에 대한 가치를 말하고 있다.

이 모든 핵심가치 덕목에 관한 설명을 한정된 지면 공간에서 설명하는 것은 사실상 불가능하므로 대한민국이 법률 제13004호(교육부 2015. 01. 20.)로 제정한 인성교육진흥법 제2조(정의) 2항에서 언급한 인성교육의 목표가 되는 8가지 핵심가치와 덕목에 대해서 다루기로 한다.

인성이란 인간들이 사회를 만들고 함께 공존함에 있어 안전하고 행복한 삶의 가치를 영유하며 살아가기 위한 공익적 의식으로 개인과 집단의 대중적 합류 성격을 가진 개인의 고유가치다. 이에 따라 법에서 제시한 8가지 핵심가치와 덕목은 상호 깊은 관련이 있으며, 필자는 각 개의 항목당 각각 4가지의 가치와 덕목들을 구분하여 서로 연관지어 설명하였다.

그리고 각 개의 덕목과 가치항목들은 인성을 구성하며 유지하는 데 내용을 공유하며 불가분의 관계를 이루고 있으며 서로 양방향으로 소통하며 그 관계를 형성하고 선의적 견제를 하고 있음을 알 수 있다.

① 예의(禮儀)- ETIQUETTE(의지, 의식, 태도, 질서)

예의는 인성교육에 있어서 가장 기본이 되는 덕목이며, 타인에 대하여 좋은 이미지를 주어 편안한 감정을 갖게 한다. 그리고 자신에게 그 이익이 반사가 되어서 돌아오는 부메랑 효과의 아주 훌륭한 관계적 도구다. 예의는 에티켓(Etiquette) 또는 매너(Manner)라고 말하며, 예의에 관한 덕목가치는 의지(意志), 의식(意識), 태도(態度), 질서(秩序) 4가지로 나뉜다.

㉮ 의지(意志)- WILL

의지란, 스스로가 하고자 하는 것에 대한 생각을 마음에 품고 혼자서 할 수 있는 힘을 말하는 것으로 넓은 의미에서 보면 의지의 선악과 유무에 따라 삶의 성공과 실패를 결정하게 하는 인생에 있어 가장 중요한 종자(種子)인 셈이다.

이 의지는 영아기(嬰兒期)를 지나 유아기(幼兒期)부터 부모와의 생활과 그에 따라 부모의 말투와 행동, 그리고 생활습관이 바르고 좋은 의지를 형성(形成)하는데 매우 중요한 역할을 한다. 만약에 부모의 의지가 약하다면 그런 환경 속에서 자란 아이들의 의지가 강하지 않게 된다는 것은 짐작하기가 어렵지 않으며, 평생을 살아가며 우유부단(優柔不斷)한 삶 속에서 힘들어 할 것이다.

예를 들어, 기상 시간을 정해 놓고 제시간에 일어나지 않으며 조금만, 5분만, 3분만 하며 잠자리에서 일어나지 않게 되면 등교 시간이나 출근 시간에 쫓기어 아침은 물론 몸을 씻는 일조차도 허둥지둥, 허겁지겁하고 준비물이나 소지품(所持品)을 놓고 집을 나가게 되는 것을 경험을 한두 번쯤은 해 보았을 것이다. 이런 날의 컨디션이 좋을 리가 없으며 평생을 이처럼 생활하게 된다면 그 삶에 대해 충분히 상상이 가리라 생각한다.

의지는 선천적으로 타고난 것보다 후천적인 교육환경에 의해 만들어 지는 것으로 목표를 세우고 실천하게 되는 반복적이며 규칙적인 생활습 관에서부터 비롯된다는 사실을 반드시 알아야 하겠다. 또한, 자신에게 스스로가 하는 자문자답과 격려와 위로는 개인의 의지를 강화시켜 주는 중요한 의지적 행위로, 우리의 뇌에 자리한 쾌감중추이자 보상회로인 중 격의지핵(Nucleus Accumben)과 감정의 종합 판단 결정 회로인 안와전전두 엽영역(Orbitoprefrontal Cortex Region)에서 관여하게 되며 이 또한 바르고 좋은 습관으로 길들여지게 된다.

공공질서(公共秩序)를 잘 지키며 공용시설을 자신의 물건보다도 더 아 끼며 소중하게 사용하고 자신이 스스로 정한 세상의 빛이 되는 훌륭한 좌우명 또는 목표를 세워 계획대로 실천하려 노력하는 습관을 가지며, 남을 괴롭히는 등의 행동을 하지 않게 되는 좋은 의지를 갖도록 노력해 야 하겠다.

⑭ 의식(意識)- CONSCIOUSNESS

의식이란, 뜻을 의미하는 의(意) 자와 알고 판별할 수 있는 것을 의미 하는 식(識) 자가 합쳐지며 만들어 낸 단어이다. 의지를 만드는 데 핵심 자원으로 현재의 상황을 알 수 있는 맑은 정신을 말하며 정상적인 삶을 영위(營爲)하는 데 필요한 정신적 상태를 의미한다. '의식이 없다.'라는 말 은 정신과 육체가 합체(合體)되지 않은 상태로 흔히 병원에서 병원 관계 자들이 의식이 없다든지 의식이 돌아왔다고 하는 말과 같다.

우리의 삶은 의식하지 못하는 사이에 많은 세월을 보내게 된다. 아니, 정확(正確)하게 말하자면 그 당시에는 의식을 하며 살아갔는데, 지난 과 거의 의식을 일일이 모두 기억을 못 한다는 것으로 이것도 과거 의식으 로 망각이란 최고급의 선물이 우리에게 주어졌기 때문이다.

하지만 이 과거 기억은 우리의 뇌에서 끄집어낼 수 있으면 언제든지 기억해낼 수 있어야 정상적 의식을 가지고 있는 사람이라 할 수 있다. 의식이 없다면 뇌사상태(腦死狀態)와 다름이 없다고 할 수 있으며, 계속해서 의식이 없다면 사망에 이르게 된다. 의식은 작은 의미에서 보면 자기 자신의 처지와 형편, 그리고 주변에 대한 변화를 감지하는 힘이고 넓은 의미에서 보면 자신의 삶과 관련된 모든 상황을 이해하고 알고 있음을 뜻하는 것이다.

사회생활을 하거나 교육을 받게 되면 의식이 깨어 있어야 한다는 말을 자주 듣곤 하는데, 이것은 세월이 흐르며 역사가 변하고 인간이 진화하며 예전에는 없었던 생각조차 할 수 없었던 물건들이 발명되어 모든 생활환경이 바뀌어 가듯 우리의 의식도 변화하여야 한다. 이제 진리도 바뀔 수 있는 시대가 되었으므로 문화가 바뀌어 가는 것처럼 우리의 의식도 바뀌어 이기적이 아닌 이타적으로 생각하고 실천할 수 있는 강한 공유의식(公有意識)으로 탄생하였으면 한다.

㉺ 태도(態度) - ATTITUDE

태도란 외면적 태도와 내면적 태도로 구분할 수 있으며 외내면적 태도 모두 심리나 정신적 상태에 기인(起因)하며, 심리나 정신적 상태는 개인에게 영향을 끼친 선천적인 환경과 후천적인 환경의 모든 요인들에 의해 표출되는 유무형의 행위이다. 선량(善良)하고 좋은 습관에 의해 만들어진 의지와 왜곡(歪曲)되지 않은 바른 이해로 인식하는 의식만이 보기 좋은 태도를 가지게 되므로 이 역시 좋은 습관으로 길들게 되는 인성의 덕목이다. 우리는 흔히 어떤 한 사람을 평가(評價)할 때 "그 사람은 태도가 좋아.", 또는 "그 사람은 태도가 좋지 않다."라는 말을 종종 듣게 되는 경우가 있다.

그 사람의 태도는 그 사람이 가지고 있는 고유적인 신체적 조건을 배제한다면 다분히 예의적 상황(狀況)이라 할 수 있다. 그 상황에서 그 사람이 받아들이는 감정에 대한 이성적 표현은 미흡할 수 있으나, 그렇다고 너무 이성적으로 표현한다는 것은 예의만 중시한 가식(假飾)적 표현이 될 수 있으므로 매우 신중하게 행동하여야 한다. 태도는 자신의 맘에 들지 않더라도 반드시 갖추어야 할 상황이 있으므로 그때그때에 적합한 예절 교육을 충실히 받아야 자신이나 자신과 관련된 사람들에게 불이익을 피할 수 있는 유일한 길이 될 수도 있다.

연기자나 개그맨 등 예능인의 특수한 경우라면 몰라도, 일반적인 사람이 철이 없는 행동을 한다든지 나이에 맞지 않는 언행을 하게 되면 본인이 받을 수 있는 수혜가 피치 못하게 다른 사람에게 그 몫이 돌아갈 수도 있는 불이익을 당하게 될 경우가 있다. 물론 세종대왕인 충녕대군(忠寧大君)과 효령대군(孝寧大君)을 생각한 조선의 양녕대군(讓寧大君)처럼 이타심(?)을 생각한다면 모를 일이라지만 그런 경우가 아니라면 나이에 걸맞은 예의범절로 자신이 받을 혜택을 결코 놓쳐서는 안 되겠다.

올바르고 보기 좋은 태도는 긍정적인 마음과 바른 생각을 갖고 맑은 의식으로 자신이 이루고자 하는 확실한 의지를 세우고 실천하는 자세에서 나오는 것이라 하겠다. 내가 먼저 밝은 미소를 지으며 보기 좋은 태도로 사람들을 상대한다는 생각을 세상 사람들 모두가 갖고 있다면 이 세상에는 얼굴을 붉히며 싸우는 일을 영원히 사라질 것이다.

㉑ 질서(秩序)- ORDER

질서란, 순서와 차례를 의미하는 것으로 모든 것은 순서와 차례가 있으며 이를 어길 경우, 천재(天才)나 영재(英才)가 월반(越班)을 하는 것과 같은 아주 특별한 경우를 제외하고는 범상(凡常)적인 삶을 살 수 없으며 천재나 영재와 같은 평범하지 않은 삶이 본인에게 개인적으로 행복한 것인가에 대해 반문(反問)해 보고 싶다.

질서는 자연이 존재하고 생태계(生態界)가 무리 없이 안전하게 유지하며 보존하는 선택의 여지가 없는 유일무이(唯一無二)한 단 하나의 방법이라 하겠다. 우리 인간들은 좀 더 편리한 삶을 위해 자연에 대한 질서 파괴를 앞뒤 구분 없이 무차별적으로 해왔고 앞으로도 얼마나 더 파괴의 악행을 하게 될지 모르는 일이다. 자연의 질서를 파괴하면 할수록 편리해지는 것은 잠깐이고, 우리의 삶을 위협하는 부메랑이 되어 송두리째 파괴(破壞)시킨다는 것을 우리들 모두 잘 알고 있다.

이와 마찬가지로 우리 인간들의 삶 안에도 자연의 질서와 같은 차례(次例)와 순서(順序)의 진리가 존재하며, 이것을 서로가 지키지 않았을 때, 참혹한 전쟁의 도가니로 몰아가 우리가 상상하기도 싫은 고통 속에서 마지못한 삶을 이어가게 되는 것이다. 우리가 공부하며 알게 된 인류의 역사와 현재에도 전쟁과 테러(Terror)에서 죽음과 삶을 오고 가는 세계 도처(到處)의 국가들을 보며 안타까운 마음을 금(禁)할 수 없다.

이 모든 것이 질서를 위반(違反)하며 일어나는 일들이 아니라고 과연 누가 감히 당당하게 말할 수 있겠는가? 질서를 잘 지키려는 마음을 가지고 있는 사람은 의식이 바르고 의지가 강하며 태도가 좋은 사람임에 틀림이 없을 것이다. 세상의 일에는 경중완급(輕重緩急)이 있으니, 자신의 삶 속에도 스스로가 지킬 수 있는 질서의 규칙을 정하여 성실하게 지켜가는 질서의식이 필요하겠다.

② 효행(孝行) - FILIAL PIETY(순종, 공경, 자존, 도리)

효행은 사람이라면 누구나 몸소 지녀야 할 기초적 소양으로서 인성교육의 근본이라 할 수 있겠다. 효행을 기본적 미덕으로 형성된 사람이라면 자신의 부모는 물론 그 외 다른 윗분들께도 지극한 마음을 가지고 있음을 짐작할 수 있으며, 하늘을 공경하고 사람을 사랑한다는 뜻의 경천애인(敬天愛人)을 실천(實踐)하는 사람일 것이다. 효행의 덕목에는 순종(順從), 공경(恭敬), 자존(自尊), 도리(道理)의 4가지 덕목가치가 있다.

㉮ 순종(順從)- OBEDIENCE

순종이란, 좋은 마음으로 올바른 태도와 자세로 순하게 따르는 것을 의미한다. 효행에서 가장 중요한 핵심가치(核心價値)라 할 수 있으며 과거에는 순종이라는 단어를 아무런 여과 기능 없이 받아들이며 무조건 실천하는 것을 미덕(美德)으로 삼았었다. 하지만 현재에는 이 순종이라는 단어는 개인적 이익을 침범(侵犯)당하지 않는 행동반경이 정해진 범위에서 할 수 있는 차별적 순종이라는 세련된 단어로 바뀐 것 같다.

봉건주의와 왕권사회로 주로 농사를 지으며 노동력이 필수적으로 필요했던 과거의 시대에는 농경사회로서 대가족이 함께 살며 생활하는 환경에서 위계질서(位階秩序)와 그에 따르는 노동의 범위가 각각 주어지고 그 위치의 삶에 만족하며 살아가야만 하는 방법밖에는 없었기에 '순종(順從)'이라는 단어가 무조건적이었다. 하지만 산업시대인 근대사회를 거치며 계속 진화하며 최소의 노동력을 지향하는 정보화 시대인 현대사회에서는 인권을 중시하며 남녀의 차별이 없는 양성평등(兩性平等)과 개인적 특성인 개성을 강조하기에 순종이라는 단어가 무조건적일 수가 없게 된 것이다.

하지만 순종이라는 의미를 잘 살펴보면 역기능보다는 순기능적인 요소들이 곳곳에 숨어 있다. 사실상 순종이라는 것은 자연의 법칙과 인간의 도리에 대하여 잘 따르라는 의미인 것이다. 차별적 순종은 자칫 잘못하여 해석하면 순기능보다는 역기능적 요소가 너무 많게 된다. 거리나 골목에서 나쁜 행동을 하고 있는 젊은이들을 타이르면 그 타이름에 반항함과 저항감 없이 순종하며 따르는 것이 인간의 도리이지만, 지금의 이 현실에서는 젊은이는 고사하고 초등학생마저도 어떤 돌발적이며 위협적인 행동이 할까 두려운 마음에 도저히 타이를 수 없게 만들었다.

용기를 내어 타이르다가 그 아이들이 경찰(警察)에 신고를 하면 타이른 사람이 불이익을 당하는 이런 안타까운 현실을 이 사회를 우리들이 스스로 만들어 왔다. 인성이 있는 사람이라면 적어도 자신을 나준 부모님과 자신의 몽매(蒙昧)함을 깨우쳐준 스승님, 그리고 자신과 관련하지는 않았지만 제대로 인품을 가지고 있는 그런 분들께는 순종하는 것이 좋지 않을까 생각한다. 이러한 바르고 좋은 순종도 교육에 의해 대물림하는 것으로 하루아침에 이루어지는 것이 아니라 습관(習慣)에 의해 만들어진다.

㉯ 공경(恭敬)- RESPECT

공경이란, 예의가 바르며 공손한 마음과 자세로 정성을 다해 섬기는 행위를 말한다. 공경의 경(敬) 자를 보면 "사람이 정중히 무릎을 꿇고 말을 삼가도록 회초리를 들고 스스로 독려한다."라는 뜻으로 풀이를 할 수 있다. 그러므로 마음에서 우러나지 않는 공경이란 있을 수 없으며 가식적인 공경은 상대방에게 오랫동안 신임을 얻기 힘들게 된다.

정성스러운 마음이 공경을 이끄는 핵심가치(核心價値)이며, 이러한 마음은 자신을 아끼며 소중하게 관리하는 습관에서 발현(發顯)되는 것으로 타인을 공경하는 것이야말로 자신이 공경받을 수 있는 기초를 다지는 것임을 알아야 한다. 위대한 영웅(英雄)이나 존경받을 만한 인물만 공경하는 것이 아니라 부모와 형제, 친척 외에 평범한 모든 사람들을 공경하는 마음과 자세로 응대(應對)한다면 머지않아 자신도 다른 사람들에게 공경받는 인물로 성장하게 될 것이다.

공경하는 자세는 자신의 몸과 마음을 낮추는 일인데, 자신이 처한 사회적 지위나 경제적 능력, 교육수준에 따라 행동함에 어려움이 따를 수 있어 스스로의 모진 노력으로 이룰 수 있을 것이다. 완전하고 능력을 가진 사람을 공경의 대상으로 삼는 것은 미흡(未洽)하다고 할 것이며, 그 부족한 능력을 생색(生色)냄이 없이 채우고 보태어 평안하여 온전한 마음을 갖게 하는 것이 진정한 공경이라 하겠다. 지금 우리가 살아가고 있는 세상은 물질적인 공경을 우선시하는 경향이 있으나 심리적 공경이 함께 조화(造化)를 이루어야 참된 공경이라 할 수 있다.

예를 들어, 연말연시에 어려운 노인들을 대상으로 여러 가지 물품으로 제공하는 경우에 물질과 더불어 진정한 공경의 마음을 보태고 된다면 더없이 아름다운 공경이 될 것이며 받는 사람들이나 드리는 사람들 모두가 행복함을 공유할 수 있다 하겠다. 특정 대상이 아닌 모든 사람들을 망라(網羅)해서 공손하게 대하는 것이 공경이라 한다면 특정 대상의 정신적 사상이나 행위들에 대하여 받들고 높이는 것을 존경이라 일반적으로 표현한다.

하지만 필자는 존경하는 마음 없이는 공경하는 마음이 없고 공경하는 마음이 없이는 존경하는 마음도 없다고 생각하고 있다. 고대 중국의 현자 공자(公子)가 말한 것을 글로 옮긴 논어(論語)에 보면 "삼인행필유아사(三人行必有我師)." 즉, 세 사람이 있다면 나에게 반드시 스승이 있다는 말로 좋은 사람이든 나쁜 사람이든 자신에게 모두 스승이 될 수 있다는 말로 해석(解釋)되기도 한다.

또한, 중국 주(周)나라 시대에 편찬(編纂)된 시경(詩經)의 소아편(小雅篇) 중 '학명(鶴鳴)'이라는 시에 나오는 구절인 타산지석(他山之石)에 쓰여 있는 것처럼 다른 사람의 좋지 못한 행동이나 실수, 그리고 보잘것없는 언행이더라도 자신에게 교훈이 된다고 한 의미를 되새기며 공경하는 마음으로 자신을 수양(修養)해야 하겠다.

⑭ 도리(道理) - RIGHT WAY

도리란. 사람이면 마땅히 해야 할 바르고 옳은 일을 말하는 단어이다. 도리를 바꾸어 말하면 순리(順理), 천리(天理) 그리고 진리(眞理)라고 표현을 해도 지나침이 없을 것이다. 우리 인간은 대자연의 일부이므로 자연의 섭리(攝理)를 이용할 수는 있어도 역행(逆行)하면 그 재앙(災殃)을 막을 수 없게 된다. 사람이 살아가는 방법에도 자연에 순리를 깨달아 이해하고 따르며 모든 삼라만상(森羅萬象)과 협력하고 공생(共生)하며 감사하는 마음으로 살아가는 최선책(最善策)이 도리인 것이다.

우리가 인생을 살아가면서 자연스럽게 늙어가며 생기는 노화 현상은 자연의 섭리인지라 어찌하는 방법은 없겠지만, 그 노화현상(老化現狀)을 늦추는 방법은 이미 알고 있으나 실천하지 않으므로 노화 현상을 앞당기고 각종 질병을 스스로 야기시키며 심신을 괴롭히고 있다. 마음을 순화(醇化)시키고 정신을 가다듬으며 바르고 고른 호흡을 하면서 기초체력을 증진하는 데 힘을 기른다면 안정된 삶을 유지한다. 이것이 자신에게 베풀 수 있는 지극한 도리인 것이다.

자연과 자신에 대한 도리를 성실하게 수행하는 것처럼 부모 형제와 친구, 직장동료, 거래처 등 내가 관계해야 할 모든 상대 또는 집단에 대한 예의와 예절, 그리고 양보와 배려 등 원만한 소통과 협력을 위한 마음가짐과 행동지침을 정한 것이 도리가 되겠다. 도리를 하려면 몸과 마음이 다소 불편할 수 있지만, 이 도리를 나만 하는 것이 아니고 함께해야 하는 것이므로 또 당연히 해야 할 의무적 행위이므로 도리를 지키고 계속적으로 이어져 가야 한다.

만약 그렇지 않는다면 우리가 사는 사회는 개인이기주의(利己主義)가 성행(盛行)하여 부모 형제의 안위(安慰)나 행복도 생각하지 않으며, 안하무인격(眼下無人格)의 무분별한 행위들이 속출(續出)하고 시기와 갈등이 증폭(增幅)되어, 결국 전쟁으로 나아가 인류사회는 멸망(滅亡)의 길을 걸어갈 것이 분명하다.

그러므로 인성교육(人性敎育)이란, 사람으로서의 도리를 잘 지키며 살아가는 법을 가르쳐 주는 교육인 것이다. 도리를 잘 알 방법은 '역지사지(易地思之)'와 '인지상정(人之常情)'을 잘 새겨 보면 깨달음을 얻을 수 있으리라 생각한다.

㉑ 자존(自尊)- SELF-ESTEEM

자존이란, 자기 스스로의 존재를 존엄하게 여기며 인격에 대한 가치를 보존하고 유지하는 것이다. 흔히 자존감이라는 말로 사용되며, 자존심과는 의미적으로 구별하여 쓰이고 있다. 자존이란 자기 효능의 기본적 배경으로 하고자 뜻한 바를 이룰 수 있는 자신감과도 깊은 상관이 있다.

아무리 좋은 목표를 세운다 하여도 그 목표를 실천함에 있어 성실도가 낮아지면 상대적으로 목표를 이룰 수 없으므로 자존감이 낮아지며 그 횟수가 많아질수록 자기효능감(Self Efficacy)마저 극히 낮아지게 되어 무슨 일을 하든지 자신감을 없게 만드는 주요한 요인이 되는 것이다.

자존을 가질 수 있는 현명한 방법은 자신을 잘 관리하는 것으로 규칙적인 생활습관과 자신이 이룰 수 있는 달성이 가능한 목표를 설정하여 꾸준하게 정성(精誠)을 다하여 학습하며 노력하는 방법밖에는 뾰족한 수가 없을 것이다. 다른 사람들의 칭찬으로 다소 자존감이 들어 자신에게 도움이 될 수는 있으나, 자칫 잘못하면 타의에 의한 의존적인 사람으로 매사의 일을 스스로의 힘으로 판단(判斷)과 결정(決定)할 수 없는 그러한 삶으로 점철될 가능성이 많게 된다. 올바른 자존을 가진 사람이라면 성장 시기에 부합(附合)하는 적절한 판단과 결정을 할 수 있는 자존적인 사람이 되어야 하므로 남들에게 질타를 받는 행위를 삼가야 한다.

어떻게 보면 인간의 사회도 동물의 세계와 비슷한 경우가 있어 잦은 꾸지람과 질타(叱咤)를 받게 되면, 자신의 심리적 상태가 왜소(矮小)해지는 현상을 경험하게 되며 이 심리적 위축이 자신의 자존감과 효능감(效能感), 그리고 자신감을 현저히 낮아지게 만들어 학교에서나 직장에서나 왕따 등을 경험할 가능성을 배제할 수 없으며, 결국 아무것도 할 수 없는 사람이라는 생각과 이 세상에 필요 없다는 식의 생각을 갖게 하여 대인기피증이나 심각한 우울증(憂鬱症) 등 정신적 질환으로 나타날 수도 있게 되므로 상당한 주의가 필요하다 할 수 있다.

자존을 높이는 행위로는 명상(冥想)과 기억력(記憶力) 증진, 창의력(創意力) 향상 등 심리적 자존과 걷기나 요가, 스트레칭 등 유산소 운동 및 근력 운동 등 육체적 자존의 훈련이 있으며 자신의 수준에 맞으며 달성이 가능한 단계적 목표를 정하여 훈련하는 것이 바람직하다.

③ 정직(正直)- HONESTY(진실, 정의, 용기, 반성)

정직은 거짓됨이 없이 바르고 곧은 심성을 말하는 것으로 하늘을 우러러 한 점 부끄러움이 없는 마음을 가르친다. 정직한 사람은 다소 융통성이 없게 느껴지며 보수적이거나 딱딱한 느낌을 거질 수도 있어 보이지만 실상 정직한 사람과 친하게 되면 세상살이가 편해짐을 느낄 수 있다. "거짓말은 꽃은 피게 하지만 열매는 맺지 못한다."라는 스페인 속담이 있다. 세상에서 가장 잘 사는 방법은 마음 편하게 사는 것이 가장 잘 사는 방법일 것이다. 정직이라는 덕목 안에는 진실(眞實), 정의(正義), 용기(勇氣), 반성(反省) 4가지의 덕목가치가 있다.

㉮ 진실(眞實) - TRUTH

진실이란, 거짓 없는 참됨으로 가득 차 있는 열매라는 뜻으로 바르고 곧은 성품을 말하는 정직의 내용물로 인성의 덕목을 이루는 가장 근본적인 가치적 요소이다. 사람이 진실하고 정직하면 다소 우둔(愚鈍)해 보이도 고집이 세며 융통성(融通性)이 없어 타인으로 하여금 불편한 관계로 인한 사회생활의 부적응자로 생각할 수 있으나 사실은 정반대이다. 원래 원칙대로 한다면 방금 언급한 말대로 사회생활이 이루어져야 당연한 이치(理致)인데, 어찌 된 것인지 몰라도 요즘 세상은 그 반대로 돌아가는 것 같아 안타까운 마음이 들기까지 한다.

권모술수(權謀術數)가 난무하고 조삼모사(朝三暮四), 고식지계(姑息之計), 인순고식(因循姑息), 동족방뇨(凍足放尿), 임시변통(臨時變通)과 같이 눈 가리고 아웅 하는 식의 고사성어가 많은 것을 보니, 먼 옛날에도 진실하고 정직하지 않은 사람들이 꽤나 있었던 모양이다. 우리가 어렸을 때부터 보았던 커다란 안전사고나 모든 범죄의 원인은 결국 진실하고 정직하려고 하지 않고 또 진실하고 정직하지 못하여 발생한 양심불량(良心不良)이 저변에 깔려 있는 비인성적 저질 범죄인 것이다.

진실하고 정직하지 않음으로 말미암아 무고하고 선량한 국민이 뜻하지 않은 사고로 사망하거나 크게 다쳐 장애인으로 평생을 살아가다 생을 마감한다. 최근에는 세월호 사건으로 인생의 꽃을 한 번 피지도 못한 채 숨겨간 안산 단원고등학교 2학년 학생들의 소식이 전 국민을 울렸고 지금도 해결되지 않은 부분을 정직하게 고백하지 않은 관련자들이 있을 수 있어 더욱 마음을 아프게 하고 있다.

진실하고 정직하지 못하여 발생한 사건 사고가 이것뿐이겠는가? 독일에서 유학까지 마치고 귀국하여 교회에서 현업으로 시무하는 종교지도자인 목사 부부가 자기 자식을 때려서 죽이고 그 사실을 숨기질 않나, 선생이라는 작자가 자기 제자를 성추행하고도 하지 않았다고 하질 않나, 친부모가 아이를 때려서 죽이질 않나, 보험금을 노리고 가족을 살해하질 않나 등등 사건 사고가 너무 많아서 일일이 열거(列擧)하기도 매우 어렵다. 이 모든 것이 진실하고 정직하지 않아서 생기는 범죄(犯罪)들인 것이다. 아니, 자신의 이익을 위해서 자기만 편히 살려고 자신에게 너무 정직해서 벌어진 범죄일 수도 있다.

　"될성부른 나무는 떡잎부터 알아본다."와 "세 살 버릇 여든까지 간다."라는 우리네의 속담(俗談)이 있다. 어렸을 때부터 진실하고 정직함을 가르치고 훈련하여 습관을 들이라는 말인데, '윗물이 맑아야 아랫물이 맑은 것'처럼 그 첫걸음은 윗사람인 부모와 선생님 더 나아가 재벌가(財閥家)나 정치 및 종교지도자들부터 진실하고 정직해야 할 노릇이다.

④ 정의(正義) - JUSTICE

　정의란, 바르고 옳음을 추구하고 지킴으로 설명할 수 있으며 인성덕목들이 가야 할 길을 제시하는 이정표(里程標)와 같은 최고의 가치이다. 이 정의란 순수한 것으로 진리를 거스르지 않으며 처신(處身)하는 것을 의미한다. 학생이면 학업에 충실하고, 직장인이면 직장인답게 자신에게 주어진 업무에 충실하며, 공무원이면 공복(公僕)의 자세로 공무를 수행하는 것, 부모로써 자식에게 의무를 다하는 일과 선생으로서 제자(弟子)에게 사도(師道)의 정신으로 가르침을 다하며, 정치인은 국민에게 한 공약을 지키려 자기의 희생을 바칠 때와 같이 자신에게 주어진 직분과 본분에 최선을 다하는 것이 진정으로 정의롭다고 하겠다.

자신의 권력이나 업무의 우월성을 남용하여 갑과 을의 신분적 차별로 무리한 권리를 행사하며 부당이익을 챙기는 것은 타락(墮落)이라고 한다. 타락은 정의라는 덕목과 반대의 개념이 되는 의미로 불의(不義)를 행할 때 자신에게 돌아오는 결과로 그 사람의 인생 몰락은 물론 그와 관련한 사람들마저도 고통의 늪에 빠져 괴로운 삶을 살아가게 된다. 정의롭다는 것은 안으로는 자신과의 모진 싸움에서 승리(勝利)하는 것이요, 밖으로는 모든 사람들에게 신망을 받는 사람으로 난세의 영웅의 재목이 되는 사람이다. 특히 오천 년이 넘은 역사를 이어온 우리나라에는 이처럼 정의로운 조상들이 셀 수 없을 정도로 많았다.

우리의 아름다운 금수강산(錦繡江山)을 노리며 호시탐탐(虎視耽耽) 우리의 땅을 노리는 못 쓸 주변 국가들을 대상으로 백성의 안전과 나라를 구해야 했고, 개화기(開化期) 시대에는 세계열강(世界列强)들에게 몸살을 앓으며 미국과 일본의 밀약의 결과로 결국 뜻하지 않게 일제의 강점기(强占期)에 들어가게 되었으나 수없이 많은 우리의 영웅들인 애국지사와 열사(烈士), 그리고 의사(義士)들에 의해 독립운동이 세계의 각지에서 펼쳐지고 그로 인해 우리는 불과 35년의 치욕(恥辱)의 역사를 마치고 광복의 기쁨을 누리게 되었다.

과연 이 역사적 사실을 기뻐해야 하는가, 우리나라를 애당초에 빼앗기지 말았어야 하는 것 아닌가 말이다. 모든 역사의 뒤안길에는 정의를 가진 영웅이 있다면 사리사욕을 불태우며 불의로 가득 차 있는 타락(墮落)한 얌체족들이 있었다. 나라를 일본 제국주의에게 팔아먹은 을사오적(乙巳五賊)인 이완용, 이근택, 권중현, 이지용, 박제순이 바로 타락한 얌체족들이었다.

이들의 정의롭지 못한 극악무도한 행위로 온 조선의 모든 백성의 삶은 송두리째 사라지며 전 국토는 지하자원의 강탈로 황폐해져 가고, 거기에다 문화말살 정책과 조선인의 씨를 말리는 멸종의 정책까지 '인간망종(人間亡種)'의 행위를 서슴지 않았으며, 광복 71주년을 바라보는 올해까지도 비굴(卑屈)하고 추잡(醜雜)하며 정의롭지 못한 말도 안 되는 변명(辨明)만을 늘어놓으며 우리 대한민국과 국민들을 두 번씩이나 죽이는 행동을 계속해서 반복하고 있다.

이 세상에는 선과 악은 공존한다. 정의로움으로 가득 차 있다면 소위 종교에서 말하는 천국과 같은 세상이 될 것이고, 불의로 가득 차 있는 세상이라면 지옥과 같으니 곧 멸망하게 되리라. 아직은 이 세상이 멸망하지 않은 걸 보니 불의보다는 정의로운 사람들이 더 많음에 고마워할 따름이며, 이 정의로움은 바른 인성 안에서 싹트게 되는 것이며, 바른 인성은 정직에서 움트게 되는 것이다.

ⓓ 용기(勇氣) - COURAGE

용기란, 날쌘 기운 즉 바르고 옳은 상황에서의 결단력 있는 정신적 육체적 행위를 의미하는 것으로 주로 정직하고 진솔한 사람들이 이러한 행동을 한다. 그에 맞는 상황과 적절한 판단을 하여 행동하는 것이라야만 정의로운 용기라고 하며, 그렇지 못한 행동은 함부로 날뛰는 만용(蠻勇)이다. 정의로운 영웅들이나 위인들에게 용기가 있다면 불의를 가진 얌체족들이 하는 모든 행위는 미치광이들이 제멋대로 발광하는 것이 만용이 되는 셈이다.

영어 단어를 살펴보면 용기라는 단어는 'Courage'와 'Bravery' 두 종류가 있다. Bravery가 선천적으로 타고난 용기라 한다면, Courage는 후천적 용기로 교육이나 경험을 바탕으로 자신 스스로의 의지를 가지고 어떠한 상황 닥친 현실에 대해 극복하려는 굳세고 씩씩하며 의기당당한 기운을 뜻하는 것이다.

선천적 용기는 경솔하게 행동하여 자칫하면 만용으로 치달을 수 있으므로 주의해야 하지만, 후천적 용기는 자신의 명예를 위해서나 타인을 위해서 실로 한 인간의 승리와 같이 고귀한 행위로 영원히 남을 수 있게 된다. 즉, 자기의 소중한 목숨이 희생(犧牲)되는 경우가 있어 그 경건(敬虔)함에 저절로 머리가 숙여지게 된다. 모든 사람들로 하여금 숙연(肅然)해지게 만드는 것이 바로 용기인 것이다. 용기 있는 사람들은 절대로 경거망동(輕擧妄動)하지 않으며 자신에게나 남에게나 절대로 지탄(指彈) 받을 행동을 하지 않는다.

용기는 연령에 따라 그리고 상황에 따라 행위나 모습이 다르게 표현될 수 있다. 예를 들어, 학생의 신분이라면 선량한 학생들에게 폭력을 휘두르는 불량학생에게 대항하거나 그렇지 못할 경우에는 학교폭력 유관 기관에 즉시 신고함으로써 더 이상 선량한 학생들이 피해를 보지 않으며 안전하고 쾌적(快適)한 분위기 속에서 수업받을 권리를 행사할 수 있게 하는 것이 용기이다.

직장을 다니는 직장인이라면 비리를 저지르거나 조장하는 상사를 설득하여 정상적인 업무를 수행하도록 하는 행위와 더 이상 설득(說得)이 되지 않을 경우 대항하거나 신고 센터에 고발(告發) 조치를 하는 것 또한 진정한 용기라 하겠다.

이러한 용기를 가지려면 심약해서는 되지 않으므로 우선 몸과 마음이 강하고 튼튼하게 만들어야 하기에 규칙적인 생활습관과 체력 단련을 위한 운동, 그리고 자신의 세운 선량한 목표를 이루기 위한 마음 수양이 필요하므로 바른 호흡(呼吸)을 동반한 명상 등으로 자기관리를 필수적으로 해야 하겠다.

㉣ 반성(反省)- SELF-REFLECTION

반성이란, 돌이켜 비추는 것으로 주로 인간의 정신적인 행위를 말하며 스스로 내지는 타인의 충고로부터 하게 되는 심리적 피드백(Mind Feedback)이다. 반성은 자기 발전을 위해 반드시 필요한 과정으로 자기성찰(自己省察)을 하며 단계별로 자세히 살펴보아야 한다.

성찰이라 함은 나의 일정 기간의 행적을 돌아보며 자잘못을 판단하고 잘한 것은 유지를 하되, 잘못한 것은 반성하여 다시는 똑같은 실수를 반복하지 않게 하는 것에 의미를 두고 있다. 그러므로 반성은 다짐이라는 동반자와 함께할 때 그 진가가 발휘될 수 있다. 다짐이란 마음 자세로 실천하는 용기가 따라 주어야 하므로 반성과 다짐, 그리고 실천은 하나의 몸이라 하겠다.

공자(孔子)의 수제자 증자(曾子) 말인 논어(論語) 제1편 학이(學而) 4장을 보면 "曾子 曰, 吾日三省吾身 爲人謀而不忠乎. 與朋友交而不信乎 傳不習乎."와 같은 구절이 나온다. 자신 스스로가 하루에 3번 반성을 한다는 내용으로 첫째, 내가 아닌 사람을 위해 일할 때 불충함으로 꾀를 피우지 않았는가? 둘째, 내가 친구들과 교제할 때 믿지 못할 행동을 하지 않았는가? 셋째, 잘 알지도 못하는 것을 전하려 하지 않았는가? 이렇게 해석할 수 있다. 여기서 나오는 '吾'는 '정신적인 나의 행태나 길'이라는 뜻으로 사용되었으며, 자기반성에는 자신을 행동하는 것은 바로 심리적 상태를 동반한 정신적 행위로 올바른 길로 가기 위한 일종의 통제관리 시스템인 것이다.

④ 책임(責任)- RESPONSIBILITY(근면, 성실, 자주, 자신)

책임은 정신적으로 성숙한 성인이라면 누구나가 가지고 있어야 할 덕목으로 의무가 뒤따른다. 인성에 있어서 책임이란 자신의 뚜렷한 의지와 가치관(價値觀)으로 목표 지향적인 행위를 의미하는 것으로 책임의 덕목에는 근면(勤勉), 성실(誠實), 자주(自主), 자신(自信)의 4가지를 포함하고 있다.

㉮ 근면(勤勉)- DILIGENCE

근면이란, 사전적 의미에서 본다면 부지런히 힘쓴다는 뜻으로 어떤 일이든지 성과에 연연하지 않고 주어진 일을 묵묵히 수행하는 과정적 행태이라 할 수 있다. 그러므로 성실이라는 단어와는 개념적으로 분명하게 차별성을 가지고 있다. 근면한 것이 성실한 것이 아닐 수 있다는 말이 된다.

하지만 매사에 근면한 자세로 임해야 성실함을 얻을 수 있다는 것은 너무나도 자명(自明)한 사실이다. 예를 들자면, 학생이나 직장인이 책상에 오래 앉아만 있다고 공부나 업무의 성과가 극대화(極大化)되는 것은 아니지만, 근면한 자세가 뒷받침이 되어 주지 않는다면 어떠한 결과도 기대할 수 없기에 인성을 가꾸는 데 소중한 덕목의 가치인 것이다.

근면함의 반대되는 의미를 가진 단어로는 나태(懶怠)함이나 게으름이며, 이러한 인성을 가지고 있는 사람들과 관계하는 것을 환영(歡迎)하는 사람들은 아마도 이 세상에 없을 것이다. 우리가 사는 세상은 약속과 신용으로 움직이며 한 치의 오차도 용납(容納)되지 않은 그런 사회이므로 나태한 사람들이 발붙일 곳은 없으리라 생각한다.

아마도 자신을 낳아주고 길러준 부모님이나 형제자매도 신임하지 않을 것이 분명하다. 우리나라 속담에 "거지도 부지런하면 더운밥을 얻어 먹는다."라는 말이 있으며, 이 말의 뜻은 사람은 부지런하면 해야 밥을 먹고 살 수 있다는 뜻으로 받아들여진다.

근면은 인성의 덕목 중 의지와 태도, 그리고 인내와 노력이 함께 수반 (隨伴)되는 가치들로 서로 상관되어 있어 이 4가지의 가치들이 함께 조화 로운 힘을 발휘(發揮)하는 것이다. 그러므로 오래도록 함께 일할 사람을 구하고자 한다면 근면한 사람을 찾으면 되는 것이다.

근면에는 스스로의 의지를 가지고 임하는 근면과 타인에 의해 의무적 으로 임하게 되는 근면이 있으나, 이 두 종류 중 스스로 자진해서 처신 하는 자의적 근면이 바람직한 경우가 되며, 타의적 근면은 조건이나 상 황이 바뀌게 되면 중도에 실패(失敗)할 수도 있다. 근면하기 위해서는 긍 정적인 생각과 심신의 건강이 필요조건이 되므로 평소에 규칙적인 생활 습관이 몸에 배도록 노력을 기울여야 한다.

⑭ 성실(誠實)- SINCERITY

성실이란, 정성스러운 마음과 자세로 임하여 소기의 목적을 이루기 위 해 노력하는 것을 뜻한다. 성실하다는 것은 근면함과 같이 과정적 진행 에 대한 의미에 관점을 두고 있지는 않지만, 일반적으로 근면함이 내재 (內在)하여야 성실의 효과를 기대할 수 있다고 여겨진다. 보통 근면과 성 실이라는 두 단어는 실과 바늘처럼 함께 사용을 하며 주로 학교 교훈이 나 가훈, 그리고 직장훈 등으로 정직과 함께 널리 사용되고 있다.

성실하다는 관점(觀點)은 수행하고자 하는 일에 의지를 가지고 목적과 목표를 세워서 이루고자 효율적으로 처리하는 성과주의를 말하는 것이 다. 아무리 성과주의(成果主義)를 높이 평가를 한다 해도 역시 사람은 근 면함이 함께 따라 주어야 다른 사람들과도 소통이 되어 더 훌륭하고 많은 과업들을 성취해 나갈 수 있을 것이다.

다른 사람들은 근면한데, 본인만 시도 때도 없이 본인의 업무만을 잘 하면 되지 않느냐 반문을 하는 사람이 있다면, 그런 부류의 사람은 아마도 생활공동체와 같은 조직사회에서 머지않아 도태당하지 않을까 한다. 성실함에도 눈치와 코치가 있으며 주의력을 기울여 주변의 상황을 잘 파악하여야 한다.

우리의 옛 속담에도 있듯이, "눈치가 빠르면 절간에서도 새우젓을 얻어먹는다."라고 하였다. 실제로 절에서는 음식을 만들 때 새우젓을 쓰지 않지만, 눈치가 빠른 사람은 끼니의 때마다 떡을 챙겨 먹을 수도 있다는 비유(比喩)에서 이러한 속담이 생겼으리라 여겨진다. 사람은 항상 꾸준하게 자기가 있어야 할 자리에 있으며 자신의 재능을 발휘할 수 있어야 좋은 기회가 생기는 것이다.

베스트셀러 작가인 호주의 론다 번(Rhonda Byrne)이 저술한 『더 시크릿(The Secret)』의 끌어당김의 법칙(法則)을 인용해 본다면, 근면의 자세로 성실하게 자신이 하고자 하는 일에 대하여 긍정적인 마음으로 자세하고 치밀한 계획을 세워서 실천하면서 마치 그 꿈을 이룬 것처럼 생각하기와 말하기, 그리고 행동한다면, 우주(宇宙)로 소원하며 보낸 주파수가 어느 기간이 지나게 되면 다시 자신에게 돌아온다고 한다.

그것이 사실이라면 우리는 그 성공의 주파수(周波數)를 받기 위해 근면한 자세로 성실하게 자신의 일에 열중하고 있어야 한다는 것이다. 생각건대, 아마도 성공하는 사람들의 모두가 근면하고 성실한 사람들이 아닐까? 깊이 생각한다. 물론 성실이란 우리가 생각하고 있는 인성의 덕목들 가운데 없어서는 안 될 한약방에 감초(甘草)와 같은 존재라고 할 수 있겠다. 성실은 자신이 품은 목표에 대한 가치와 희망(希望)을 향한 굳은 의지가 만들어 내는 최고의 작품일 것이다.

㉡ 자주(自主)- AUTONOMY

자주란, 자신 스스로가 주인이라는 뜻으로 자기의 인생은 자신이 책임을 지을 수 있어야 하며, 그러기 위해서는 다른 사람들에게 무시당할 수 없는 인격과 품격을 고루 갖추어야 하며 변화하는 상황에도 유효적절(有效適切)하게 대처하는 것을 의미하는 단어이다.

자주의 의미를 모르는 살아가는 사람은 자존감보다는 자존심을 앞세우기 쉬우며 어떠한 상황에서 자신의 탓보다는 남의 탓으로 돌리며 책임을 우회(迂回)하거나 회피(回避)하는 성격이 되기 쉽다. 더욱이 자신이 세상의 중심이 되고 주체가 되며 정체성(正體性)을 알지 못하기에 미래에 대한 목표도 불확실하며 남이 좋다고 하면 그것이 그저 좋아 보이며 부화뇌동(附和雷同)하는 팔랑 귀와 같은 사람으로 살아가기 안성맞춤이다.

자주라는 단어는 대개 자주심 내지는 독립심이라는 합성어로 인구(人口)에 회자(膾炙)를 하는데, 이것은 어려서부터 부모님으로부터의 교육에 지대한 영향을 받게 된다. 발달심리학(發達心理學, Developmental psychology)의 관점에서 본다면 만 3세 미만의 영아기와 만 5세까지의 유아기에 형성되는 일어서기와 걷기, 뛰기, 멈추기 등의 행동특성과 말귀를 알아들으며 온갖 표정과 표현을 하며 다른 사람들의 행동을 따라할 수 있는 인지발달(認知發達)의 시기에 자주심이나 독립심이 생겨나므로 많은 관심과 그에 따른 무리 없는 교육이 반드시 필요하다 하겠다.

이 과정에서 정상적이지 않은 교육을 시키거나 심지어 방치(放置) 내지는 스스로 할 수 있음에도 대부분의 도움을 주어 자주심과 독립심을 싹트지 못 하게 한다면, 마마보이(Mama Boy)와 같이 우유부단하여 자신에게 닥친 일을 판단하지 못하고 남에게 의지하며 다른 사람들의 의견으로 결정하게 되는 의존형(依存型) 인간으로 성장할 가능성이 아주 많이 커진다. 물론 다른 사람의 말을 경청하는 것은 우리가 교육의 대상으로 삼고 있는 인성에 있어서 매우 중요하지만, 전적으로 자신의 생각과 의지 없이 결정해 버린다면 남이 본인의 인생을 사는 것과 다름이 없다.

이제는 유명 배우로 알려진 김수로가 TV 예능 프로그램에 출연(出演)하여 한 말이 생각난다. "네가 내 인생 대신 살아 주는 거 아니니까 네 말은 참고만 할게!" 그때 방송을 시청하면서 그것 참으로 아주 괜찮은 말이라고 생각했다.

그렇다. 우리의 인생은 누가 대신하여 살아 줄 수 없는 것이며 세상에 딱 두 분뿐인 금지옥엽(金枝玉葉)처럼 사랑하는 부모님도 자식의 인생을 살아 줄 수 없는 것이다. 자식이 잘살아갈 수 있게 도와주려고 모진 고생을 마다치 않으며 몸으로 마음으로 정성을 다하여 불철주야(不撤晝夜) 애를 쓰고 계시지 않는가? 아마도 대신 살아 줄 수 있다면 그렇게 하실 부모님도 아주 많으리라 짐작이 간다.

물론 자식이 힘들고 고통스러운 것이 안쓰럽고 애(哀)처로워서 어렵고 고생스러운 부분들만 대신 살아주실 것이라고 생각한다. 자신도 부모가 되어 보면 자식을 향한 마음을 가르쳐 주지 않아도 잘 알게 될 것이라고 믿어 의심(疑心)치 않는 바이다.

㉑ 자신(自信)- SELF CONFIDENCE

자신이란, 자기 스스로 믿는 것이라고 한다. 우리가 익숙하게 들어온 말 중에 "사람은 나약한 존재다."라는 말이 있다. 생각하기 나름이라고 생각한다. 나약한 사람이 있지만 그중에 강한 사람도 분명히 있다. 세상을 움직인다는 상위 1%의 사람들인 그들이다. 이 사람들은 자신의 의지가 매우 강하며 자신이 옳다고 믿는 것이 있으면 시쳇말로 목에 칼을 들이대도 꿈쩍하지 않는 그런 부류들의 사람으로 자기의 신념이 뚜렷한 사람들이다.

또한, 이런 부류의 사람들은 두 종류로 나눌 수 있는데, 한 부류의 사람은 소위 일반적 리더(General Leader)라고 불리는 사람들이며 사람들이 원하고 필요한 부분들을 잘 배려하며 관계를 결단성 있게 하지만, 원만하게 일을 잘 풀어간다.

또 한 부류는 남들을 향한 리더십은 다서 부족하지만 자기 안에 있는 또 다른 자기를 잘 컨트롤하며 관리하는 셀프 리더(Self-Leader)로 마라톤 훈련을 함께하는 런닝파트너와 코치의 역할을 하며, 자신이 목표했던 인생의 길로 향하게 한다.

자신을 믿는 자신감이야말로 어떤 일이든지 두려워하지 않는 마음과 행동으로 극복하며 헤쳐 나갈 수 있는 힘의 원동력이 되는 것이다. 자신을 믿지 못하는 사람이 그 무엇을 할 수 있겠으며 또한 다른 사람을 어떻게 믿을 수 있단 말인가? 다른 사람을 믿으려면 또 다른 사람에게 물어봐야 하고 또 물어봐야 하는 악순환이 될 것이니, 장기나 바둑에서 흔히 사용되고 있는 말인 "장고(長考) 끝에 악수(惡手) 나온다."라고 해야 할 것이다.

자신감은 당당함이다, 자신이 당당하려면 무엇보다도 우선하여야 할 가치는 자신에 대한 믿음이다. 자신에 대한 믿음이 있으려면, 두려움에 대한 공포가 없어야 하며 그러기 위해서는 먼저 자기 자신을 속이거나 숨기는 일들을 삼가야 할 것이다. 사람들이 말하건대, 이 세상을 살아가는 데에는 숨길 건 숨기고 감출 건 감춰야 한다고들 한다. 하지만 필자가 생각하기에는 그렇지 않다고 본다. 누군가가 자신의 이익이나 치부를 숨기므로 다른 사람들도 숨기고 이 부분들이 서로 알 수 없는 미묘(微妙)한 감정으로 불신을 낳게 하고 관계는 결국 미궁으로 들어설 수밖에 없는 결과를 낳게 되는 것이다.

이 세상에 무슨 비밀이 그렇게도 많아 그걸 감추기 위해 거짓말을 하고 그 거짓말을 감추기 위해 또 거짓말을 하는 형국이니, 거짓말은 거짓말을 낳고 그 거짓말을 또 거짓말을 낳고…. 절대로 적절한 비유는 아니지만, 거짓말하는 사람들의 습성을 보면 마치 "구약성서 창세기에 보면 아브라함은 이삭을 낳고 이삭은 야곱을 낳고 야곱은 유다와 그의 형제들을 낳았다."라는 구절(句節)을 떠오르게 한다. 이렇게 반복되는 거짓말은 속임수의 단수가 높고 웬만한 지능지수를 가진 사람이 아니라면 애초에 거짓말 따위는 하지 않는 편이 세상을 좀 더 마음 편하게 훨씬 더 잘 살아갈 수 있는 방법이 되겠다.

거짓말에는 배수(倍數)의 법칙이 적용되므로 3배수 이상 즉, 3번의 거짓말을 하기 전에 대부분 들통이 나서 발목을 잡히므로 자신이 머리가 좋지 않다고 생각한다면 아예 처음부터 하지 않는 것이 좋겠다. 거짓말과 같은 반인성적인 언변과 행동은 사기꾼이나 도적놈들이 하는 짓거리며, 이런 반인륜적인 행태는 자신(自信)과는 정 반대가 되는 천하에 몹쓸 짓이다. 바르고 좋은 인성을 가지려면 자신을 속이는 비굴한 거짓말 대신에 심지(心地)가 굳은 자신감으로 스스로에게 떳떳한 사고와 언변 그리고 행동을 실천해야 하겠다.

⑤ 존중(尊重)- DEFERENCE(겸손, 경청, 신중, 인권)

존중은 내가 상대방을 높이 대우함으로 그 결과가 나에게 다시 돌아오는 효과를 기대할 수 있는 일거양득(一擧兩得)이다. 또한, 존중이란 상대방과의 원만한 소통을 돕는 적극적인 방법으로 상대방으로 하여금 큰 신뢰를 얻게 되며 호감(好感)이 가는 대인관계를 지속하며 유지할 수 있는 유일한 방법일 것이다. 존중의 덕목에는 겸손(謙遜), 경청(敬聽), 신중

(愼重), 인권(人權)의 4가지를 포함(包含)하고 있다.

㉑ 겸손(謙遜)- MODESTY

겸손이란, 언변(言辯)을 줄이며 몸을 낮추며 양보하며 순종하듯 따르는 것을 의미하는 말이다. 의미를 다시 새겨 보자면, 인성교육이라는 집을 지을 때 그 집의 무게와 힘을 가장 크게 지탱(支撑)하고 있는 가장 중요한 대들보와 같다고 할 수 있다. 겸손은 사람과 사람이 살아감에 있어 서로의 마음의 열어주는 만능(萬能)열쇠와도 같다고 하겠다. 거만(倨慢)하거나 오만(傲慢)하며 자기만 잘난 체, 배운 체, 아는 체, 있는 체하는 소위 '체바리'라고 불리는 부류들은 참으로 볼썽 사납기 짝이 없다.

갑(甲)이 된 이런 사람들에게 을(乙) 노릇을 하는 사람들은 아니꼬움에도 하는 수 없이 상대해주는 것이지, 진정한 마음으로 관계하고 싶은 사람은 어느 누구도 없으리라. 우리 조상들의 생활 속에 스며있는 겸손의 미덕을 찾아보자면 쉽사리 찾아볼 수 있다. 그것은 바로 우리 조상들의 지어 놓은 집을 보면 알 수가 있는데, 큰 대문이나 방들의 문 높이가 유난히 낮은 이유에서 그 까닭을 발견할 수 있는 것이다.

항상 자신을 낮추고 겸손한 마음과 자세로 삶을 살아가라는 뜻으로 그렇게 만들었을 것이라고 여겨진다. 겸손에 대한 교훈적 이야기는 조선 초기의 정승인 맹사성의 스님과 만남에서의 깨달음으로도 찾아볼 수 있다. 상대방에게 겸손해서 뺨 맞는 적은 없으므로 구설수 없고 온전한 삶을 살아갈 수 있을 것이다.

익은 벼가 고개를 숙이듯 자연의 순리와 이치대로 겸손함을 미덕으로 삼아 끈기 있게 인내하며, 근면과 성실한 모습을 지닌 사람이라면 필연코 자신이 원했던 것들을 이룰 수 있으리라 믿는다. 우리가 살고 있는 이 세상에서 자신의 꿈을 이뤄주게 하는 것은 두 종류의 사람으로 그 첫 번째는 자신의 의지이며, 두 번째는 타인의 의지인 것임을 잊어서는 안 되겠다.

이렇듯 아주 중요한 겸손함이 습성이 몸과 마음에 배게 하려면 첫째, 삼라만상(森羅萬象)의 모든 현상인 자연의 섭리와 이치를 존중하여야 하며 둘째, 자신을 소중하게 여기며 셋째, 모든 사람들의 생명과 인격을 소중하게 여겨야 한다. 그러기 위해서는 아홉 가지 생각인 구사 (九思)와 아홉 가지 몸가짐인 구용(九容)의 교훈을 소중히 새기고 실천하며 살아야 하겠다. 구사구용(九思九容)이란 동양적 인성교육으로 다음의 표를 보면 쉽게 이해할 수 있다.

구사(九思)		구용(九容)	
시사명(視思明)	밝고 정확하게 보며	목용단(目容端)	눈을 바르게 뜨고
청사총(聽思聰)	바르고 똑똑하게 듣고	성용정(聲容靜)	고요하고 맑은 음성으로
색사온(色思溫)	따뜻한 미소를 지으며	색용장(色容莊)	꾸밈없는 표정을 지으며
모사공(貌思恭)	공손한 모습으로	두용직(頭容直)	머리를 바르게 들고
언사춘(言思忠)	진실한 말을 하고	구용지(口容止))	쓸데없는 말을 삼가며
사사경(事思敬)	모든 일을 존중하며	입용덕(立容德)	의젓하고 덕망 있게 서서
의사문(疑思問)	모르는 것은 묻고	수용공(手容恭)	손을 공손하게 하고
분사난(忿思難)	화냄은 곤란함 부르며	기용숙(氣容肅)	기운을 차분하게 다스려
견득사의(見得思義)	정당한 이득만을 취함	족용중(足容重)	경거망동을 피하라

㉮ 경청(敬聽)- LISTENING(COURTEOUSLY)

경청이란, 예의(禮儀)가 바르고 상대방을 공경하듯 이야기를 잘 들어주는 것을 의미한다. 사람과의 관계에서 가장 중요한 것을 들자면 그 첫 번째가 소통이라고 할 수 있는데 그 유일한 방법이 바로 '경청'인 것이다. 상대방의 말을 잘 들어 준다는 것은 참으로 인내가 필요하며, 어떻게 보면 사실상 자기의 소중한 시간을 할애(割愛)하는 희생적 소인이 되는 것이므로 상대방 측에서 보면 매우 고마워해야 할 부분이다.

그러기 위해서 경청은 방법이 중요한데, 그냥 상대방의 말을 잘 들어주는 것만이 아니라 시선을 부드럽게 포용하며 수용하듯 바라보아야 한다. 그리고 상대방이 말할 때 힘을 주거나 강조하는 부분에 있어서는 반드시 추임새라는 반응을 보여야 하며 중간에 상대방의 말의 맥을 끊는 등 자신의 의견이나 주장을 하지 않고 끝까지 잘 들어 주어야 한다.

이것이 보통 일이 아니라는 것은 경험해 본 사람들은 잘 이해할 수 있을 것이다. 더구나 자신이 아는 이야기나 듣기 싫고 관심이 아예 없는 그런 이야기라면 중간중간에 짜증이 나서 딴청도 하고 싶고 하품까지 나며 졸음이 솔솔 오기도 하지만 끝까지 참아내며 들어줘야 한다. 그래야 상대방이 자기의 편이라고 생각을 하며 좋은 관계를 유지해 갈 수 있게 되는 것이다.

자신에게 도움이 될 수 있는 교수나 제자, 거래처, 직장상사, 자식과 아내 등 그런 특수한 관계의 상대방이라면 이건 빼도 박도 못하는 신세(身世)가 되니 차라리 경청의 요령(要領)을 터득하는 방법이 훨씬 더 안전하고 쉬울 것이라고 생각한다. 경청은 인성의 또 다른 첫 관문(關門)으로 상대방을 이해할 수 있는 최선(最先)의 방법이다. 경청은 따분하고 지루함만 있는 것이 아니라, 상대방의 말을 잘 경청하게 되면 아주 좋은 정보를 얻을 수 있게 된다.

좋은 정보란 그 사람이 살아온 경험이나 지식과 정보에 대한 노하우(Knowhow)라 할 수 있다. 상대방이 말을 할 때 경청하게 되면 말하는 상대방은 더욱 신명(神明)이 나서 자신의 이야기 속에 빠져들게 되며, 자신이 가지고 있는 모든 정보를 내어놓게 하는 마술(魔術)과 같은 효과가 있기 때문에 경청하는 사람에게는 상대방의 삶을 공유할 수 있는 큰 이득

(利得)을 얻는 셈이 되는 것이다.

또한, 자신의 말을 잘 들어 주는 것만으로도 상대방은 경청하는 사람을 신임하며 후원자(後援者)가 되기도 하며 인생의 멘토(Mentor) 역할을 담당해 주기까지도 하는 것이다. 이야기만 잘 들어 주는 경청의 기술만 가져도 그 사람의 인생 역정(力征)은 어려움 없이 여러 성공한 사람들의 도움을 받으며 살아갈 수 있다.

경청도 인성의 덕목 중 아주 귀중한 가치이니 다른 인성의 덕목가치 중에서 경청이야말로 가장 쉬운 방법이라 하겠다. 인성이 좋은 사람이 되려거든 지금 당장이라도 상대방의 이야기를 잘 들어 주는 습관을 길러야 한다.

㉔ 신중(愼重) - CIRCUMSPECTION

신중이란, 생각, 마음, 행동 모두에 관해 아주 조심하라는 의미로 자주 쓰이는 단어이다. 행동은 마음에서 우러나고 마음은 우리의 대뇌변연계(大腦]邊緣系, Limbic System)와 전전두피질(前前頭皮質, Prefrontal Cortex)의 상호 작용에 의해서 나름대로의 판단과 결정이 일어나게 되며, 이 지시에 따라 정신과 육체적으로 움직이게 된다. 여기에서 신중이란 제격에 맞는 신중함을 택하라는 것이지, 애늙은이처럼 신중하라는 뜻은 결코 아니다.

'경거망동(輕擧妄動)'이라는 사자성어가 있다. 생태계의 최고 단계인 영장류(靈長類) 사람의 행동에는 필수적으로 거치는 단계가 있는데, 입력과 출력 사이에 사고(思考)라는 생각의 영역이 있다, 이 생각의 영역은 매우 복잡한 과정을 거치며 입력에 대한 감정과 이성적 사고의 혼합적이며 순간적 분석이 일어나게 되는데, 이 과정적 순간이 '신중'과 밀접한 관련이 있다.

판단과 결정은 주로 사람의 대뇌인 전전두연합영역(前前頭聯合領域, Prefrontal Association Area)과 두정연합영역두정연합영역(頭頂聯合領域, Posterior Parietal Association Area)이 함께 연합하여 만들어 내는 작품이라 하겠다. 사람의 성격에 따라 지식과 경험의 저장 정도에 따라 연령과 성별에 따라 다소 특성 차이를 보이지만, 그 판단속도(判斷速度)는 대략 0.3초 내에서 이루어지는 것이 정상적이라고 주장하는 학자들도 있다.

0.3초라면 너무 찰나적 아닌가? 이 찰나에 무얼 할 수 있겠느냐고 반문의 여지를 남기겠지만, 우리 뇌의 신경세포(神經細胞)의 시냅스(Synapse) 작용은 이보다 더 빠를 수 있다. 이보다 느리게 되면 뇌의 기능적(技能的) 문제가 되어 노화 현상이나 다른 어떤 현상이 일어날 수 있다고 한다.

어쨌든 뇌의 판단에 관한 작용은 이렇다고 치지만, 다음 단계인 행위나 행동으로 내보내게 되는 출력의 부분에서는 신중함이 요구된다. 항상 말을 할 때는 단 1번이 아닌 최소 3번을 생각하고 해야 실수가 없다고 현명한 사람들은 말하고 있으며, 평소에 이렇게 하지 않고 생각이 나는 대로 생각한 대로 말을 했던 본인이 이 방법을 직접 사용하여 보니 사람이 "신중(愼重)하고 진중(鎭重)하다."라는 말을 들은 적이 있다.

그렇다. 한 번 뱉은 말을 주워 담기 어렵다. "엎질러진 물을 다시 담기 어렵다."라는 신중에 관한 교훈적 말씀이 있으며, "3번을 참으면 살인(殺人)도 면한다."라고 하였다. "세 치의 혀가 죽음을 부를 수 있다."는 아주 무시무시한 말도 있듯이 신중하지 못하면 혈연 및 지연과 학연 등 대인관계에서도 외면당하여 경제적 사회적으로 궁핍하며, 심지어는 귀중한 생명도 위협(威脅)당하기도 하는 것이 인간사이다.

신중을 생각하는 잠재적 요인은 본인의 경험과 현재의 위치와 상황, 그리고 이 두 가지가 결합된 총체적 미래에 대한 소견이 모두 합쳐진 결과물이라 하겠다. 신중하지 못하면 사람이 가벼워 보이고, 가볍게 보이면 그 사람에 대한 믿음이 부족하게 되어 중요한 일을 맡을 수 없을 수도 있으니, 각골명심(刻骨銘心)하여 항상 말과 행동에 신중을 다하는 사람이 되어야 하겠다.

㉑ 인권(人權) - HUMAN RIGHTS

인권이란, 사람의 권리 즉, 인간이라면 누구라도 당연히 누려야 하고 받아야 할 자유와 그에 따른 혜택(惠澤)이라는 의미로 사용되는 단어이다. 사람으로서 태어나면 어떠한 경우라도 사람으로서 누려야 할 즐거움과 행복을 느끼며 살아가야 하는 것이 원칙(原則)이다. 하지만 인류의 역사는 절대로 그렇지가 않았다.

인권이란 의미를 되새기며 민주주의가 싹트고 사회적인 이슈로 등장한 것은 불과 100여 년도 채 되지 않았으며, 이렇게 모든 학문들이 발전한 가운데에서도 아직도 절대적 사각지대(死角地帶)가 남겨져 있는 것이 사실이다. 멀리 외국의 사례를 찾아볼 필요도 없이 북한의 주민들은 전 세계적으로 인권 사각지대, 더 나아가 인권 불모지대(不毛地帶)라고까지 불리며 고귀한 인권을 매일 매시간 저격(狙擊)당하고 있는 현실에 전 세계인들이 경악을 하고 있다.

우리나라 국회에서도 북한 주민 인권에 관한 법률인 북한인권법(법률 제14070호)을 2005년 8월 17대 국회에서 한나라당 김문수 의원이 처음으로 발의한 가운데, 11년의 세월 동안 계류되어 있다가 지난 2016년 3월 2일 국회 본회를 통과하여 3월 3일 제정, 그리고 6개월 후인 2016년 9월 4일 시행되었다.

표면적으로 보게 되면 인권이라는 문제는 사회의 각 계층과 역할로 그 구분과 공평한 대우가 사실상 어려운 구조로 형성되어 있다. 하지만 사회 각 분야의 효율적이며 합리적인 발전을 도모하기 위해서 조명을 해 본다면, 자본주의

지향적 사회에서는 반드시 모순적(矛盾的)이지는 않으나 인권이라는 단일 개체적 인문학적 관점에서 해결해야 할 문제이기도 하다.

우리나라에서도 선진국보다 더 많은 사회복지 기금과 예산을 편성(編成)하여 인권에 대한 심려(心慮)를 기울이고 있으나 체계적인 지원과 관련 업무의 균형적 인원 배치 등을 좀 더 고려하고 있다. 이를 통해 미혼모 문제, 이혼 등으로 발생하는 결손가정에 노출된 유청소년 계층, 가난과 질병과 외로움에 무방비 상태로 소외당하기 쉬운 노인들의 인권에도 지극히 과학적이면서도 인문학과의 조화로운 결합으로 전 세계인들이 선망하는 인권 선진국을 만들어가야 한다.

"사람 아래 사람 없고 사람 위에 사람 없다."라는 좋은 말씀을 깊이 생각하며 인성교육이 왜 필요한가와 모든 학문들 중에서 가장 기본적인 철학(哲學)으로 기초(基礎)가 되지 않으면 안 되는가에 대하여 현명한 판단을 하여 실천하여야겠다.

⑥ 배려(配慮) - CONSIDERATION(양보, 포용, 자비, 용서)

배려는 어떠한 혜택(惠澤)이나 이익(利益)을 나보다 남을 더 먼저, 우선으로 생각하며 베푸는 거룩한 마음에서 비롯되는, 내면적 발로(發露)가 외면적(外面的) 발현(發顯)으로 나타나는 행위이다. 배려는 행하면 행할수록 역지사지(易地思之)를 경험하게 하며, 이타심이 강한 인성의 소유자로 만들어진다. 배려의 덕목은 양보(讓步), 포용(包容), 자비(慈悲), 용서(容恕)의 4가지 가치가 있다.

㉮ 양보(讓步) - CONCESSION

양보란, 자신이 아닌 다른 사람에게 어떤 유, 무형의 대상에 대하여 우선적으로 취(取)하지 않고 물러서 주는 것을 뜻한다. 우리가 만들어 놓은 사회에는 곳곳에 양보라는 안내의 표식(表式)들이 많이 있음을 알 수 있다.

예를 들면, 지하철이나 버스 등 대중교통으로 이용하는 좌석과 공공장소 등에서 많이 보았다. 양보란 어느 사회이든지 오랜 세월 동안 미덕의 가치로 여겨져 오고 있는 소중한 인성의 덕목 중의 하나로, 나보다 남을 더 먼저 생각하며 가진 자가 가지지 못한 자에게, 강한 자가 약한 자에게, 배운 자가 배우지 못한 자에게 베푸는 노블레스 오블리주(Noblesse Oblige)를 몸소 실천하는 것이다.

양보는 마음과 마음이 온정으로 전해지는 아주 훌륭한 소통의 도구로, 양보라는 말의 의미 속에는 남의 처지를 자신과 바꾸어서 생각한다는 뜻의 사자성어 '역지사지(易地思之)'가 포함되어 있으며 이 말의 뜻을 이해하지 못하면 양보라는 유무형의 행위는 자신의 이익을 위한 가식적 행위인 것이다. 어쩌면 우리 모두는 서로가 남들과의 치열한 경쟁을 통해 살아남아야만 한다는 강박한 마음을 가지고 양보의 마음을 스스로 제한하며 살아가고 있는지도 모르겠다.

천국에서와 지옥에서나 음식을 먹기 위해서 아주 긴 젓가락을 사용한다고 한다. 이 젓가락은 사람들의 팔보다 훨씬 길어서 혼자 음식을 먹을 수가 없기에 천국의 사람들은 이 긴 젓가락으로 자신이 스스로 먹기보다는 남들을 먹여주고 다른 남들도 자신을 먹여주며 배불리 즐거운 마음으로 살아간다고 한다.

그렇지만 지옥에서의 사람들은 양보하는 마음 없이 다른 사람들이 먹을까 봐 급하게 혼자서 음식을 먹으려고 하니, 자신의 팔보다 훨씬 긴 젓가락의 길이 때문에 입으로 음식을 넣지 못하며 땅에 떨어지고 결국은 한 입도 먹지 못하여 배고픔의 고통을 느끼며 살아간다고 한다.

이 얼마나 우스운 꼴인가? 양보란 서로가 배려하며 함께 더불어 잘 살아가는 삶에 대한 최선의 수단(手段)인 것이다. 지하철이나 버스를 자기가 먼저 타고 빨리 가기 위한 목적으로 사람들이 양보 없이 한꺼번에 입구에 몰린다면 결국에는 아무도 탈 수 없으며 출발할 수도 없을 것이다. 또한, 위급한 사고현장의 사례를 보더라도 서로가 양보 없이 서로 먼저 탈출하고자 한다면 모두 큰 위험에 닥쳐 소중한 생명을 잃게 된다.

사람들은 각자 자신의 가치관을 가지고 있으며 자신의 목표를 이루기 위해 서로 의견 충돌(衝突)로 인한 대립과 마찰을 겪을 수 있다. 이 마찰(摩擦)과 대립(對立)을 원만하게 풀어갈 수 있는 유일한 방법이 바로 양보의 미덕이 되겠다.

양보하면 손해(損害)를 볼 것이라 생각을 하지만 우리들이 운동회 때 하게 되는 파트너와 한쪽 다리씩 묶고 달리는 게임처럼 서로가 모두 양보하며 한 걸음씩 나아간다면 함께 길고 멀리 갈 수 있게 되며, 각자의 목표점에 도달(到達)할 수 있을 것이다.

우리가 잘 알고 있는 성경에서도 "누구든지 자기를 높이는 자는 낮아지고, 누구든지 자기를 낮추는 자는 높아지리라."라고 하였다. 양보란 남에게 보여주는 아름다운 모습과 훈훈한 사회적 인과관계(因果關係)이므로 양보가 많은 사회일수록 문화수준(文化水準)이 높으며 살기 좋고 아름다운 천국(天國)과 같은 사회로 만들어질 것이다.

㉴ 포용(包容)- TOLERANCE

포용이란, 자신이 아닌 다른 사람을 너그러운 마음으로 감싸 안아 주는 의미의 단어(單語)이다. 사람들은 누구나 자신에게는 관대(寬大)하며 관용(寬容)을 베풀기 마련이다. 이런 마음을 남들에게도 갖고 대하는 것이 포용이다. 세계적으로 존경받고 추앙받는 인물들은 한결같이 이 포용이라는 단어를 평생토록 마음에 간직하며 살아온 인물들이었다.

포용이란 인간관계에서 존경을 받을 수 있으며, 리더십의 가장 중요한 핵심 요소로 사랑과 자비와 용서 등의 덕목을 함께 겸비한 복합적인 의미를 포함하는 인성의 상위 개념이라 할 수 있다. 그러므로 사랑과 자비, 그리고 용서(容恕)라는 덕목에 대한 마음의 준비가 항상 되어 있어야 한다. 만약에 위 3가지 덕목을 갖추지 않았다면 진정한 포용보다는 자신의 이익을 위한 상업적 수법이라 하겠다.

포용의 종류는 광의적(廣意的) 포용과 협의적(狹意的) 포용으로 나눌 수 있다. 광의적 포용은 종교에서 다루는 불특정 다수를 위한 자기희생과 봉사를 실천하는 포괄적(包括的) 의미의 포용이며, 협의적 포용은 지극히 상업적인 연출을 제외한 포용, 즉 자신의 생존과 존재를 위한 가치적 포용인 것이다.

가치적 포용이란 정상적이며 원만한 사회생활을 하기 위하여 타인들에게 베푸는 양보의 행태(行態)이다. 그러므로 포용은 이 두 가지를 적절하게 활용하는 것이 바람직하다. 특히 정치와 종교 활동을 하는 사람일수록 더욱 필요하며 리더십의 척도(尺度)로 사람들에게 평가를 받는 객관적 척도가 되기 때문이기도 하다.

이 포용에 대한 자기관리에 실패하게 되면 아주 간교한 사람으로 낙인되어 외면당하기 쉽다. 역대 정치인들을 살펴보면 그 사례를 어렵지 않게 찾을 수 있다. 중국 원나라 말기, 명나라 초기의 작가 나관중(羅貫中, 1330~1400년경)의 저서인 중국의 명서 『삼국연의지(三國演義)』에 등장하는 유비(劉備)와 조조(曹操)가 행한 일들을 보면 알 수 있듯이 포용이 얼마나 중요한가를 알 수가 있다. 포용이란 마음에서 우러나오는 진정한 배려가 기본이므로 자기관리와 통제(統制)를 위한 마음 수련이 필요하다. 포용 없는 인성이란 마치 등대(燈臺) 없는 항구라 해도 과언(誇言)이 아닐까 생각한다.

㉰ 자비(慈悲) - MERCY

자비란, 자신이 아닌 남의 아픔과 슬픔 등 어렵고 힘든 상황과 상태에 대하여 진실한 마음을 가지고 애처롭고 안타까워하며 가엾게 여겨 넓고 깊게 사랑한다는 고귀한 뜻을 가진 단어이다. 자비라는 단어는 이미 불교(佛敎) 교리로 지혜(智慧)와 더불어 그 대상을 모든 생명체에 부여할 것을 목적으로 하고 있다.

자비라는 단어가 가지고 있는 개념적 의미는 사랑이라는 단어와 구별(區別)할 수가 있다. 자비는 그 대상(對象)과 방법에 있어 범의(汎意)적인 뜻을 가지며 별도의 종류를 가지고 있지 않지만, 사랑은 세 가지 종류로 나눠진다.

첫 번째가 아가페(Agape)로 신과 인간, 그리고 부모와 자식 간의 사랑처럼 무조건적인 사랑을 말하며, 두 번째는 플라토닉(Platonic)으로 그리스의 철학자 플라톤(Platon)의 이름에서 유래한 것으로 비성(非性)의 순수한 사랑을 말하는 것이고, 세 번째는 에로스(Eros)로 그리스 신화에 등장하는 사랑의 신 에로스에서 따온 성(性)의 사랑이지만 오로지 성적 유희(遊戱)만을 추구하는 사랑이 아닌 부부관계와 같은 정상적인 사랑이다.

여기에 말한 3가지 사랑 모두 자비심을 기본적 배경으로 하고 있다. 자비심은 사랑의 근원이며 사랑은 자비심의 열매인 것이다. 사랑의 종류 중 아가페(Agape) 사랑은 기독교적인 사상으로 "너희 원수를 사랑하며 너희를 핍박(逼迫)하는 자를 위하여 기도하라.", "네 이웃을 사랑하라."라는 무조건적인 사랑의 실천을 봉사를 통하여 몸소 실행에 옮기도록 하고 있다.

불교적인 관점에서 자비로운 마음과 행동을 하려면 상구보리(上求菩提)

하화중생(下化衆生)라, 위로는 깨달음을 구하고 아래로는 중생(衆生)을 구제(救濟)해야 하며 본인이 먼저 자비의 마음을 깨달아야 사람들에게 베풀 수 있다는 교리로 모든 사람들에게 수행의 덕목으로 삼으라고 가르치고 있다.

삶의 행복에 대한 궁극적인 목적을 이루기 위해 동양(東洋)에서는 자비라는 덕목으로, 서양에서는 사랑이라는 덕목으로 인성의 가르침을 가르쳐 왔던 것이다. 자비를 베풂으로써 세상을 어지럽히는 증오(憎惡)와 갈등, 그리고 시기(猜忌)와 질투(嫉妬)가 사라지며 온정(溫情)이 넘쳐 평화와 공존(共存)의 시대가 될 것이다.

㉑ 용서(容恕) - FORGIVENESS

용서란, 다른 사람이 저지른 잘못으로 인(因)하여 정신적, 신체적, 경제적, 사회적인 불이익을 당하였을 때 그 죄(罪)를 묻어 화를 내거나 꾸짖으며 벌을 주지 않는 너그러운 마음과 모습으로 덮어 준다는 의미로 해석(解釋)할 수 있다. 용서는 크게 자기의 용서와 타인의 용서 두 가지로 나뉠 수 있다. 첫 번째, 자기의 용서는 매우 관대하다는 데 의미를 둘 수 있다. 근본적으로 인간이란 누구든지 생존(生存)이란 아주 중요한 명제를 가지기 때문에 자기중심적인 사고방식으로 이루어져 있다.

내가 없으면 남도 없다는 식의 생존을 위한 하위(下位) 뇌(腦)로부터 감정을 주관하는 중위(中位) 뇌(腦), 그리고 이성을 관장하는 상위(上位) 뇌(腦)로 하여금 본능적인 생존 욕구와 자신이 쌓은 직접 및 간접 경험, 그리고 교육으로 습득한 지식과 정보들이 종합된다. 다시 여기에 타고난 성격과 어우러짐으로 나타나는 것이 개개인이 가지고 있는 용서의 범위(範圍)라고 말할 수 있을 것이다.

하지만 이처럼 체계적인 방법도 자신에 대한 용서에는 특별히 적용되지 않는다는 점이다. 예를 들자면, 어떠한 일을 할 때 실수(失手)를 했을 때 다른 사람이 잘못하여 실수를 하였을 때하고 자신이 똑같은 경우에 처했을 때하고는 문제가 사뭇 달라진다 하겠다. 자신이 실수를 하였을 때 다른 사람들이 이 상황 안에 함께 있을 경우를 제외(除外)한다면, 혼자 있으며 아무도 보지 않거나 알 수 없을 시 이 실수에 관하여 매우 관대하게 스스로를 용서하게 되는 것이다.

두 번째, 타인의 용서는 매우 엄격(嚴格)하여 실수나 잘못에 대한 대가를 혹독(酷毒)하게 치르게 하는 경우가 허다하며, 법의 심판에 의지하기도 한다. 참으로 안타깝고 애처로운 일이 아닐 수 없다. 우리는 누구나 인생을 살아가면서 자신이 알게 모르게 수도 없는 실수를 저지르며 살게 되는데, 그때마다 자신의 실수를 엄중히 탓을 한다면 아마도 우울증에 걸려 최후의 수단을 쓰는 경우가 적지 않을 것이 분명(分明)하다.

역지사지(易地思之)로 생각해 본다면 다른 사람의 잘못도 이와 마찬가지의 경우로, 내가 나를 용서하듯이 남들도 용서를 해준다면 부메랑(Bumerang)의 효과로 다시 자신에게 용서의 덕행(德行)이 반드시 돌아올 것이다.

용서란 나눔이다. 용서란 자비인 것이다. 그리고 용서란 최고의 영장인 사람만이 가질 수 있는 인성의 덕목이다. 법에도 눈물이 있다는 말을 들어본 적이 있을 것이다. 용서가 존재하지 않으며 오로지 보복만이 있는 세상을 생각해 보라. 이 얼마나 살벌(殺伐)하기 짝이 없고 두려움과 공포(恐怖)로 휩싸인 삶의 연속이 아닌가? 우리들의 삶의 가치를 풍요롭게 하기 위해서 10보 전진(前進)을 위한 1보 후퇴(後退), 즉 양보가 삶의 풍요로움과 행복의 길로 가는 이정표(里程標)일 듯싶다.

⑦ 소통(疏通)- COMMUNICATION(공감, 공평, 인내, 노력)

소통은 자신과 타인들 간을 연경시켜주고 여하 간의 삶에 대한 대소의 문제들을 원활하게 풀어주는 최고의 방법으로, 마치 우리 인체의 혈관과 같아 어느 한 부분이 막히게 되면 심한 고통은 물론 생명의 위협마저 느끼게 되는 것과 같다. 소통을 잘하는 사람이 승리하는 삶을 살아가는 모습을 언론매체를 통해 자주 접하고 있다. 어떻게 보면 인성의 화두는 '소통을 잘하는 방법'이 아닐까 한다. 소통의 덕목에는 공감(共感), 공평(公平), 인내(忍耐), 노력(努力)의 4가지의 덕목가치로 나눌 수 있다.

㉮ 공감(共感)- COMMON FEELING

공감이란, 타인의 어떤 말이나 생각 등에 자신의 생각과 의견이 같음 내지는 그렇다는 느낌을 의미하는 단어이다. 이 말은 함께 하는 사람들이 어떠한 목표와 목적을 좇는 데 뜻을 함께하며 동조자(同調者)가 되는 것이다. 인성이란 사람과 사람들 간의 공감이 공통분모(共通分母)가 되어주는 것이다. 그러기 위해서는 자신의 역할에만 충실히 하는 것도 중요하지만 다른 사람들의 역할을 손수 해봄으로써 몸소 느끼는 직접적인 감정이입(感情移入)이 필요하다는 의미이다.

공감을 잘하는 사람은 소통의 능력자인데 그 들은 한결같이 다른 사람들이 말을 할 때 경청(敬聽)을 잘한다는 공통점을 가지고 있다. 경청은 말하는 사람의 생각과 느낌, 그리고 경험의 정보를 고스란히 습득할 수 있으며 동시에 자신의 편으로 또는 후원자로 만들 수도 있다. 상대방의 말을 잘 들어 주기만 해도 상대방이 마음을 열게 되며 의도하지 않았던 자신의 귀중한 정보도 토로(吐露)하게 되는 다중이익을 동시에 얻을 수도 있다.

사람과의 공감대를 형성하려면 경청 외에도 상대방이 말을 할 때 추임새 등의 맞장구를 함께 쳐주며 이야기 전개의 상황에 따라 적절한 표정관리에도 신경을 써야 하며 자세 또한 예의 바르게 취하는 것이 상대방에게 공감 점수를 높이 얻을 수 있을 것이다.

만약에 상대방의 말을 들으면서 시선은 다른 곳에 가 있다든지, 자세를 자주 바꾼다든지 추임새는커녕 하품을 연실 해대면 상대방에게 부정적인 반응(反應)을 주므로 호감이 비호감으로 바뀌는 결정적인 요인이 되겠다.

공감에 대한 뇌 과학적 차원에서 살펴보면 정서의 감정을 느끼는 복내측전전두피질(腹內側前前頭皮質, VMPFC, Ventral Medial Prefrontal Cortex)과 의사결정에 관여하는 배내측전전두피질(背內側前前頭皮質, DMPFC, Dorso Medial Prefrontal Cortex), 경험과 지식의 정보를 기억화하는 해마(Hippocampus), 그리고 감정의 주관적 판단 기관인 편도체(扁桃核, Amygdala) 등 뇌의 여러 부위가 관여(關與)되어 있다.

공감이라는 것은 단순한 감정이 아니라 자신과 타인의 경험에 대한 교집합적인 부분이므로, 우리 인간이 느낄 수 있는 일반적인 정서해 해당하는 일정 부분을 이해한다. 고차원적인 지식이나 정보 또는 경험의 부분 등은 공감의 대상에서 직접적인 영향을 주기가 쉽지가 않다. 그러므로 공감의 능력을 키우기 위해서는 자신에 대한 이해가 필요하므로 사회에서 성공한 인성이 좋은 사람들을 롤 모델(Role Model)로 삼아 그들의 생각과 행동을 통한 많은 학습을 필요로 한다.

사람들과의 공감의 능력을 키우려면 먼저 진실성과 정직성이 수반(隨伴)되어야 하므로 자신의 처지(處地)와 형편(形便)에 대하여 잘 살펴볼 필요가 있다. 그러기 위해서는 자신 스스로가 모두 알 수 없으므로 타인을 통한 자신의 솔직하고도 담백한 이야기를 수용(受容)해야만 한다.

남이 자신을 평가함에 좋은 점도 있지만 나쁜 점에 대하여 어렵게 이야기하는 것인 만큼 잘 귀 기울여 듣고 나쁜 점이라면 고쳐나가야 할 것이다. 또한, 스스로의 대인관계를 알아볼 수 있는 조하리의 창(Johari's Window)과 같은 자기성찰테스트를 통하여 스스로를 알아보는 것이 바람직하다고 하겠다.

⑭ 공평(公評)- EQUITY

공평이란, 한쪽으로 기울지 않고 옳고 그름에 대하여 바르고 솔직하게 가치를 매긴다는 의미를 가지고 있는 단어이다. 인성의 항목 중에 정직과 밀접한 덕목인 진실과 용기를 배경(背景)으로 하고 있다. 공평이란 매사에 있어서 융통성이 없어 보이는 듯하지만, 공평함이 없으면 사회의 질서가 무너지며 혼란(混亂)에 빠지게 된다. 우리가 혼란과 혼동의 카오스(Chaos)의 늪을 극복하고자 법률이라는 성문화 된 구속적 통제 방법을 만들게 된 이유이기도 하다.

흔히 우리가 뭇 사람들을 평가할 때 저 사람은 매사에 공평한 필요가 없을지도 모른다. 그렇지만 사람이 한 평생을 살아가는 데 있어 욕구(慾求)와 욕망(慾望)이란 것이 존재하는 한, 사람과 사람들 사이에 일어나는 모든 일을 단정 지어주는 법률(法律)은 영원히 사라지기가 힘들 것이라고 여겨진다. 인성의 덕목 중에서도 '공평'이란 다른 덕목들과의 맥을 이어주는 아교(阿膠)와 같은 역할을 하는 중요한 위치에 있다.

공평함을 무시하게 되면 한쪽이 억울(抑鬱)함을 호소하게 되며 이것이 수용되지 않게 되면 거짓과 시기, 비난 등 그에 따라 분쟁(紛爭)이 끊이질 않는 악순환의 연속이 되기 십상이 될 것이 분명하다. 공평에는 공정(公正)함이 포함되어 있어야 하는데, 공정함이란 모든 상황에 있어 평등하게 대하기보다 각 각이 가지고 있는 형편과 처지 및 사정을 고려하여 그에 합당(合當)한 수준과 능력을 정하여 응대하는 것을 말한다. 이에 따라 여성과 남성 모두 인권과 같이 평등한 대우가 따라야 하지만, 여자와 남자는 체력적이나 정신적 섬세함의 정도 등을 신중하게 고려하여 공평하게 대하여야 한다.

또한, 한 가정에서 아내와 엄마로 살아가는 역할에서도 아들이 아무리 귀하고 좋아도 남편보다 더 잘해주는 것은 공평하지 않으며, 이것을 굳이 사랑이라는 명목으로 행하게 된다면 예의에 대한 질서가 무너지며 정상적인 가정(家庭)이라 말하기 힘들 것이다. 자식은 자식답게 남편은 남편답게 대우(待遇)를 해 주는 것이 공정하고 공평한 것이며 인성이 잘 갖추어진 행동인 것이다.

이처럼 공평과 평등은 얼핏 보기에는 같으나 서로 다른 개념을 가지고 있다. 우리가 사는 이 세상에는 공평함의 부재(不在)로 인하여 지구촌 곳곳에서 전쟁이 끊이지 않고 있으며 이러한 상황이 언제 끝나게 될지 아무도 모를 일이다. 정치적이나 종교적이나 그 지도자라고 하는 소수 그룹이 다수의 안녕과 행복을 위협하는 그런 세상은 지극히 불공평한 사회이다.

좋은 인성을 가진 대부분의 사람들은 평화롭고 즐거운 세상은 이기적이며 욕심에 가득 찬 그 사람들의 몫이 아니며, 그저 자연을 사랑하며 순리에 따라 공평하게 살아가는 아주 순수하고 단순한 바람을 가지고 있을 뿐이다.

⓪ 인내(忍耐)- PATIENCE

인내란, 문자풀이를 해보면 '참을 인', '견딜 내'이다. 참고 견디고 한다는 뜻으로 저마다 가지고 있는 특유의 성질을 함부로 표현하지 말라는 의미로 해석된다. 성질 없는 사람이 어디에 있으리? "지렁이도 밟으면

꿈틀댄다."라는 우리네 속담도 있듯이 하찮은 미물(微物)들도 제각기 성질을 가지고 있다. "참을 인 3번을 마음속에 새기면 살인도 면한다."라는 예로부터 내려오고 있는 격언도 있다.

인생을 살아가면서 웃는 날보다 얼굴을 찌푸리고 짜증이 나며 화가 날 때가 더 많은 것이 사실이다. 뇌(腦) 과학적으로 보자면 웃는 뇌와 화나는 뇌의 부위는 거의 같다. 그러므로 웃음으로 습관을 들이느냐 화냄으로 습관을 들이느냐에 따라서 뇌 부위의 영역을 더 많이 차지하게 되며, 이에 따라서 자율신경계(自律神經界)에 영향을 미치는 교감신경(交感神經)이나 부교감신경(副交感神經)의 많은 활성화를 부르게 된다.

물론 부교감신경만이 활성화가 된다면 실없이 웃고 다니며 축 늘어져 휴식만 취하려고 하는 문제가 있겠지만, 교감신경만 활성화가 된다면 우리 신체 건강과 생명이 심각한 문제를 초래(招來)한다. 이 두 신경의 정상적이고 원만한 길항작용(拮抗作用)이 매우 중요하다고 하겠다.

인내는 끈기와 지구력(持久力)과 같다. 인성이 바르고 좋은 인격자들은 대부분 인내심이 좋다. 인내심이 없으면 주의력(注意力)과 집중력(集中力) 결핍으로 어떤 일도 이루어낼 수가 없는 것이다. 심지어 책상과 걸상에 단 몇 분도 앉아 있지 못한 아이들을 심심치 않게 볼 수 있는데, 이런 부류는 정신분석학적 용어로 ADHD, 즉 주의력결핍 과잉행동장애(attention deficit hyperactivity disorder)로 분류한다. 이들은 치료의 대상이며 성인이 되어서까지 고치기 힘든 정신질환으로 사회생활에 막대한 불이익을 감수해야 한다.

또한, 이런 경우 부모로부터 폭력에 노출되며 잦은 꾸지람을 받게 되고 놀림감의 대상이 되기 쉬운데, 아이의 심리가 공포심(恐怖心)과 소외감(疎外感)으로 말미암아 마음이 위축(萎縮)되며 여러 종류의 틱(Tic)이나 투렛 증후군(Tourette syndrome) 등 ADHD와 동반하는 질환으로 나타날 수 있으므로 매우 조심할 필요가 있다.

인내심을 키우는 방법은 의외로 간단하다. 눈을 감고 호흡을 고르게 하며 머릿속의 모든 생각을 떨쳐 버리고 몸은 작은 깃털처럼 가볍다고 상상하고 마음 또한 그 가벼운 깃털 위에 누워 있는 것 같은 느낌을 가지면 된다. 이것이 자기최면이다.

처음 시작할 때는 조금 어렵고 생각만큼 잘 안 된다는 기분이 들 수 있으나 아침에 조금 일찍 일어나서 3분간, 점심 식사 후 휴식하는 동안 잠깐 짬을 내서 3분간, 잠자리에 들기 전 3분간씩 3일만 훈련을 해 보면 어느새 익숙해진 자신의 모습에 스스로 놀라워할 것이다. 다만 자신의 의지력에 따라 성패가 갈릴 수는 있다.

우리가 말하는 인성의 덕목에는 어떠한 덕목이든지 인내는 마치 한약방의 감초와 같이 그 실천 및 행동강령(行動綱領) 안에 함의되어 있다. 인생살이는 인내의 연속된 과정이라 해도 과언이 아닐 정도이다. 엄마 뱃속에서 10개월, 태어나서 움직이고 일어서고 걷고 뛰고 말하는 교육을 받으며, 아프면 병이 나을 때까지 고통을 참고 성인이 되어서는 배우자를 만날 때까지 기다리고, 또 자식이 태어날 때까지 기다리고 생명을 다하여 사망하는 날까지 기다리는 등 모든 것이 참고 기다리는 인내의 연속(連續)이다.

즉, 인내하며 살아가는 과정이 인생의 삶인 것이다. 이처럼 인내란 우리들의 삶과 죽을 때까지 함께하는 것이므로, 인내하며 사는 방법을 그 어느 것보다 확실하게 수련하여야 하겠다. 인내(忍耐)는 쓰고 그 열매는 달다.

㉣ 노력(努力)- EFFORT

노력이란, 애쓰고 힘써서 부지런히 일하는 모습을 의미하는 단어이다.

고진감래(苦盡甘來)를 직역하면 "쓴맛이 다하면 단맛이 온다."로 노력과 인내에 관한 명언(名言)이다. 노력과 가장 밀접하게 관련한 인성덕목을 꼽으라면 그것은 바로 인내일 것이다. 노력이 바늘이라면 인내는 실이라는 표현이 적절한 표현이 되겠다.

이 세상은 우연(偶然)의 일치(一致)보다는 필연의 법칙이 적용(適用)되는 법이라 반드시 노력이라는 정신적이며 육체적인 복합적인 투자(投資)가 필요하다. 노력은 은근(慇懃)과 끈기로 참고 견디어 인내하는 습관에서 비롯되며 이 습관을 위해서는 자기 자신의 통제와 관리가 필요하며, 이 통제와 관리를 하려면 자기 자신이 정해 놓은 삶의 목표와 비전이 있어야 하고, 이를 위해서는 자가 자신을 사랑하는 가치관을 가지고 있어야 하는 동시에 남을 사랑하는 이타심(利他心)도 함께 있어야 한다.

노력하지 않고 대충대충 넘어가는 사람은 인간관계에서나 자신에게 주어진 일이나 과업(課業)을 충실하게 수행(修行)하기 힘들다. 그래서 사람들이 오랜 세월에 수많은 경험과 지식을 통해 합리적이며 객관적으로 정하여 놓은 성공의 조건에 맞지 않는다.

노력은 하루아침에 이루어지는 것이 아니라 오랜 습(習)으로 인한 정성의 대가(對價)가 만들어 낸 하나의 구조물과 같은 것이다. 노력하는 사람은 언제나 자신과의 싸움인 극기(克己)를 해야 하므로 정상적이며 규칙적인 생활습관을 기본 패턴으로 한다.

인간은 항상성의 동물이며 어느 환경이든 일정 기간 몸살을 해야만 적응한다. 한번 적응하게 되면 정상궤도(正常軌道)를 순항하게 되지만, 간헐적(間歇的)이지만 불규칙한 행위는 항상성(恒常性)을 방해하며 정상적인 생체리듬을 깨트리며 정신적 건강 보건에 악영향을 미쳐서 균형을 잃게 된다. 그러므로 사람은 항상 자신 스스로가 지켜갈 수 있는 생활계획을 세우고 자신이 정한 목표를 향해 부단히 노력하여야 한다.

아무리 머리가 좋으며 기획력(企劃力)과 실행력이 좋다 하더라도 노력하지 않는다면 다른 경쟁자(競爭者)들에게 얼마 가지 않아 뒤처지게 될 것이다. 노력은 근면과 성실이 꾸준하게 뒷받침이 되어 주어야만 좋은 결과를 얻을 수 있으며, 근면과 성실은 인내와 끈기가 기본적 소양으로 갖추어져 있어야 한다. 이와 같은 여러 가지 덕목들은 자신의 확고한 신념과 믿음에서 비롯되는 것이며, 올바른 인생의 목표와 가치관이 확립되어야만 가능한 일이라 할 수 있다.

영국인에게 가장 추앙(推仰)받으며 오랫동안 총리를 지낸 윈스턴 처칠(Winston Leonard Spencer Churchill)은 노력에 대해서 "체력이나 지능이 아니라 노력이야말로 잠재력(潛在力)의 자물쇠를 푸는 열쇠다."라고 역설하며 끊임없이 노력할 것을 권고하였고, 중국 당(唐)나라의 유명한 시인 이태백(李太白)도 "도끼를 갈아서 바늘을 만든다."라는 마부위침(磨斧爲針)이라는 문구(文句)를 가슴에 새기며 자신이 겪은 경험을 깨달음으로 삼아 평생을 노력하여 중국 최고의 문장가가 되었던 것이다. 노력도 재능(才能)이며 재능은 갈고닦으며 열심히 연습할 때 최고의 경지(境地)에 도달한다.

⑧ 협동(協同)- COOPERATION(균형, 봉사, 의무, 상생)

협동은 하고자 하는 일에 정신적, 육체적으로 힘을 모은다는 의미로 널리 사용되고 있다. 그러므로 인성의 8개 덕목들이 서로 유기적인 관계를 가지고 협동할 때 비로소 인성이 훌륭한 사람으로 가꾸어지는 것이라 하겠다. 협동의 덕목에는 균형(均衡), 봉사(奉仕), 의무(義務), 상생(相生)의 4가지 덕목들이 존재한다.

㉮ 균형(均衡) - BALANCE

균형이란, 어느 한쪽으로 기울지 않으며 조화롭게 있는 상태를 의미하는 단어이다. 균형에 있어서 가장 중요한 요소는 어느 한 방향으로 기울어짐이 없도록 평형상태(平衡狀態)를 유지하는 것으로 일정하며 규칙적인 상호 견제(牽制)가 필요하다. 올바른 인성의 균형을 이루기 위해서는 매사(每事)에 공정성의 원칙을 지켜야 하며 이를 위해서는 예의와 질서의식에 대한 견고한 태도를 갖추고 있어야 한다.

균형은 조화이며 평등과는 개념적 차이를 가지고 있는 공평성에 기인하고 있을 때 그 가치를 십분 발휘하게 되는 것이다. 인성의 여러 가지 덕목과 가치들은 서로 밀접하며 유기적인 균형을 이루고 있어야 인성의 가치 완성되는 것으로 예의(禮儀)와 효행(孝行), 그리고 정직(正直)과 책임(責任)과 같은 덕목은 상호 조화로운 균형을 이루고 있어야 한다. 또한 존중(尊重)과 배려(配慮), 그리고 소통(疏通)과 협동(協同)과 같은 덕목은 원만하고 합리적인 균형이 필요한 것이다. 인성에 균형이 필요한 것은 나와 타인 간의 소통과 상생을 원만하게 하기 위한 것으로 상황에 적합한 균형의 묘를 살려야 하는 것이다.

예를 들자면 양성평등의 시대라고 하여 남성과 여성의 신체적 조건과 연령의 차이를 고려하지 않는다면, 공평의 원칙에 적합하지 않으므로 균형을 잃게 되고 대중들로부터 외면당한다. "법은 만인에게 평등하다."라고 하지만, 이것은 결코 편향(偏向)된 해석이며 평등이 아닌 공평해야 한다는 것이 옳지 않을까 생각한다. 하늘과 땅, 남자와 여자, 물과 불 등 자연의 이치는 모든 것이 평등이 아닌 공평의 원칙으로 이루어져 있다. 서로 다른 모습이나 특유의 성질을 가지고 있으나 균형을 이루고 있다.

우리 인체에서도 자율신경을 살펴보면 교감신경과 부교감신경으로 나뉘어 있어 생존에 필요한 길항작용으로 항상성의 균형을 이루지만, 이 균형이 깨지게 되면 내외부로부터의 면역성과 저항성이 약해져 생명이 위태로워지게 된다. 좋은 인성을 가진 사람들은 자신과 타인의 심리적 상황이나 정보에 대해 균형을 이루려고 항상 노력하는 사람들이며, 이를 위해서는 자신 안에 있는 또 다른 자신이 선의의 균형을 깨지 않도록 견제(牽制)하는 자세가 반드시 필요하다 하겠다.

⑭ 봉사(奉仕)- SERVICE

봉사란, 이타심을 가지고 다른 사람을 위해 섬기며 받드는 행위를 일컫는 단어이다. 봉사는 사랑의 띠이며 행복의 나눔이고 기쁨의 원천으로 봉사를 실천하는 사람만이 그 진가(眞價)를 알 수 있으며 자신을 돌아보고 내가 살고 있는 주위를 알게 해 주는 중요한 계기가 된다. "봉사는 인생의 참된 스승이라 할 수 있으며, 봉사하지 않는 삶은 인간으로서 진정한 가치를 알지 못하는 것이다." 라고 할 수 있다.

이미 여러 선진국에서는 봉사에 대한 가치를 존중하며, 빈부와 학식의 고저(高低)와 관계없이 거의 자발적으로 실천하고 있다. 국가나 사회적 차원에서도 적극적으로 참여하고 있으며 대학입학에서도 필수적 요소로 자리매김한 역사가 오래되었다. 그로 말미암아 세계의 최고 갑부로 통하는 빌 게이츠와 그의 아내는 빌 & 멜린다 게이츠 재단(Bill & Melinda Gates Foundation)을 2000년 자신들의 재산인 291억 달러로 설립하여 사회봉사에 주력하고 있으며, 주식투자의 귀재(鬼才) 미다스의 손(Midas touch) 워런 버핏(Warren Buffett)이 기부한 310억 달러 외 다수의 봉사자들로부터 기부금을 받아 후진국들의 의료 지원 및 기아 대책과 교육 사업에 참여하며 봉사자의 삶으로 전 세계인들로부터 귀감(龜鑑)이 되고 있다.

바른 인성으로 무장(武裝)되지 않은 봉사는 진정한 가치를 실현할 수 없으며 자신의 영리영달(營利榮達)을 위한 하나의 도구일 수 있다. 예를 들자면 평상시에는 움직이지 않던 사람들이 선거철에 정치 목적이나 명예의 획득(獲得)을 위한 수단으로 위선(僞善)된 봉사를 하는 사람들로 하여금 진정한 봉사자들의 고귀한 뜻을 폄하하는 사례가 있어 마음을 아프게 한다. 이와 같은 숭고(崇高)한 봉사 정신을 가장한 인성 위선자들이 더 이상 활동할 수 없도록 사회정화 운동을 펼쳐야 하지 않을까 생각한다.

훌륭한 인성의 소유자는 성경의 마태복음 6장 말씀과 같이 봉사 즉, "선한 일을 할 때 오른손이 하는 일을 왼손이 모르게 하라."의 원칙을 지키며 자신이 행한 봉사에 대하여 알리려고 하지도 알게 하지도 않는 그런 고매한 성품을 지니고 있는 사람들이다. 이러한 선자(善者)들은 자신이 하는 봉사에 대해 내세우지 않는 것은 물론이거니와, 좀처럼 나타나지도 않으며 몰래 숨어서 봉사의 길을 걷고 있는 것이 사실이다.

참된 봉사란 위선자가 아닌 진정하며 바른 인성의 소유자들만이 할 수 있는 것이며, 자신을 돌아보며 주위를 살피고 과거와 현재와 미래를 도전하며 개척(開拓)해나갈 수 있는 그런 사람들이라 할 수 있을 것이다. 천국과 지옥은 별도로 있는 것이 아니라 자신이 어떠한 선택(選擇)을 하느냐에 따라 천국행 또는 지옥행의 승차권(乘車券)을 가지게 되는 것이다.

㉔ 의무(義務)- DUTY

의무란, 옳은 일을 의미하는 단어로 사람이면 마땅히 해야 할 도리를 규범이나 법률로 정해지거나 계승 및 개선되어 온 일체적이며 총체적인 행위를 말한다. 인성이란 넓은 의미에서 본다면 우리 인간들이 살아가면서 서로의 편의적 삶을 영위(榮位)하기 위한 양방향적 의무라 정의(定意)를 내릴 수 있을 것이다. 그러므로 인성이란 의무를 준수(遵守)한다는 것은 타인을 위함과 동시에 자신의 인격과 품위를 상승시키는 행위로 스스로의 삶에 대한 행복감을 극대화 시킬 수 있는 방편(方便)이 되겠다.

교육부가 제시한 인성의 8대 덕목을 살펴보면 효와 예, 정직과 책임, 그리고 존중과 배려, 소통과 협동의 중요성을 강조하고 있다. 비록 인성의 8대 덕목에 관한 의무적 행위는 특별한 법률로 정해놓고 형사적 책임을 묻는다기보다는 규범적 성격을 띠고 있어 일반인들보다는 유명인사 등 공인들에게 있어서 인성이란 대중들의 관심 속에 사회적 생명을 좌지우지할 수 있는 정도의 파괴력(破壞力)을 가지고 있다.

인성에 있어서도 의무는 권리를 동반하는 것으로 인성의 덕목의 정도를 잘 지키며 모범적인 생활을 하는 사람은 이에 걸맞은 상당의 대가 즉, 권리를 누리며 존경과 신망(信望)을 받으므로 여러 사람들로부터의 도움과 격려 속에 현재의 난관(難關)을 극복할 힘을 얻는다.

"의무는 책임을 항시 동반하게 되며 책임이 없다."라는 말은 곧 의무를 가지지 않아도 된다는 의미와 같다. 인성에 있어서 의무란 교육부가 제시한 8가지 덕목과 필자가 나열한 32가지의 가치 중에 하나이지만, 의무라는 덕목의 가치를 제외한 나머지 31개의 덕목가치를 모두 아우를 수 있는 의미심장(意味深長)한 표석과 같은 덕목가치인 것이다. 모든 덕목과 덕목가치들을 의무적으로 잘 지킬 때 인성이 좋은 사람으로 성장할 수 있으며 다른 사람들로 하여금 모범(模範)이 되는 바른 인성의 소유자로 인식(認識)될 것이다.

㉣ 상생(相生) - WIN-WIN

상생이란, "서로 함께 도우며 더불어 잘 살아간다."라는 뜻이다. 우리가 한자에서 배웠듯이 사람 인(人) 자는 사람과 사람이 서로 기대고 의지하며 살아가는 모습을 본따서 만든 상형문자(象形文字)로, 인간은 혼자서 살아갈 수 없는 존재임을 아주 오래전부터 깨달았던 것이다.

물론 다른 생물들도 무리를 지어 자신들의 유전자를 위한 개체 보존을 본능적으로 하고 있다. 하지만 인간들은 다른 생물들과 같이 종족 번식(繁殖)이 목적이기는 하지만, 종족의 발전과 영위를 위해 끊임없이 노력해 왔다.

험난(險難)한 대자연에 굴복(屈伏)하지 않으며 위험한 도전을 해 왔으며 앞으로도 인간이라는 종족(種族)이 모두 사라질 때까지 이러한 행위는 계속될 것이 분명하다. 지금의 찬란(燦爛)한 문화와 경제 발전은 인간들의 상생을 위한 노력의 결과임에 틀림이 없다.

상생이란 다른 말로 바꾸어 말한다면 협동이라고 할 수 있다. 여럿이 함께 마음과 힘을 합하는 것을 의미하는 단어이며 이것이 바로 상생의 최종 목표인 셈이다. 고대 그리스의 유명한 철학자 아리스토텔레스(Aristoteles)가 인간은 사회적 동물이라고 말한 것처럼 공동의 목적과 목표를 정해 놓고 이를 달성하기 위하여 함께 힘을 합쳐 이루어 내려는 의지를 말한다.

한 개의 화살은 쉽게 꺾을 수 있지만, 여러 개의 화살은 한 번에 꺾기가 매우 힘든 일이므로 이처럼 상생을 위한 협동하면 아무리 어렵고 힘에 겨운 일이라 할지라도 목표를 이루어낼 수 있으며 즐거운 마음으로 서로 격려와 위로(慰勞)를 해가며 일할 수 있게 된다. 여러 사람이 모여서 함께 일하다는 것이라 저마다의 다른 성격으로 말미암아 의견 충돌이 일어날 수 있는데, 인내와 양보 그리고 겸손, 친절, 예의, 포용 등 인성의 모든 덕목들을 총망라(總網羅)하여 협동이라는 덕목에 적용한다.

협동은 팀원들 간에 서로 마음과 손발이 맞아야 가능한 일이므로, 바르고 좋은 인성이 더욱 필요하다 할 것이다. 우리 인간이 사회를 만들게 된 이유는 상생하기 위해 만든 것이다. 즉, 공동의 목표인 행복 추구를 위해 이 이상적인 명제를 이루려면 혼자의 힘으로는 도저히 불가능하므로 머리와 마음과 힘을 합쳐서 이룩하려는 상생의 의지에서 비롯되었다. 우리 인간은 이성적 동물이기도 하지만 그 이성을 먼저 아우르는 감정이라는 대뇌변연계의 지배 속에 살아가는 영장류이다.

아무리 지식수준이 높으며 고매(高邁)한 인격의 소유자라 할지라도 개인이 가지고 있는 감정의 그릇은 한계가 있는 법이며, 그 그릇의 크기를 가늠하기 어려우므로 인간관계에서 지켜야 할 규칙과 관습에 관한 예절과 바르고 옳은 말투나 행동과 자세 등의 예의라는 인성의 덕목을 만들어 서로나 모두에게 감정이 상하지 않게 주의를 하는 것이다. 인성이란 사람들이 서로 상생의 희망(希望)을 가지며 서로에게 마음을 열 때 비로소 완성되는 소통의 고귀(高貴)한 가치인 것이다.

02
결과 분석 설명과 훈련 요령

1) 인성 8대 핵심 가치·덕목의 4그룹 상호관계

㉮ 제1그룹, 정직과 소통

정직 ──────────→ 소통

정직(正直, HONESTY)은 진실, 정의, 용기, 반성의 덕목가치와 소통(疏通, COMMUNICATION)은 공감, 공평, 인내, 노력의 덕목가치와 함께 제1그룹으로 구성된다. 인간관계를 할 때 정직하지 않는다면 얼마 가지 않아서 그 거짓이 탄로(綻露)가 날 것이며, 그렇게 되면 인간관계는 정상적인 유지(維持)가 어렵게 된다. "정직과 소통의 관계는 정직하면 소통이 원만하게 이루어지지만 소통하면 정직하다."는 논리는 정확하지 않을 수 있다. 정직과 소통의 각각 4가지 덕목가치인 진실과 공감, 정의와 공평, 용기와 인내, 반성과 노력에 대하여 설명하기로 한다.

첫째, '진실(眞實)과 공감(共感)'에 대하여 예를 들어보자. 강단에서 한참이나 열과 성의를 다하여 강의 중인 강사가 있다. 자신의 경험에 대한 산지식을 '진실(眞實)'로써 청중에게 토해내는 반면, 남의 이야기를 자기의 이야기인 양 늘어놓으며 자기와는 관계도 없으며 납득(納得)이 가지 않을 만한 이야기를 가지고 청중(聽衆)을 설득한다고 하면 과연 전자(前者)와 후자(後者) 중에 어느 편이 '공감(共感)'이 갈까?

판정(判定)하는 어느 누구라도 후자 쪽을 선택할 것이다. 이렇듯 공감이란 진실 된 내용이 함께 있어야 서로의 감정과 느낌을 공유할 수 있는 것이다. 그러므로 올바른 인성의 마음을 정립하기 위해서는 진실함이 있어야 하는데, 자신을 속이지 않아야 하며 그 방법은 자신과의 약속을 잘 지켜내는 것이다 그러기 위해서는 어떠한 경우에 처하더라도 그 순간을 모면하거나 회피할 목적으로 절대로 거짓 생각과 거짓말을 하여서는 아니 되겠다.

하나의 거짓말은 두 개의 거짓말을 낳고, 두 개의 거짓말은 4개의 거짓말을, 4개의 거짓말은 8개의 거짓말을 낳고 기하급수적(幾何級數的)으로 늘어나게 되며, 그러는 동안에 그 거짓말은 발각이 되고 자신의 인격에 씻을 수 없는 큰 상처로 남게 되는 것이다. 아무리 머리가 좋은 사람일지라도 기하급수적으로 늘어나는 거짓말을 모두 기억하며 한결같이 행동하기는 매우 어려울 것이며, 이러한 인성에 바르지 않은 부류의 사람들은 타인들로부터 외면당하므로 결국 불행한 삶을 살게 되는 것이다.

진실 항목의 점수가 높고 공감 항목의 점수가 많이 낮게 나타나면 설득과 이해에 대한 표현력이 다소 미흡한 것으로 여겨진다. 이 사회는 인간관계와 더불어 공생하며 살아가는 것이므로 나의 진실한 마음을 다른 사람들에게 어떻게 표현하는 것에 따라 공감도도 달라지게 되는 것이다.

이와는 반대로 공감 항목의 점수는 높으나 진실 항목의 점수가 많이 낮다면 자신의 실제 체험보다는 다른 사람들의 경험을 잘 설명하는 이야 기꾼이다. 진실성이 떨어지며 공감도가 높다면 사회성은 좋으나 대인 관계의 깊이가 부족하므로 진정한 친구와 후원자를 기대하기 어렵게 된다.

진실 항목과 공감 항목이 높다면 아주 조화롭고 훌륭한 인성을 가지고 있다고 여겨진다. 진실을 통한 공감력을 배양하는 수련방법으로 차분히 앉거나 누워 눈을 감고 생각의 힘을 펼쳐서 스스로 거짓말의 불씨를 만들고 그 거짓말이 앞으로 전개되는 진행 과정을 상상을 통한 모의주행(模擬走行)해 보는 훈련방법이 좋다.

둘째, '정의(正義)와 공평(公平)'을 보면, '정의'란 어느 대상과 대상의 관계에서 그 상황과 지위 및 처지를 고려하여 형평성을 맞추어 대우하는 것이 '공평'한 조치라 할 수 있으며, 평등과는 다른 개념을 가지고 있다.

예를 들면 초등학생과 대학생에 있어서 싸움을 하였다고 가정할 때 싸움이라는 것은 주관적 관점에서 보면 동일하지만, 객관적인 여러 관점에서 보게 되면 신체적 조건과 정신적 조건에서 크게 차이가 있으며, 이 두 상대를 동일한 선상에서 취급을 하게 되면 평등(平等)한 조치이기는 하지만 공평(公平)하지 않은 것이다.

그러므로 인성에 있어서도 평등의 원칙은 따르되, 공평한 방법으로 사람과의 관계를 만들어야 한다. 정의의 점수는 높으나 공평의 점수가 많이 낮게 나왔을 경우 이론을 앞세우는 경향이 짙으며 실천도 립 서비스(Lip Service)에 그치는 경우도 있으며 어떠한 일을 시작함은 있어도 마침에 있어 완성도가 낮을 수 있다.

반대로 공평의 점수는 높으나 정의의 점수가 많이 낮을 경우, 계획성 없이 떠벌리고 다니는 성향이 있으며 생각에 대한 깊이가 적고 주변을 잘 살피지 않는 외골수인 경향이 있어 함께 여러 명이 협업을 하는 경우보다 혼자서 추진하는 일이 심적으로 더 쉬울 수 있다.

정의와 공평의 점수가 모두 낮게 나타날 경우에는 아직 인성에 대한 개념이 확립되지 않은 상태이며 모두 높은 점수를 받았을 경우에는 인성에 대한 리더십이 강한 사람으로 평가될 수 있다. 인성교육적으로 정의롭고 공평한 마음을 키우는 데에는 권선징악(勸善懲惡)은 사필귀정(事必歸正)이라는 만고의 진리를 깨달으며 약자를 긍휼히 여기는 마음가짐으로 살아야 하며, 비굴한 생각을 갖지 않도록 영웅전기 또는 위인전을 통해 학습하도록 한다. 또한, 인성일기 노트를 만들어서 자신이 학습한 내용에 대하여 느낀 점과 각오(覺悟)를 쓰고 3일 단위로 재확인하는 방법이 좋다.

셋째, '용기(勇氣)와 인내(忍耐)'는 고귀한 도전이다. '용기'가 있는 자만이 '인내'를 하며 매 순간(瞬間)을 참아낼 수 있으며 순간순간이 쌓여서 결과물을 얻을 수 있는 것이다. 고진감래(苦盡甘來), 즉 "인내는 쓰고 그 열매는 달다(Patience is bitter, but its fruit is sweet)."

어떠한 어려움이 있더라도 자신이 정한 목표를 향해 끊임없이 집중하고 노력하면 반드시 좋은 결과가 있게 된다는 교훈적인 말이다. "태산(泰山)이 높다 하되 하늘 아래 뫼이로다. 오르고 또 오르면 못 오를 리 없건마는 사람이 제 아니 오르고 뫼만 높다 하더라."의 시조(時調)를 쓴 조선의 문신이자 서예가였던 초서체(草書體) 명필가 양사언(楊士彦)도 인내와 용기, 그리고 도전과 노력에 대하여 중요성을 강조하였다.

용기 항목에 대한 점수가 높으나 인내 항목의 점수가 많이 낮은 경우라면 돈키호테(Don Quixote)형으로 시작은 거창하나 끝은 창대하지 못 하는 경우로 이어질 가능성이 있다. 또한, 인내 항목의 점수는 높으나 용기 항목의 점수가 상대적으로 많이 낮다면 햄릿(Hamlet)형으로 우유부단한 성격의 소유자일 수 있어 다른 사람들에 대한 배려나 양보의 기회가 올 경우 눈치를 보는 경우가 있을 수 있다. 용기와 인내의 항목이 모두 낮게 나올 경우, 자존감이 낮으며 열등감이 있을 수 있으므로 다른 사람들에게 보여지는 인성 또한 소극적으로 느껴질 수 있다.

용기는 자신감이며 인내는 의지력이므로 용기와 인내심을 수양하려면 무엇보다도 바르고 고른 호흡법(呼吸法)과 흐트러지지 않은 자세가 필요하므로, 인성명상호흡법을 권하는 바이다. 인성명상호흡법(人性冥想呼吸法)이란 들숨과 날숨을 고르고 길게 가늘게 하는 호흡법으로 3분씩 3주간 수련(修鍊)하면 적응하여 호흡법에서 자유로워질 수 있으며 특히 자신의 신체 구석구석을 살피는 계기(契機)가 되어 심신(心身)을 정화작용(淨化作用)하는 아주 훌륭한 수행법(修行法)이라 하겠다.

넷째, '반성(反省)과 노력(努力)'의 덕목가치는 정직과 소통의 큰 덕목 중에 다른 덕목가치를 계속할 수 있도록 격려해주는 역할을 분담(分擔)한다. 인성에 있어서 '반성'이라 함은 자신의 행동을 비추어 볼 때 부족함이 있었나를 살피는 자기성찰(自己省察)이며, 자기 성찰을 통하여 '노력'하는 자세야말로 바르고 좋은 인성을 갖춘 사람이라 하겠다.

노력이란 하루아침에 이루어지는 것이 아니며, 자신을 돌아보는 반성으로 견인차(牽引車) 역할을 해줄 때 정상적인 관리가 이루어지는 것이다. 공자(孔子)의 제자인 증자(曾子)가 집필한 대학(大學)에서 "수신제가치국평천하(修身齊家治國平天下)"라는 명언(名言)을 남겼는데, 여기서 수신(修身)은 일일삼성(一日三省)하여 자신을 다스리며 가꾸는 중요한 행위로 자신의 뼈를 깎는 노력이 없이는 어려운 일이라 하겠다.

반성 항목이 높고 노력에 대한 항목이 많이 낮은 경우에는 매사에 계획은 잘 세우나 그에 따른 실천이 따르지 못하고 지구력이 부족한 경우라 할 수 있어, 인성의 차원에서 관조하면 대인관계 시 소극적인 자세로 주인의식과 자존감이 낮아 다른 사람들에게 주눅이 들어 있는 것처럼 보일 수도 있다.

반대로 노력 항목은 높은데 반성 항목이 많이 낮은 경우, 인성의 차원에서 볼 때 자신감과 떳떳함이 자칫 거만함이나 오만스러움으로 보일 수 있으므로 자신을 낮추며 겸손한 자세를 가지는 것이 좋다. 반성과 노력의 항목 모두가 낮은 점수로 나타났다면 인성적으로 상대방에게 좋지 않은 느낌을 갖게 할 수도 있다.

반성과 노력의 마음을 훈련하는 방법은 자신이 매일 매일 살아가면서 겪게 되는 나의 생활일기(生活日記)에 오늘의 반성할 일과 노력한 일, 그리고 내일 노력해야 할 일 등을 나의 생활일기 지면을 할애(割愛)하여 적으며 과거의 행적(行蹟)에 대한 성찰(省察)을 하는 훈련이 필요하다.

㉴ 제2그룹, 효행과 배려

효행(孝行, Fillial piety)은 순종, 공경, 자존, 도리의 덕목가치와 배려(配慮, Consideration)는 양보, 포용, 자비, 용서의 덕목가치와 함께 제2그룹으로 구성된다. 인간의 도리로서 가장 기본이 되는 효행은 한 사람의 근본(根本)을 알 수 있으며, 보이지 않는 가풍(家風)을 엿볼 수가 있고 효행이라는 행위 안에는 배려라는 숭고한 마음이 자리하고 있다.

순수하게 배려하는 마음이 풍성(豊盛)한 사람은 대부분 효성(孝誠)이 지극한 사람들이며, 다른 사람들로부터 예의가 바르고 포용력(包容力)이 좋으며 인성이 좋은 사람으로 존경받는 사람이 된다. 혹여, 경제적으로는 부유하지 않더라도 마음이 부유(富裕)하므로 스스로는 여유로운 사람이 되며 법 없이도 살 수 있는 사람이며 부처님 가운데 토막이라는 소리를 들으며 살아가는 사람이다.

효행심이 깊은 사람들은 부모님을 생각하고 공경하며 때로는 긍휼(矜恤)이 여기며 다른 사람들에게도 배려의 마음을 갖고 베푸는 경향(傾向)이 많지만, 그와 반대로 배려심이 많은 사람이 여러 가지의 상황과 경우를 고려할 때 효행을 모두 한다고는 보기 어려울 수 있다.

그러므로 효행심의 수양(修養)은 바른 배려심을 배양(培養)하는데 큰 도움이 될 수 있는 것이다. 효행과 배려의 각각 4가지씩의 덕목가치인 순종과 양보, 공경와 포용, 자존와 자비, 도리와 용서에 대하여 설명하기로 한다.

첫째, '순종(順從)과 양보(讓步)'에 대하여 효행심과 배려심에 접목(接木)을 시켜본다면 정비례(正比例)의 관계로 순종하는 마음이 없다면 효행을 할 수 없으며, 양보의 마음이 없다면 배려하는 마음과 행동은 존재하기 어렵다. 만약에 순종과 양보의 마음 없이 효행과 배려의 행동을 하는 사람이 있다면 필시 다른 목적을 가지고 있는 위선자(僞善者)나 사기꾼임에 틀림이 없으리라.

이처럼 순종과 양보의 마음은 효행과 배려하는 마음과 그 맥(脈)을 함께한다. 순종의 항목과 비교하여 양보의 항목이 상대적으로 많이 낮은 점수라면 진정한 마음으로 순종하는 것이 아니며 욕심이 많거나 지기 싫어하는 성격의 소유자로 가식적인 행동이나 표정이 많아 순수하지 않은 성품 내지는 야욕을 가지고 있는 사람일 수 있다.

반대로 양보의 항목이 순종의 항목보다 상대적으로 높게 나타나면 마음에 없으면서 주변을 의식하여 행동하는 경향이 있는 사람일지도 모른다. 순종과 양보의 항목 모두 낮은 점수를 받았다면 인성의 차원에서 건방지거나 자신밖에 모르는 사람으로 취급받을 수 있으며, 두 항목 모두 높은 점수를 받았다면 다른 사람들에게 대단히 착하고 마음이 좋은 사람으로 인식되어 좋은 인간관계를 유지하며 필요하면 다른 사람들에게 도움을 받을 수 있다.

순종하는 마음을 갖는 방법은 편안한 자세로 눈을 감고 자신의 탄생부터 지금까지의 삶을 생각하며 부정적인 생각은 배제(排除)하고 즐겁고 행복했던 생각을 떠올리며 내가 아프거나 괴로웠던 때에 나에게 도움을 주신 부모님과 선생님, 친지(親知) 어른들 그 외의 분들을 생각하며, 과연 그분들의 도움이 없었다면 어떻게 됐을까를 깨달으며 그분들에게 고마움을 느끼며 진실한 마음으로 보답(報答)해야겠다는 다짐하는 훈련을 하면 된다.

또한, 양보하는 마음을 기르는 방법은 우선 자신의 성격이 조급함이 없는지를 생각하고 조급함이 있다고 생각되면 호흡을 고르게 하며 차분히 앉아서 '종이접기' 훈련과 1부터 50까지의 숫자를 아주 천천히 세며 팔을 길게 내밀어 가슴부터 머리의 정수리까지 올리고 다시 그 반대의 동작을 반복(反復)하면 많은 도움을 받을 수 있다.

둘째, '공경(恭敬)와 포용(包容)' 하는 마음은 인간관계에 있어서 저변(底邊)에 자리하고 있어야 할 질 좋은 토양(土壤)과 같다. 공경심이 없다면 자신밖에 모르는 독불장군(獨不將軍)이 될 것이며, 다른 사람들을 무시(無視)하는 행동으로 비호감(非好感)의 인물이 될 것이 뻔하며 자신의 지위나 명예(名譽)가 실추(失墜)하거나 재물이 소진(消盡)이 된다면 아무도 자신을 공경하는 사람은 고사하고 거들떠보는 사람 하나 없는 외톨이로서 고독한 생을 마감할지도 모르는 일이다.

또한, 포용심이 없는 사람은 배려심이 없고 인색하며 자기중심적이 되기 쉬워 사고가 넓지 않고 깊지 않아 폭넓은 친구나 선후배 관계를 유지할 수 없게 되며, 이런 경우 가장 친한 친구는 자신을 낳아주고 알아서 챙겨주는 부모님밖에 없다는 하소연을 하기 쉽다.

공경 항목의 점수가 높은 반면 포용 항목의 점수가 많이 낮은 경우에는 자기주도적인 성격보다는 타인의지적인 성격의 소유자일 가능성이 많으므로 주어진 일은 열심히 하는 편이나 기획이나 개척 분야에 취약(脆弱)할 수 있다. 인성이란 그때그때 상황에 모든 덕목을 종합하여 최선이 방법으로 대처해야 하는 창의적·인문학 분야라 할 수 있으므로 스스로가 개발하는 의지도 가지고 있어야 한다.

반면에 포용에 대한 항목 점수가 높고 공경 항목에 대한 점수가 많이 낮을수록 높은 리더십으로 마차 보스(Boss)와 같은 기질로 무분별한 포용의 경향이 많으므로, 매우 바람직하다고는 할 수는 없으니 포용을 하여 관용(寬容)을 베풀 때 자신을 낮춰 겸손의 미덕을 겸비(兼備)한다면 인성적인 차원에서 훌륭하다고 하겠다.

공경과 포용의 항목 모두 높은 점수를 받았다면 인성이 좋은 사람으로 느껴질 수 있으나, 모두 낮은 점수를 받았다면 인성의 목적과 의의 및 개념을 잘 숙지(熟知)하며 다음과 같은 인성에 좋은 훈련을 하여야 한다. 공경과 포용하는 마음을 기르는 방법은 나의 의견에 대한 고집이나 주장을 버리고 남의 말을 경청하여 생각과 의견을 존중하는 마음가짐과 태도를 가질 수 있도록 인내를 가지고 훈련을 하면 많은 도움이 될 수 있다.

셋째, '자존(自尊)와 자비(慈悲)'를 얼핏 살펴보면 상관관계가 없을 것 같으나, 자기 자신에 대한 자존감이 높을수록 자긍심(自矜心)이 강하며 자긍심이 강할수록 리더십 마인드(Leadership Mind)를 더 많이 가지게 하는 요인이 되고, 이러한 마음은 본인 스스로는 물론이고 다른 사람들에게 자비심을 가지고 응대한다. 자신 스스로를 아끼며 사랑하고 믿음이 확고하며 심신을 가꿀 줄 알고 가치관이 뚜렷하여 자신의 의지가 강한 자존감(自尊感)은 다른 사람들과의 관계 속에 생성되는 자존심(自尊心)과는 엄격히 구별되는 개념을 가지고 있다.

그러므로 자존심은 자칫 잘못하면 타인과 비교하게 되고 열등감(劣等感)으로 전의가 될 소지가 있으나, 자만심이 아닌 자긍심(自矜心)을 배경으로 한 자존감은 쉽게 사라지거나 타락하지 않는 경향이 있다. 자존심이 강한 사람은 자비를 베풀더라도 다른 사람들을 의식하며 그에 따른 행위를 하게 되어 진정성(眞情性)이 없음을 조금만 관심을 기울이면 알 수 있다.

자비는 자존심으로 하는 것이 아니라 자존감이 높은 사람들이 잠재적으로 또는 무의식적으로 표출(表出)하는 현상이라 볼 수 있는 것이며, 인성으로 나타나는 질(質)과 양(量)의 표현적 형태이다. 자존 항목에 대한 점수가 높고 자비 항목에 대한 점수가 비교적으로 많이 낮다면 현재 자신의 능력이 남들보다 뛰어나다 해도 결코 만족을 모르며 그에 따라 행복지수(幸福指數)가 낮을 수 있고, 어느 시기가 오면 자신이 불행하다는 느낌을 받게 될 수 있으니 자비의 지수를 높여야 하겠다.

또 자비 항목의 점수가 높고 자존 항목의 점수가 낮을수록 자신보다는 남을 더 위하는 경우가 있으므로 이것 또한 바른 인성의 자세는 아니므로 스스로의 가치관(價値觀)과 삶의 목표를 세우고 현실에 맞는 계획을 짜서 반드시 실천에 옮기며 자긍심과 자기유능감(自己有能感)을 높이는 훈련으로 자존감을 향상시켜야 한다.

자존과 자비의 항목 모두 낮다면 자기 존재감와 정체성에 대한 확신이 미흡한 것이므로 다른 사람들이 진정으로 내가 필요하며 중요한 사람으로 인정받을 수 있도록 바른 예절을 갖추고 성실한 자세와 근면한 태도, 그리고 솔직담백한 대화와 단정한 옷차림으로 항상 긍정적인 모습으로 인식되도록 노력을 해야 한다.

자존과 자비의 능력을 쌓는 바람직한 훈련방법은 유산소 운동과 근력 운동 등으로 자신의 심신을 단련(鍛鍊)하는 것으로 인내심과 지구력을 키우는 방법과 동시에 큰 인물들의 자서전(自敍傳)을 읽고 자신의 독서일기(讀書日記)에 자신의 생각을 적으며 자신이 가야 할 의로운 길을 정하고 계획(計劃)을 세워 차근차근 자신과의 약속을 지켜나가면 된다. 이렇게 훈련을 하다 보면 자존감과 자긍심이 생기고 자비스러운 마음은 별도의 선물(膳物)로 받게 되는 것이다.

넷째, '도리(道理)과 용서(容恕)'는 사람이 마음을 아름답게 하며 인간관계의 갈증(渴症)을 풀어줄 수 있는 마중물과 같은 덕목가치들이다. 도리란 자연의 이치를 깨달아 이해하고 수용하며 공생과 상생하는 방법을 지향하여 인간의 삶과 연결시켜서 인간답게 살아가는 바르고 참된 길을 말한다. 자연은 정직하며 규칙적이며 인과응보의 원칙을 가지고 있으므로 사람이 살아가는 도리도 자연과 같은 원칙이 적용된다고 보고 있다.

자연의 법칙에는 선(先)과 후(後), 상(上)과 하(下), 양(陽)과 음(陰), 경(輕)과 중(重), 완(緩)과 급(急), 진(進)과 지(止), 생(生)과 사(死) 등 여러 가지가 있으며, 이러한 관계의 원칙에 따라 우리 인간도 대자연의 일부이며 그 안의 법칙을 적용받고 있다. 인간의 편리한 삶을 추구하고자 자연의 법칙을 역행하면서까지 문명과 산업을 발달시켰다.

심각한 환경오염, 자원의 무분별한 개발, 질소와 이산화탄소 배출 증가로 인한 지구 온난화 등의 만행을 저지른 결과, 대자연은 인과응보의 원칙에 따라 홍수, 폭염, 폭설 등 기후상태 악화와 지진 및 지각변동, 해

일, 생태계 변화, 질병의 창궐 등 이루 말할 수 없는 자연재해로 인간에게 되돌려 주며 우리의 삶을 근본적으로 위협하고 있다. 사람이 살아가면서 지켜야 할 도리도 대자연의 법칙과 다를 것이 없다.

자연의 법칙을 역행해가며 훼손하면서 산업개발에 박차를 가하면서 배금주의와 자본주의가 흥행함에 따라 인간이 지켜야 할 도리의 자리도 상당 부분 '돈(Money)'에게 내어 준 결과, 인간관계에 흠집이 생기며 반목하여 있어서는 안 될 극악무도하며 잔인한 온갖 패륜범죄와 사기죄 등에 시달리고 있다. 이 모든 것이 사람이 살아가야 할 도리를 지키지 않았기에 생겨난 몹쓸 것들이다.

이러한 범죄는 지극히 여러 가지 상황에 인간의 심리적 상태의 부적응에 따라 행위로 표출된 것인데, 상당 부분이 인간의 도리를 서로가 지키지 않았으며 이러한 관계 속에 어느 누구도 용서를 받아주지 않았음에 생겨나는 관계괴리(關係乖離)현상이다. 용서는 범죄예방의 차원에서 범죄심리학(犯罪心理學) 분야가 심각하게 연구해야 할 대상이다.

용서는 어떠한, 심지어는 주체할 수 없을 정도로 엄청난 나의 손실이나 손해를 감내(堪耐)하며 해야 하므로 참으로 쉽지 않기에 용서하는 사람은 거의 성인에 가까운 인성을 가지고 있다, 용서는 용서를 받는 자에 대한 무한한 배려이며 포용하는 마음으로 사람의 마음을 너그럽게 하고 다시 시작할 수 있는 용기를 가진 사람이라고 할 수 있다.

도리 항목의 점수가 높으며 용서 항목의 점수가 상대적으로 낮으면 너그러운 마음이 부족한 것이며, 반대로 용서 항목의 점수가 높으며 도리 항목의 점수가 많이 낮다면 용서를 해야 하는 진정한 의미를 체계적으로 이해하지 못하고 있으리라 여겨지며, 용서와 도리 항목의 점수가 모두 낮다면 자신의 마음이 안정되지 않은 것이다.

도리의 이해(理解)를 높이는 훈련으로는 명심보감(明心寶鑑)과 사자소학

(四字小學) 등을 읽고 가슴에 새기며 실천하면 도움이 될 것이며, 용서하는 마음을 갖는 마음은 자신의 심신의 건강에 매우 필요한 요소이며 자신도 용서받을 수 있는 자격이 주어지는 것이라 믿으며 필자가 제시한 인성호흡명상법(人性呼吸冥想法)을 활용하면 도움이 될 수 있다.

㉔ 제3그룹, 예의와 존중

예의(禮儀, Etiquette)는 의지, 의식, 태도, 질서의 덕목가치와 존중(尊重, Deference)은 겸손, 경청, 신중, 인권의 덕목가치와 함께 제3그룹으로 구성된다. 예의는 자신의 마음과 몸가짐을 바르게 만들며, 인간관계에서 외면적으로 보여줄 수 있는 최고의 덕목가치로 의식이 살아 숨 쉬게 하며, 자신의 의지가 외적으로 발현되는 것으로 항상 질서정연(秩序整然)한 태도로 일관하여야 한다.

또한, 존중이란 이 세상에 단 하나밖에 없는 나의 존재가치에 대하여 귀하고 소중하게 여기는 것이며 나와 마찬가지로 타인이 가지고 있는 여러 조건을 보며 조건 여부에 따라 상대적으로 존중하는 것이 아니라, 그 자체의 고유함과 존귀(尊貴)함 그대로를 진정한 마음으로 존중하는 것이다. 예의와 존중하는 자세와 정성을 다하는 마음을 바탕으로 살아간다면 진정한 행복을 느낄 수 있을 것이다.

예의에 대한 4가지 덕목가치인 의지, 의식, 태도, 질서의 덕목가치와 존중에 대한 4가지 덕목가치인 겸손, 경청, 신중, 인권에 대하여 설명하기로 한다.

첫째, '의지(意志)와 겸손(謙遜)'은 자신의 가치를 높이고 상대방의 마음을 이끌어내는 신기한 도구이다. 진정한 의지란 자신에 대한 겸허(謙虛)한 마음에서 자라나는 것으로 어떠한 생각을 하든지 무슨 일을 하든지 덤벙대지 않으며 얕은 지식을 믿고 자만하지 않는 신념(信念)이 있음을 말한다.

또한, 의지는 선량(善良)한 삶에 대한 자신의 가치관과 목표가 정립되지 않았다면 참된 의지라고 볼 수 없으므로 심오(深奧)한 의미를 부여할 수 없는 고집(固執)이나 아집(我執)에 가까우며 겸손과는 거리가 멀다 하겠다. 그러므로 겸손한 사람은 자신만의 확고한 의지를 가지고 있으며, 그 의지를 실현하기 위해 겸손이라는 인성의 도구를 잘 활용할 줄 아는 사람인 것이다.

의지 항목의 점수가 높으나 겸손 항목의 점수가 낮을수록 자신의 그릇에 적합하지 않거나 적성과 부합하지 않은 목표를 향하고 있지 않은가에 대하여 점검을 할 필요가 있다. 반면에 겸손 항목의 점수는 높지만, 의지 항목의 점수가 낮다면 인간관계 시 진실한 마음보다는 형식적이며 의식적이고 가식적인 행동의 부분은 없는가를 생각해 보아야 하겠다.

의지와 겸손 항목 모두 낮은 점수로 나타났다면 자신이 누구이며 자신이 왜 공부를 해야 하며 무엇을 위해 살아가야 하는지에 대하여 심도 있게 생각하는 훈련을 하는 것이 좋으며 자신이 진정으로 하고 싶은 일은 무엇인가를 설정해 보는 것이 바람직하다. 의지와 겸손의 마음과 자세를 배양하는 방법으로는 '나의 미래 설계하기'라는 주제를 정해 놓고 과거와 현재, 그리고 미래에 대하여 매일 점검하며 그에 따른 계획을 세워서 실천하는 것이 중요하다.

둘째, '의식(意識)과 경청(敬聽)'은 불가분(不可分)의 관계이다. 의식이 없는 경청은 불가능하며 경청이 없는 의식은 존재할 수 없다. 인성이란 의식을 가지고 사람이 가져야 할 도리를 지켜서 자신의 본분을 다하는 것이다. 그러기 위해서는 다른 사람들의 말을 경청하며 그 사람의 좋은 점과 경험을 수용하고 자신이 잘못 생각하는 부분과 비교하여 개선해 나가야 한다.

의식의 본질에는 자신이 경험하며 체험하여 습득한 지식과 지혜로 생성되는 것이며 스스로 책을 읽으며 얻어지는 학습과 타인으로부터의 교육으로 습득하게 되는 학습은 대부분 경청에 의하여 얻어지게 된다. 그러므로 경청은 무의식(無意識, Unconsciousness)이나 전의식(前意識, Preconscious) 아닌 반드시 자신과 주변을 인지할 수 있는 의식(意識, Conscious)이 깨어 있는 상태만이 가능한 것이다.

의식 항목의 점수가 높으나 경청 항목의 점수가 대체적으로 낮다면 자신의 주장이 강하거나 남의 말을 잘 듣지 않은 경향이 많으므로 다른 사람들로 하여금 본인의 호응도(呼應度)가 낮을 수 있으며, 반대로 경청 항목의 점수가 높지만 의지 항복의 점수가 낮을수록 다른 사람들의 말을 자신의 것으로 만들 수 있는 지혜나 경험이 부족한 것으로 생각된다.

의식과 경청의 항목 모두 낮은 점수로 나타났다면 인성의 차원에서 볼 때 인간관계의 개선이 필요하다고 여겨진다. 의식을 명확히 하는 방법은 맑은 정신상태를 유지해야 하므로 과식(過食)을 피하고 현재 내 자신이 하고 있는 일이 무엇인지, 잘하고 있는 것인지, 가고자 하는 방향으로 잘 가고 있는지를 차분히 앉아서 생각하며 솔직(率直)하게 그 내용을 '나의 생활일기'에 적어야 하겠다.

그리고 바른 호흡과 함께 걷기운동을 하며 나와의 약속을 지속적으로 다짐해야 한다. 또한, 경청을 잘하는 방법은 독서하는 방법으로 개선이 가능하며 이 방법은 최초에 10분, 그리고 10분씩 시간의 양을 늘려가는 형식으로 30분까지만 실시하며 책을 보는 요령은 의자에 바른 자세로 앉아서 긴 호흡을 규칙적으로 하되, 의식하지 않으며 머리와 몸을 움직이지 않고 눈으로만 글자를 따라 움직이는 방법으로 훈련하고 반복하면 많은 도움이 되겠다.

셋째, '태도(態度)와 신중(慎重)'을 다시 말하면 신중한 태도로 함께 말할 수 있으며 우리가 살아가면서 삶의 자세를 이야기할 때 흔히 듣고 가장 많이 이야기하는 말 중에 하나이다. 이렇듯이 삶은 어느 누구를 막론하고 단 한 번뿐이므로 의식이 깨어 있고 지극히 정상적인 사람이라면 자신의 삶에 대하여 장난치거나 함부로 하는 사람은 없을 것이다.

만약 자신의 삶에 흠집을 내는 사람이 있다면 무지불식간이든가, 아니면 우울증과 같은 정신질환에 노출이 되어 있거나, 세상을 비관(悲觀)하며 자신 학대(虐待)하고 사람들을 증오하는 그런 사람일 가능성이 많다고 생각된다. 운동을 배울 때 처음 배우게 될 가장 중요한 것은 운동을 잘하는 요령보다는 신중한 태도와 바른 자세, 그리고 규칙을 배우게 된다.

삶은 운동을 배우는 것보다 훨씬, 아니 비교할 대상이 아닐 만큼 매우 중요하다. 생명은 단 하나이며 우리의 인생도 두 번이 있지 않기 때문에 살아가는 태도 역시 아주 신중해야만 하는 것이다. 자신이 살아가는 동안 함께 살아가게 되는 부모 형제와 친지와 친구와 선후배 등 각자가 모두 주연배우(主演俳優)가 되기도 하며, 조연배우(助演俳優)가 되기도 하며, 각자의 인생을 해피엔딩(Happy Ending)으로 마치고 싶은 한 편의 영화(映畵)를 제작하듯 만들어간다.

나의 삶이 중요하듯 다른 사람들의 삶도 중요하므로 더욱더 신중한 태도와 성실한 자세로 인생을 살아가며 내 인생은 물론, 다른 사람들이 만들어 가는 인생의 영화를 새드엔딩(Sad Ending)으로 만들지 말아야 한다. 태도 항목의 점수는 높지만, 신중 항목의 점수가 낮을수록 성장 과정 또는 주변에서 자신의 삶에 대해 다른 사람들의 간섭이 많았던 경우라 할 수 있으므로 이제부터라도 내 인생은 나의 것이라고 선언(宣言)하며 자신의 가치관을 정립(正立)하고 의지를 확고히 하는 습관을 들여야 한다.

신중 항목의 점수는 높으나 태도 항목의 점수가 많이 낮다면 자신이 정한 목표가 자신이 진정으로 원하고 있는 것인가, 아니면 타인의 의사에 의한 것이 아닌가를 되돌아보며 자신의 수준과 역량에 맞춰 재정립할 필요가 있겠다.

태도와 신중의 항목 점수가 모두 낮다면 현재 자신감이나 지구력(持久力)이 많이 결여된 상태로 재정비(再整備)하는 편이 좋겠다. 태도와 신중함을 배양하려면 명산으로 마음을 가다듬고 자신에 맞는 근력운동(筋力運動)을 설계하여 지구력 향상에 힘쓰면 많은 도움이 될 것이다.

넷째, '질서(秩序)와 인권(人權)'에서 질서란 우주(宇宙)에서 어마어마하게 수많은 행성들도 질서의 개념을 따라 움직이고 있으므로 우리가 살고 있는 지구(地球)가 아직 존재하고 있는 것이라고 한다면, 우리가 살아가는 인간사회에도 질서가 필요할 것이다. 과거에 질서는 지배계층(支配階層)과 피지배계층(被支配階層)의 구조적 관계였으나 현재에 와서는 가진 자와 가지지 못한 자, 즉 돈, 권력, 명예 등에 귀속(歸屬)을 받는 것과 같은 느낌을 배제하기 어렵다.

그렇지만 현대사회는 인권의 평등함을 기치(旗幟)로 한 법질서를 제정(制定)하여 그 법의 적용을 받으며 살아가고 있다. 물론 지구촌 안에는 아직도 그렇지 못한 몇몇 국가가 존재하며 인권과 질서의 숭고함을 훼손하고 있지만 말이다. 인성에서 질서란 매우 중요하다.

만약 질서의 덕목가치를 배제시킨다면 예의나 배려, 그리고 양보, 협동, 봉사, 의무 등 거의 전 덕목들의 가치적 개념에 치명적이 되리라 의

심치 않는다. 또한, 인성을 구성하고 있는 모든 덕목가치는 어쩌면 인권을 실천하기 위해 존재할지도 모른다는 생각이 든다.

현재와 미래는 인권의 시대이며 평등의 시대를 추구하며 인류가 행복하게 살아가는 것을 지상 최대의 목표로 삼고 있다. 질서 항목의 점수가 높고 인권 항목의 점수가 낮을수록 다른 사람보다 자신을 높게 여기는 마음이 많은 것으로 생각이 되며, 반대로 인권 항목의 점수가 높고 질서 항목의 점수가 낮다면 공경의 대상에 대한 개념이 다소 미흡한 것으로 여겨진다. 질서와 인권 항목 모두 낮은 점수라면 자신이 일상생활을 함에 흐트러짐은 없는지 미래 삶에 대한 계획은 세워져 있는지를 되새겨 보아야 하겠다.

질서와 인권의 정신을 높이는 방법은 생활에 필요한 예절 법과 공중질서에 필요한 교통법규 등 각종 규칙을 살펴보며 그 의미를 새겨 보는 방법이 좋겠으며, 인권의 중요함과 필요성은 함양하는 방법은 국가인권위원회(www.humanrights.go.kr)가 운영하는 인권교육센터를 참고하면 많은 도움이 되겠다.

㉱ 제4그룹, 책임과 협동

책임 ⟶ 협동

책임(責任, Responsipility)은 근면, 성실, 자주, 자신과 협동(協同, Cooperation)은 균형, 봉사, 의무, 상생의 덕목 가치와 함께 제4그룹으로 구성된다. 책임은 자신의 처지를 잘 파악하고 분수에 맞는 생활계획을 세워 자신에게 무리가 되지 않은 기상 시간과 취침 시간을 정해 놓고, 작은 것 하나부터 지켜나가는 것이며 나태해지지 않도록 자신을 독려하고 격려하는 것이 책임의 능력을 키워가는 최선의 방법이 되겠다.

또한, 협동이란 각자가 맡은 책임을 근면하고 성실한 자세로 임할 때 정상적으로 이루어질 수 있다. 협동은 각 개인의 능력이 출중하다고 해서 이루고자 하는 공동의 목표가 달성되는 것이 아니라, 각자의 할 일을 분담하고 서로의 정보와 기술을 공유하고 노동력을 집중시키며 완성시키는 개인들 내지는 집단 간 컨소시엄 프로젝트(Consortium Project)인 것이다.

책임에 대한 4가지 덕목가치인 근면, 성실, 자주, 자신의 덕목가치와 협동에 대한 4가지 덕목가치인 균형, 봉사, 의무, 상생에 대하여 설명하기로 한다.

첫째, '근면(勤勉)과 균형(均衡)'에서 근면은 책임을 다하는 심신의 가장 기본적인 자세이며 한 사람을 판단하는 기준이 되기도 하지만, 현재에 와서는 근면하다고 반드시 성실한 것은 아니라는 말이 지배적이다. 근면은 하되, 맡은 일을 주어진 시간 안에 마치는 효율성과 얼마나 많은 일을 정확하게 했는가의 생산성, 그리고 행하는 일의 대한 발전 기여도와 같은 창의성이 주어지는 일들이 많으므로 생겨난 말일 것이리라.

하지만 근면한 사람이 성실할 수 있는 가능성이 높은 것은 실제 경험을 통해 보면 알 수 있다. 또한, 균형은 그 책임을 선후, 완급, 경중을 분별 있게 분배하여 능력을 말한다. 그리고 균형은 협동에 있어서 나와 사람들의 재능과 능력을 조화롭게 만들어 최대의 효과를 발휘하게 하는 힘을 말하는데, 인성에 있어서 균형은 리더십의 능력과 연관 지을 수 있으며, 균형 안에는 자신을 통제하고 관리하며 개발하는 등 안분의 능력도 포함이 되어 있다 하겠다.

근면 항목의 점수가 높고 균형 항목의 점수가 낮다면 리더 형이기보다는 참모형의 사람으로 자기계발을 통하여 리더십에 관심을 갖는 것이 바람직하며, 균형 항목의 점수가 근면 항목의 점수보다 많이 높다면 활동적이며 사교적인 사람이며, 창의적인 사람이나 인내심과 지구력이 미흡하므로 주의력과 집중력에 도움이 되는 훈련을 하면 도움이 되겠다.

근면 항목과 균형 항목의 점수가 모두 낮게 나타났다면 자신의 생활이 불규칙적이며 계획성이 없는 생활을 영위하고 있을 수 있으므로 무리하지 않도록 자신에게 적합한 생활계획과 하고자 하는 목표를 스스로가 평가하고 타인의 도움을 받아 비교 분석하여 자신의 능력을 정확하게 판단하고 자신의 형편에 맞는 계획을 세워 실행하며 일일점검을 통한 피드백을 하며 잘못된 부분들을 시정하여 나간다면 개선이 되겠다.

둘째, '성실(誠實)과 봉사(奉仕)'는 인성의 완성도를 가늠하는 지표(指標)이다. 나를 포함해서 이 세상 사람들은 어떤 사람을 평가할 때 성실한 사람을 선호(選好)한다. 성실한 사람을 좋아하는 것은 자신과의 싸움에서 승리(勝利)할 수 있는 조건(條件)을 가지고 있는 사람이고, 자신의 일에 대해 책임(責任)을 인지하고 있으며 최선을 다할 준비가 되어 있는 사람이라 여기고 성실하면 신의가 생기기 때문이다.

성실하면 능력이 있는 사람이라고 단정 지을 순 없지만 성실하므로 반복하여 연습하면 능력이 생길 수 있다는 경험적 논리(論理)이다. "바늘 가는 데 실 간다."라는 속담(俗談)처럼 성실은 항상 근면과 함께 하는 것을 원칙으로 하는데, 그 이유는 그 사람의 성품(性品)과 기질(器質), 그리고 능력(能力)을 판단할 수 있기 때문이리라.

'사람은 성실한데 근면하지가 않아?' 또는 '근면은 한데 성실하지가 않아?' 이 말을 보면 어딘가 모르게 떨떠름하지 않은가? 당신이 옆에 두고자 하는 사람이 있다면 전자(前者)와 후자(後者) 중 어떤 사람을 선택하겠는가? 전자와 후자의 장점을 모두 겸비한 사람을 택할 것이 명약관화(明

若觀火)하다. 봉사하는 사람은 대부분 성실한 사람이다. 성실하지 못하면 봉사를 실천하기 어렵고 그런 마음도 가질 수 없다.

봉사는 마음만 가지고 할 수 없는 것이며 물심양면(物心兩面)의 개인 희생으로 이루어지는 것이 보통의 견해(見解)이다. 그래서 순수한 마음으로 하는 "봉사는 인성의 꽃이다."라고 해고 지나치지 않을 것이다. 봉사는 대체적으로 성실하고 근면하며 책임감이 강한 사람들이 주로 하고 있다.

선진국에서는 봉사가 일상생활로 자리매김이 되어 있고, 대학입학이나 직장 취업 시에 봉사를 얼마나 했으며 어떤 봉사를 하였고 그로 인해 자신이 배우고 느낀 점이 무엇인지 피력(披瀝)하게 하고 있다. 봉사는 강압(强壓)적으로 하는 것이 아니므로 봉사를 하게 하는 사회적 조성이 필요하다. 대학시험 때 봉사점수가 필요하다고 해서 학생은 봉사할 시간에 학원에 가서 공부하고, 그 대신에 엄마나 돈을 주고 사람을 사서 봉사를 하고 점수를 받아오는 사례를 많이 들었다.

과연 이런 학생들에게 인성이라는 삶의 등불이 존재할까 의구심(疑懼心)이 든다. 성실 항목의 점수는 높으나 봉사 항목의 점수가 상대적으로 많이 낮다면 자기중심적이며 자신의 영달만을 위하는 성격일 가능성이 있으며, 봉사 항목의 점수는 높으나 성실 항목의 점수가 많이 낮다면 자신이 추구하는 단기적 목표를 위한 기회주의의 성향을 가지고 있으리라 짐작된다.

성실과 봉사의 항목 모두가 낮은 점수라면 의타심이 많고 유아적인 사고의 소유자라 여겨지므로 자신이 누구이며 타인들과 함께 살아가는 법 등 자기 수양과 훈련이 필요하겠다. 자신의 인생을 스스로 살아가며 다른 사람들과 삶을 공유하고 인생의 그늘진 사람들에게 순수한 마음으로 봉사하며 그들의 삶을 통해 인생의 참맛을 배워가는 것이 좋겠다.

셋째, '자주(自主)와 의무(義務)'의 관계에서 의무는 자주를 지켜주는 울타리의 역할(役割)을 한다. 자주란 다른 사람의 간섭(干涉)을 받지 않으며 스스로의 삶에 대한 가치관(價値觀)을 정립하고 그에 따른 목표를 세워 혼자의 힘으로 개척(開拓)할 수 있는 능력을 말하는 것이다. 의무는 자주의 능력을 발휘하며 향상(向上)시키도록 만든다.

자신의 삶에 스스로 주인이 되어 어떠한 상황(狀況)이 되더라도 헤쳐나갈 힘의 원동력인 자주는 평생 자신에게 주어지는 의무를 잘 수행(修行)하며 완성하느냐에 따라 그에 대한 능력을 평가할 수 있다. 인성은 정의로우며 함께 나누어 부족함을 메우고 믿음을 주며, 생명의 고귀함과 숭고함을 가르치며 질서를 바로잡아 균형(均衡)을 이루어 협력하고 봉사하는 아름다운 사회를 만드는 참다운 인간의 근본적인 속성(屬性)이다.

최근 학생들의 학습방법에서 '자기주도학습(自己主導學習)'이라는 교육방법이 큰 인기를 얻고 학습에 대한 만족도가 상당히 높게 나타나고 있다. 여기서 자기주도(自己主導)라는 것은 다른 말로 표현하면 자주(自主)라는 단어로 바꿀 수 있다. 영아기와 유아기 그리고 청소년기에는 부모님 등 타인의 도움을 받아 살아야 한다.

인성교육도 이 시기가 가장 중요한데 환경적 요소와 교육적 요소가 인성의 우열을 가르게 된다. 하지만 부모의 도움을 받는 청소년기에 자신의 삶에 대한 가치를 깨달으며 자신과 타인과의 관계에 대한 고찰, 그리고 자신의 미래에 대한 목표를 설정해야 하는 중대한 시기라 할 수 있다.

그러나 대부분의 학생들은 자신이 미래에 진정으로 하고 싶은 일과 그에 대한 이유를 모르거나 관심이 없다고 한다. 공부를 왜 하냐고 물으면 부모님이 시켜서, 공부를 하면 부모님이 좋아하니까 라고 대답하는 학생들이 있다. 장래의 희망도 연예인이나 판검사, 의사, 교수, 공무원 등 명예와 돈을 많이 버는 직업이나 정년을 보장하는 안정된 직장을 구하는 정도이다.

본인이 좋아하는 일 또는 직업이나 직장을 찾기보다는 밥벌이에 급급한 모양새로, 이것이 OECD(경제협력개발기구)의 34개 회원국 중 행복지수가 가장 낮은 이유 중 하나이다. 사람은 누구나 의무를 지키고 권리를 누리며 자주적이며 간섭을 받지 않고 자유롭게 살 수 있어야 한다.

자주 항목의 점수가 높고 의무 항목의 점수가 많이 낮다면 자존감보다는 자존심을 높이 사는 경향이 있는가를 마음으로 새겨보는 것이 좋겠으며, 반대로 의무 항목의 점수는 높으나 자주 항목의 점수가 많이 높다면 자기주도가 아닌 타인주도(他人主導)의 삶을 살아가고 있는 것은 아닌가를 생각해 보는 계기로 삼으면 좋겠다.

자주와 의무 항목의 점수가 모두 낮다면 자신에 대한 믿음이 부족하며 세상의 여러 가지 일들이 불만족스러워 편안하지 않은 마음을 가지고 있지는 않은지 점검해보면 좋겠다. 또한 기우(杞憂)하는 마음이 있을 수 있으니 마음을 편안히 가질 수 있는 인성호흡명상법으로 훈련을 하면 많은 도움이 되겠다.

넷째, '자신(自信)과 상생(相生)'은 용기의 원천(源泉)이며 긍정적 화합과 인성을 위한 앙상블(Ensemble)이다. 자신을 믿는다는 것은 그 사람이 성공할 수 있는 원초적 기틀이 되며 자신의 지각과 가치, 그리고 분석과 평가 및 피드백에 대한 자아존중감(自我尊重感)과 'Can Do Everything'의 자기효능감(自己效能感)을 생성시키는 원재료가 된다.

그러므로 더욱더 노력하는 삶의 자세와 관리능력을 향상시키게 만들며 상황 변화에 따라 리더로서의 역할과 참모, 또는 구성원의 역할을 할 수 있는 능력을 갖게 하는 것이다. 한 사람의 역할은 직장, 가정, 학교, 모임 등 주어진 상황에 따라 변모(變貌)하고 변화(變化)하며 이에 따라 합리적으로 대처할 능력이 필요하다. 이 능력은 협력하고 공생(共生)과 공존(共存)하며 사회적 동물로 살아가는 우리 인간사회에서 가장 절실히 필요하며 상생(相生)으로 가는 바른 길이라 할 수 있는 것이다.

우리는 제각기 삶을 살며 자기의 몫을 다할 때 인정을 받으며 무시(無視)를 당하지 않게 되는 것이다. 중국 사상가 노자(魯子)의 도덕경(道德經)에는 '유무상생(有無相生)'이란 말이 나온다. 사람이란 모든 것을 가졌거나 모든 능력을 지닌 사람은 없으며 영원한 생명력을 가진 사람도 없으며 부귀영화(富貴榮華)도 일장춘몽(一場春夢)인 것이다. 그러므로 돈이나 권력 또는 명예, 재주, 힘 등을 가진 자나 가지지 않은 자나 서로 의지하며 서로가 모자라거나 부족한 부분을 각자가 가지고 있는 능력(Talent)를 공유하며 함께 살아가는 것이 바로 상생하는 길이라 믿는다.

자신 항목이 높고 상생 항목의 점수가 상대적으로 많이 낮으면 자신이 지금까지 살아온 뒤안길을 돌아보며 자신이 현재에 있기까지 도와준 고마운 분들을 생각하며, 자신을 어떻게 돌보며 마음을 써주었는가에 대하여 마음속 깊이 새겨 봐야 한다. 그리고 고마움에 대한 보답을 어떻게 해야 하는지도 곰곰이 생각하며, 나의 생활 일지에 저고 기회를 만들어 반드시 보답을 해야 하며, 이미 세상을 등진 분이 있다면 사랑의 띠의 정신에 따라 힘들어하며 고통스러워하고 있는 사람들을 찾아 순수한 봉사로 보답하여야 한다.

이것이 '인성(人性)의 도리(道理)'인 것이다. 상생 항목의 점수가 높고 자신 항목에 대한 점수가 많이 낮거나 지신과 상생 항목의 점수가 모두 낮게 나타났다면 나 자신을 믿는 방법부터 익혀야 하는데, 자신을 가장 잘 알고 있는 사람은 부모님과 형제, 그리고 선생님 또는 친한 선후배가 있을 터이므로 자신에 대한 솔직한 평가를 허심탄회하게 듣고 잘못된 부분은 과감하게 개선하고자 하는 용기가 필요하다.

그들에게 이런 부탁을 할 수 있는 마음과 자세를 갖고 실천에 옮긴다면 상생의 의지를 가지고 있으며, 이미 그대는 자신을 믿고 있는 것이므로 아무런 걱정할 것이 없는 것이다.

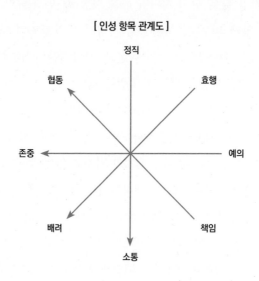

[인성 항목 관계도]

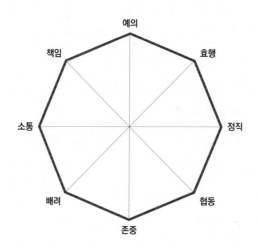

03
인성지수 검사결과 보기 및 상담기법

점수 합산 방법:

각 항목당 ① 5점 ② 4점 ③ 3점 ④ 2점 ⑤ 1점을 매겨 합계를 낸다.

점수표의 예 ▶

1) 예의(禮儀)- 의지, 의식, 태도, 질서

점수표																				
구분	의지					의식					태도					질서				
문항	1	2	3	4	5	6	7	8	9	10	11	12	13	14	15	16	17	18	19	20
점수	5	5	5	2	3	3	2	3	2	5	3	5	2	5	5	1	3	4	1	1
소계	20					15					20					10				
총점	65																			

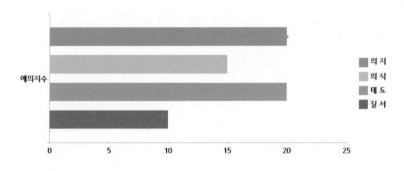

예의지수

의지 / 의식 / 태도 / 질서

의지	의식	태도	질서
20	15	20	10

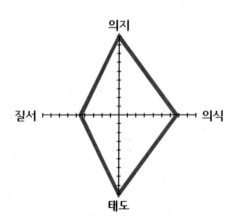

2) 효행(孝行)- 순종, 공경, 자존, 도리

점수표																				
구 분	순 종					공 경					도 리					자 존				
문 항	1	2	3	4	5	6	7	8	9	10	11	12	13	14	15	16	17	18	19	20
점 수	5	5	5	5	3	5	5	3	2	5	5	5	5	5	5	4	4	4	5	3
소 계	23					17					25					20				
총 점	85																			

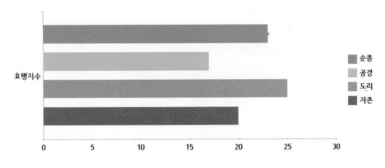

순 종	공 경	도 리	자 존
23	17	25	20

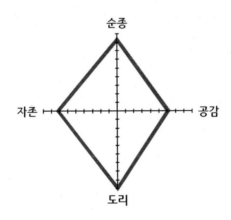

3) 정직(正直)- 진실, 정의, 용기, 반성

점 수 표																			
구 분	진 실					정 의					용 기					반 성				
문 항	1	2	3	4	5	6	7	8	9	10	11	12	13	14	15	16	17	18	19	20
점 수	4	4	3	4	5	5	5	3	2	5	2	2	5	2	5	4	4	4	5	3
소 계	20					23					16					20				
총 점	79																			

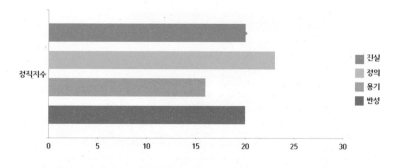

진 실	정 의	용 기	반 성
20	23	16	20

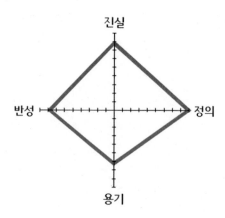

214 | 32가지 인성 교육

4) 책임(責任)- 근면, 성실, 자주, 자신

점 수 표																			
구 분	근 면					성 실					자 주					자 신				
문 항	1	2	3	4	5	6	7	8	9	10	11	12	13	14	15	16	17	18	19	20
점 수	5	5	5	5	5	5	5	3	2	5	5	5	5	1	1	4	4	4	5	3
소 계	25					20					15					10				
총 점	70																			

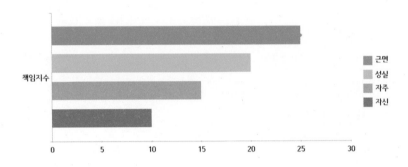

근 면	성 실	자 주	자 신
25	20	15	10

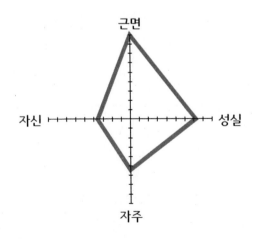

5) 존중(尊重)- 겸손, 경청, 신중, 인권

점 수 표																				
구 분	겸 손					경 청					신 중					인 권				
문 항	1	2	3	4	5	6	7	8	9	10	11	12	13	14	15	16	17	18	19	20
점 수	5	5	3	1	1	2	3	1	2	2	5	5	5	5	5	2	2	1	1	2
소 계	15					10					25					8				
총 점	58																			

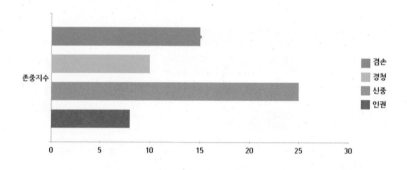

겸 손	경 청	신 중	인 권
15	10	25	8

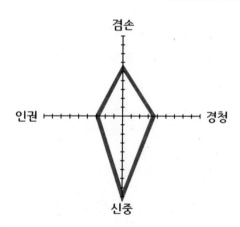

6) 배려(配慮)- 양보, 포용, 자비, 용서

점수표																				
구 분	양 보					포 용					자 비					용 서				
문 항	1	2	3	4	5	6	7	8	9	10	11	12	13	14	15	16	17	18	19	20
점 수	1	3	2	2	2	5	5	5	2	3	3	5	2	5	5	2	3	5	3	2
소 계	10					20					20					15				
총 점	65																			

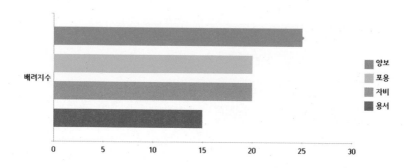

양 보	포 용	자 비	용 서
10	20	20	15

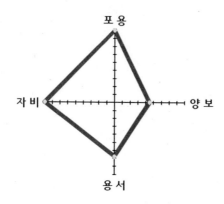

7) 소통(疏通) - 공감, 공평, 인내, 노력

점수표																			
구 분	공 감					공 평					인 내					노 력				
문 항	1	2	3	4	5	6	7	8	9	10	11	12	13	14	15	16	17	18	19	20
점 수	5	5	5	5	5	5	5	5	2	3	2	2	2	2	2	2	3	5	3	2
소 계	25					20					10					15				
총 점	70																			

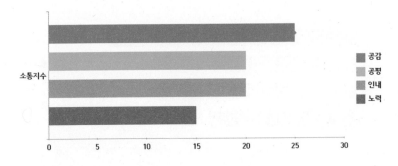

공 감	공 평	인 내	노 력
25	20	10	15

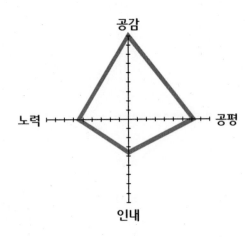

8) 협동(協同) - 균형, 봉사, 의무, 상생

점수표																				
구 분	균 형					봉 사					의 무					상 생				
문 항	1	2	3	4	5	6	7	8	9	10	11	12	13	14	15	16	17	18	19	20
점 수	5	5	5	5	5	5	5	5	2	3	3	5	2	5	5	2	3	5	3	2
소 계	10					25					25					15				
총 점	65																			

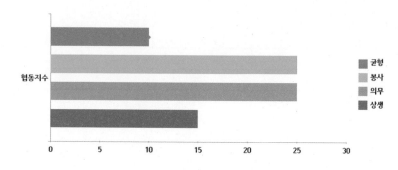

균 형	봉 사	의 무	상 생
10	25	25	15

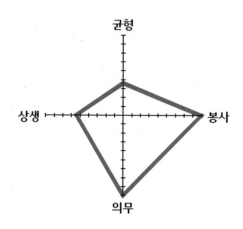

인성 핵심 가치·덕목 종합 분석 및 평가

인성 8대 핵심 가치·덕목 종합 분석 및 평가

덕목	예의				효행				정직				책임				존중				배려				소통				협동			
가치	의지	의식	태도	질서	순종	공경	도리	자존	진실	정의	용기	반성	근면	성실	자주	자신	겸손	경청	신중	인권	양보	포용	자비	용서	공감	공평	인내	노력	균형	봉사	의무	상생
점수	20	15	20	10	23	17	25	20	20	23	16	20	25	20	15	10	15	10	25	08	10	20	20	15	25	20	10	15	10	25	25	15
평점	65 D+				85 B+				79 C+				70 C				58 E+				65 D+				70 C				75 C+			
총점	70.875 C																															

32가지 인성 핵심 가치·덕목 지수 종합 분석 및 평가

덕목	예의				효행				정직				책임				존중				배려				소통				협동			
가치	의지	의식	태도	질서	순종	공경	도리	자존	진실	정의	용기	반성	근면	성실	자주	자신	겸손	경청	신중	인권	양보	포용	자비	용서	공감	공평	인내	노력	균형	봉사	의무	상생
점수	20	15	20	10	23	17	25	20	20	23	16	20	25	20	15	10	15	10	25	08	10	20	20	15	25	20	10	15	10	25	25	15

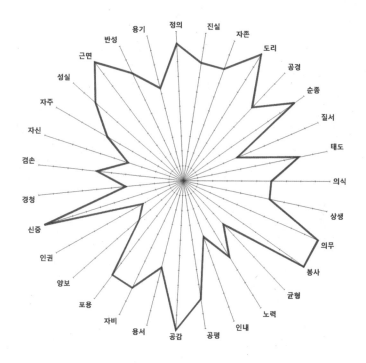

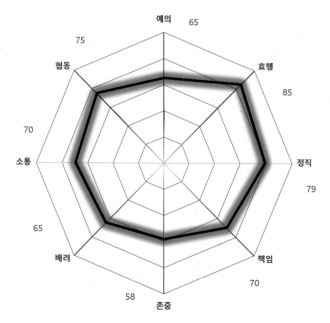

IV

인성 핵심
가치·덕목의
뇌 과학적
접근 검사 및
분석과 상담기법

브레인스카웃

01
인성 핵심 가치·덕목의
뇌 과학적 접근 검사 문제

⏱ 제한시간 20분

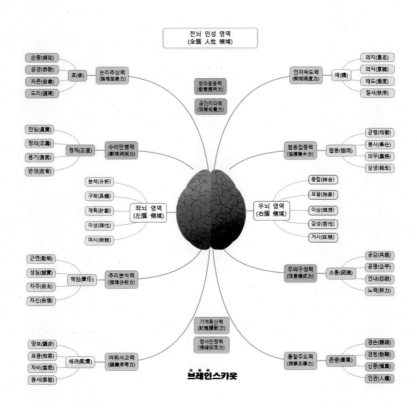

1) 효(孝)- 논리추상력(論理抽象力)

1. 평소에 주변의 정리정돈을 잘하고 메모하는 습관이 있다. ( )

① 매우 그렇다. ② 그렇다. ③ 보통이다. ④ 그렇지 않다 ⑤ 매우 그렇지 않다.

2. 사람의 모습이나 주변 환경이 조금만 바뀌어도 금방 알아차린다. ( )

① 매우 그렇다. ② 그렇다. ③ 보통이다. ④ 그렇지 않다 ⑤ 매우 그렇지 않다.

3. 책을 읽을 때 틀린 글자 없이 잘 읽으며 나의 생각을 글로 잘 표현한다. ( )

① 매우 그렇다. ② 그렇다. ③ 보통이다. ④ 그렇지 않다 ⑤ 매우 그렇지 않다.

4. 영화 또는 드라마를 보거나 강의 등 이야기의 내용을 남에게 잘 전달할 수 있다. ( )

① 매우 그렇다. ② 그렇다. ③ 보통이다. ④ 그렇지 않다 ⑤ 매우 그렇지 않다.

5. 책을 읽거나 그림을 보면 그 글과 그림의 특징과 주제를 잘 찾고 명이나 묘사를 잘한다. ( )

① 매우 그렇다. ② 그렇다. ③ 보통이다. ④ 그렇지 않다 ⑤ 매우 그렇지 않다.

2) 정직(正直)- 수리판별력(數理判別力)

1. 상품의 가격 합계 등을 잘 계산하며 내 지갑에 얼마가 있는지 알고 있다. (   )

① 매우 그렇다. ② 그렇다. ③ 보통이다. ④ 그렇지 않다 ⑤ 매우 그렇지 않다.

2. 문제가 생겨도 쉽고 단순하게 결정하려고 하며 복잡한 것이 싫고 빨리 끝내고 싶다. (   )

① 매우 그렇다. ② 그렇다. ③ 보통이다. ④ 그렇지 않다 ⑤ 매우 그렇지 않다.

3. 시험을 볼 때 시간에 쫓기는 일이 없으며 아는 문제를 틀린 적이 거의 없다. (   )

① 매우 그렇다. ② 그렇다. ③ 보통이다. ④ 그렇지 않다 ⑤ 매우 그렇지 않다.

4. 일을 하기 전 계획을 잘 세우며 성격이 매우 꼼꼼하다고 생각하고 있으며 남들도 그렇게 말한다. (   )

① 매우 그렇다. ② 그렇다. ③ 보통이다. ④ 그렇지 않다 ⑤ 매우 그렇지 않다.

5. 각종 번호를 잘 기억하며 숫자를 좋아하고 뭐든지 관련지어서 기억하는 습관이 있다. (   )

① 매우 그렇다. ② 그렇다. ③ 보통이다. ④ 그렇지 않다 ⑤ 매우 그렇지 않다.

3) 책임(責任)- 추리분석력(推理分析力)

1. 설명을 들을 때 상황 연결과 이해가 잘 되며 어렵고 복잡한 문제일수록 의욕과 도전감이 생긴다. ( )

① 매우 그렇다. ② 그렇다. ③ 보통이다. ④ 그렇지 않다. ⑤ 매우 그렇지 않다.

2. 나의 물건을 볼 때 구입한 장소나 날짜가 생각나고 정확하게 기억하고 있다. ( )

① 매우 그렇다. ② 그렇다. ③ 보통이다. ④ 그렇지 않다 ⑤ 매우 그렇지 않다.

3. 역사나 추리, 탐정, 범죄 류 등의 책이나 영화, 드라마를 좋아하며 잠깐만 봐도 내용을 알 수 있다. ( )

① 매우 그렇다. ② 그렇다. ③ 보통이다. ④ 그렇지 않다. ⑤ 매우 그렇지 않다.

4. 싫어하는 일도 끝까지 하며 경험적 생각을 바탕으로 생각과 행동을 하는 편이다. ( )

① 매우 그렇다. ② 그렇다. ③ 보통이다. ④ 그렇지 않다. ⑤ 매우 그렇지 않다.

5. 개척과 모험심을 가지고 있으며 포기를 잘 하지 않으며 긍정적으로 생각하는 자신을 믿고 있다. ( )

① 매우 그렇다. ② 그렇다. ③ 보통이다. ④ 그렇지 않다. ⑤ 매우 그렇지 않다.

4) 배려(配慮)- 어휘사고력(語彙思考力)

1. 나의 말을 다른 사람들이 잘 이해하고 동의하는 편이며 대화를 자주 하고 좋아하는 편이다. (   )

① 매우 그렇다. ② 그렇다. ③ 보통이다. ④ 그렇지 않다. ⑤ 매우 그렇지 않다.

2. 책 읽기를 좋아하며 글이 없는 그림책을 보면서 내용을 이야기 할 수 있다. (   )

① 매우 그렇다. ② 그렇다. ③ 보통이다. ④ 그렇지 않다. ⑤ 매우 그렇지 않다.

3. 말할 때 속담이나 격언, 명언 등 여러 가지 좋은 말과 비유어, 의태어 및 의성어들을 사용한다. (   )

① 매우 그렇다. ② 그렇다. ③ 보통이다. ④ 그렇지 않다 .⑤ 매우 그렇지 않다.

4. 끝말 이어가기나 2행시, 삼행시를 잘 지으며 그림을 보면서 여러 가지 관련된 단어가 생각난다. (   )

① 매우 그렇다. ② 그렇다. ③ 보통이다. ④ 그렇지 않다. ⑤ 매우 그렇지 않다.

5. 사람들에게 말로 표현하는 것을 글로 하는 표현하는 것보다 좋아하며 상대방에게 설득을 잘한다. (   )

① 매우 그렇다. ② 그렇다. ③ 보통이다. ④ 그렇지 않다. ⑤ 매우 그렇지 않다.

5) 예(禮)- 인지속도력(認知速度力)

1. 대충 본 것도 무엇인지를 알아차리는 능력과 몸으로 표현하는 것을 빠르게 잘하는 편이다. ( )

① 매우 그렇다. ② 그렇다. ③ 보통이다. ④ 그렇지 않다. ⑤ 매우 그렇지 않다.

2. 축구, 농구, 야구, 탁구 등 운동과 체조나 춤동작, 몸짓, 말투 등을 잘 따라하는 편이다. ( )

① 매우 그렇다. ② 그렇다. ③ 보통이다. ④ 그렇지 않다. ⑤ 매우 그렇지 않다.

3. 감각이 남들보다 감각이 예민하여 주변의 변화된 상황을 먼저 알아차리며 눈치도 빠른 편이다. ( )

① 매우 그렇다. ② 그렇다. ③ 보통이다. ④ 그렇지 않다. ⑤ 매우 그렇지 않다.

4. 일하는 속도나 밥 먹는 속도가 빠르며 틀린 그림 찾기를 남들보다 잘하는 편이고 감각이 좋다. ( )

① 매우 그렇다. ② 그렇다. ③ 보통이다. ④ 그렇지 않다. ⑤ 매우 그렇지 않다.

5. 시계를 보지 않아도 현재 시간을 맞추는 경우가 많으며 그때그때의 상황에 따라 행동하는 편이다. ( )

① 매우 그렇다. ② 그렇다. ③ 보통이다. ④ 그렇지 않다. ⑤ 매우 그렇지 않다.

6) 협동(協同) - 협응집중력(協同集中力)

1. 물체의 특징을 잘 파악하고 정확하게 설명하며 평소에 메모하는 습관이 있다. ( )

① 매우 그렇다. ② 그렇다. ③ 보통이다. ④ 그렇지 않다. ⑤ 매우 그렇지 않다.

2. 맡겨진 일 외에도 다른 사람의 일을 도와 준 적이 많으며 마칠 때까지 함께 있는 편이다. ( )

① 매우 그렇다. ② 그렇다. ③ 보통이다. ④ 그렇지 않다. ⑤ 매우 그렇지 않다.

3. 손을 사용하는 것을 좋아하며 한번 시작하면 귀찮아하지 않고 끝까지 하는 편이다. ( )

① 매우 그렇다. ② 그렇다. ③ 보통이다. ④ 그렇지 않다. ⑤ 매우 그렇지 않다.

4. 길을 잘 찾으며 글씨는 예쁘진 않지만, 바르게 정성을 들여서 쓴다는 소리를 듣는다. ( )

① 매우 그렇다. ② 그렇다. ③ 보통이다. ④ 그렇지 않다. ⑤ 매우 그렇지 않다.

5. 동시에 여러 가지 일을 할 수 있으며 일이나 공부 도중에도 남들이 하는 소리를 들을 수 있다. ( )

① 매우 그렇다. ② 그렇다. ③ 보통이다. ④ 그렇지 않다. ⑤ 매우 그렇지 않다.

7) 소통(疏通) - 주의구성력(注意構成力)

1. 옷 입는 감각이 남들보다 뛰어난 편이며 영화관, 쇼핑센터, 산책을 혼자서 잘 가는 편이다. ( )

① 매우 그렇다. ② 그렇다. ③ 보통이다. ④ 그렇지 않다. ⑤ 매우 그렇지 않다.

2. 그림, 사진을 보면 머리 안에 그대로 기억할 수 있으며 위치나 내용을 비슷하게 잘 그리는 편이다. ( )

① 매우 그렇다. ② 그렇다. ③ 보통이다. ④ 그렇지 않다. ⑤ 매우 그렇지 않다.

3. 무슨 일을 하든지 시작과 끝을 구분하며 정리정돈을 잘하고 중단한 시점부터 이어서 잘한다. ( )

① 매우 그렇다. ② 그렇다. ③ 보통이다. ④ 그렇지 않다. ⑤ 매우 그렇지 않다.

4. 남이 시키는 일보다는 내가 하고픈 일을 좋아하며 경험과 상상력을 총동원하여 하는 편이다. ( )

① 매우 그렇다. ② 그렇다. ③ 보통이다. ④ 그렇지 않다. ⑤ 매우 그렇지 않다.

5. 마음이 불안하거나 초조하게 되면 나도 모르게 손장난을 하며 무료하면 낙서를 하곤 한다. ( )

① 매우 그렇다. ② 그렇다. ③ 보통이다. ④ 그렇지 않다. ⑤ 매우 그렇지 않다.

8) 존중(尊重) - 통찰주도력(洞察主導力)

1. 모임에 회장 등으로 추천되는 일이 많으며 지기 싫어하고 하고픈 일은 하는 성격이다. (   )

① 매우 그렇다. ② 그렇다. ③ 보통이다. ④ 그렇지 않다. ⑤ 매우 그렇지 않다.

2. 설득을 당하는 것보다 설득하는 편이 좋으며 대인관계를 주도적으로 하기를 원하며 좋아한다. (   )

① 매우 그렇다. ② 그렇다. ③ 보통이다. ④ 그렇지 않다. ⑤ 매우 그렇지 않다.

3. 내 일은 스스로가 해결하는 편이지만 남의 일은 도와주기를 좋아하며 부탁받는 편이다. (   )

① 매우 그렇다. ② 그렇다. ③ 보통이다. ④ 그렇지 않다. ⑤ 매우 그렇지 않다.

4. 대중들 앞에서 나의 의견을 말할 때 떨리지 않으며 정확하게 표현하며 은근히 기쁨을 느낀다. (   )

① 매우 그렇다. ② 그렇다. ③ 보통이다. ④ 그렇지 않다. ⑤ 매우 그렇지 않다.

5. 남들과 친화성이 좋으며 발표할 때 아무렇지도 않으며 힘차고 자신감 있는 목소리로 한다. (   )

① 매우 그렇다. ② 그렇다. ③ 보통이다. ④ 그렇지 않다. ⑤ 매우 그렇지 않다.

9) 변연 영역(邊緣 領域) - 정서안정력(情緖安定力)

1. 우울한 마음이 별로 없으며 기분이 차분하고 편안하며 사는 게 재미있고 즐겁다는 생각이 든다. (   )

① 매우 그렇다. ② 그렇다. ③ 보통이다. ④ 그렇지 않다. ⑤ 매우 그렇지 않다.

2. 하찮은 문제라도 신경이 쓰이며 어려운 문제가 닥치면 피하거나 극복할 수 없을 것 같은 마음이다. (   )

① 매우 그렇지 않다. ② 그렇지 않다. ③ 보통이다. ④ 그렇다. ⑤ 매우 그렇다.

3. 무슨 일이건 힘들게 생각이 들며 걱정을 많이 하며 자신감이 부족한 마음에 쉽게 피로해진다. (   )

① 매우 그렇지 않다. ② 그렇지 않다. ③ 보통이다. ④ 그렇다. ⑤ 매우 그렇다.

4. 걱정되면 예민한 긴장감으로 빨리 결정 못 하여 나중에 후회하며 기억이 오래 남는 편이다. (   )

① 매우 그렇지 않다. ② 그렇지 않다. ③ 보통이다. ④ 그렇다. ⑤ 매우 그렇다.

5. 대인관계 시 위기나 어려움이 있을 때 남과 다투는 것이 싫으며 거의 평화롭게 해결하는 편이다. (   )

① 매우 그렇다. ② 그렇다. ③ 보통이다. ④ 그렇지 않다. ⑤ 매우 그렇지 않다.

10) 측두/후두 영역(側頭/後頭 領域) - 기억확산력(記憶擴散力)

1. 무슨 일을 언제 어디서 하던지 집중력이 높으며 일하는 도중에는 다른 일을 알아차리지 못한다. ( )

① 매우 그렇다. ② 그렇다. ③ 보통이다. ④ 그렇지 않다. ⑤ 매우 그렇지 않다.

2. 글이 없는 그림 또는 동영상만 봐도 내용이나 대상에 대하여 설명이나 묘사를 잘하는 편이다. ( )

① 매우 그렇다. ② 그렇다. ③ 보통이다. ④ 그렇지 않다. ⑤ 매우 그렇지 않다.

3. 남들과 대화 중에 현재 또는 과거에 들었던 대화 내용을 이야기 중에 잘 사용하는 편이다. ( )

① 매우 그렇다. ② 그렇다. ③ 보통이다. ④ 그렇지 않다. ⑤ 매우 그렇지 않다.

4. 소리와 냄새를 맡으면 관련된 기억이나 추억이 저절로 생각날 때가 많으며 생생한 편이다. ( )

① 매우 그렇다. ② 그렇다. ③ 보통이다. ④ 그렇지 않다. ⑤ 매우 그렇지 않다.

5. 공부할 때 혼자 하는 것보다 남들과 대화를 하며 공부하는 것이 더 기억이 잘 되는 편이다. ( )

① 매우 그렇다. ② 그렇다. ③ 보통이다. ④ 그렇지 않다. ⑤ 매우 그렇지 않다.

11) 두정 영역(頭頂 領域)- 공간지각력(空間知覺力)

1~5. 아래의 보기에서 같은 과일끼리 선을 직접 그어서 연결하되, 선이 겹치지 않게 하시오. (5문제)

6~10. 다음 문제에 대한 답을 아래쪽 답란 안에 쓰시오. (5문제)

그림 개수 맞추기	괄호 안 숫자 맞추기	남은 번호의 합계?	$ 기호 개수 맞추기	완전한 원기둥 전개도 개수 맞추기
	1 2 3 10 0 1 2 6 1 ( ) 2 6 0 1 1 4	① ② ③	!@#?#!#$%^&*&^ %^&*+&^%$^&*? ^%$*>*&*(*&^%$~ @#^&**%$#**(^$+ +)$#*$%^^*)+@!# %^&*+&^%$^&*?	
⑥ ( )개	⑦ ( )번	⑧ ( )번	⑨ ( )개	⑩ ( )개

12) 전두 영역(前頭 領域) - 창조응용력(創造應用力)

1. 화가 나면 참기 어려워 나한테든 남에게든 무엇을 어떻게 하든지 화를 풀어야 하는 편이다. ( )

① 매우 그렇다. ② 그렇다. ③ 보통이다. ④ 그렇지 않다. ⑤ 매우 그렇지 않다.

2. 계획적이고 판단이 빠르며 마음과 몸을 상황에 맞춰 빠르게 움직이는 것을 좋아하는 편이다. ( )

① 매우 그렇다. ② 그렇다. ③ 보통이다. ④ 그렇지 않다. ⑤ 매우 그렇지 않다.

3. 남들에게 예의가 바르다는 말을 잘 듣고 언변과 사교성이 좋고 감정보다는 이성적인 행동을 한다. ( )

① 매우 그렇다. ② 그렇다. ③ 보통이다. ④ 그렇지 않다. ⑤ 매우 그렇지 않다.

4. 일을 할 때 가능하면 손보다는 도구나 공구를 사용하기를 좋아하며 그 결과를 예상하는 편이다. ( )

① 매우 그렇다. ② 그렇다. ③ 보통이다. ④ 그렇지 않다. ⑤ 매우 그렇지 않다.

5. 강의나 연설을 들으면 그대로 글로 옮기거나 남들에게 이야기로 표현할 수 있는 능력이 있다. ( )

① 매우 그렇다. ② 그렇다. ③ 보통이다. ④ 그렇지 않다. ⑤ 매우 그렇지 않다.

인성 핵심 가치·덕목의
뇌 과학적 접근 검사 답안지 및 점수표

* 점수 합산 방법 :

　각 항목당 ① 5점 ② 4점 ③ 3점 ④ 2점 ⑤ 1점을 매겨 합계를 낸다.

(1~8 문항) 답안 및 점수표																			
구 분	1. 효(孝) 논리추상력 (論理抽象力)					2. 정직(正直) 수리판별력 (數理判別力)					3. 책임(責任) 추리분석력 (推理分析力)					4. 배려(配慮) 어휘사고력 (語彙思考力)				
문 항	1	2	3	4	5	1	2	3	4	5	1	2	3	4	5	1	2	3	4	5
점 수																				
총 점																				

구 분	5. 예(禮) 인지속도력 (認知速度力)					6. 협동(協同) 협응집중력 (協同集中力)					7. 소통(疏通) 주의구성력 (注意構成力)					8. 존중(尊重) 통찰주도력 (洞察主導力)				
문 항	1	2	3	4	5	1	2	3	4	5	1	2	3	4	5	1	2	3	4	5
점 수																				
총 점																				

(9 ~ 12 문항) 답 안 및 점 수 표																			
구 분	9. 변연영역 (邊緣領 領域) 정서안정력 (情緒安定力)					10. 측두/후두영역 (側頭/後頭 領域) 기억확산력 (記憶擴散力)					11. 두정영역 (頭頂 領域) 공간지각력 (空間知覺力)					12. 전두영역 (前頭 領域) 창조응용력 (創造應用力)				
문 항	1	2	3	4	5	1	2	3	4	5	1	2	3	4	5	1	2	3	4	5
점 수																				
총 점																				

인성 핵심 가치·덕목의 뇌 과학적 접근 검사 예 보기

* 점수 합산 방법 :
　각 항목당 ① 5점 ② 4점 ③ 3점 ④ 2점 ⑤ 1점을 매겨 합계를 낸다.

구 분	1. 효(孝) 논리추상력 (論理抽象力)					2. 정직(正直) 수리판별력 (數理判別力)					3. 책임(責任) 추리분석력 (推理分析力)					4. 배려(配慮) 어휘사고력 (語彙思考力)				
	표																		

(1~8 문항)
답안 및 점 수 표

구 분	1. 효(孝) 논리추상력 (論理抽象力)					2. 정직(正直) 수리판별력 (數理判別力)					3. 책임(責任) 추리분석력 (推理分析力)					4. 배려(配慮) 어휘사고력 (語彙思考力)				
문 항	1	2	3	4	5	1	2	3	4	5	1	2	3	4	5	1	2	3	4	5
점 수	5	3	5	5	4	2	2	3	5	5	3	4	5	2	5	5	2	4	3	1
합 계	22					17					19					15				
총 점	59																			

구 분	5. 예(禮) 인지속도력 (認知速度力)					6. 협동(協同) 협응집중력 (協同集中力)					7. 소통(疏通) 주의구성력 (注意構成力)					8. 존중(尊重) 통찰주도력 (洞察主導力)				
문 항	1	2	3	4	5	1	2	3	4	5	1	2	3	4	5	1	2	3	4	5
점 수	5	4	4	3	5	5	5	5	3	4	4	5	5	5	4	4	3	4	5	5
합 계	21					22					23					21				
총 점	87																			

(9 ~ 12 문항)
답안 및 점 수 표

구 분	9. 변연영역 (邊緣領 領域) 정서안정력 (情緒安定力)					10. 측두/후두영역 (側頭/後頭 領域) 기억확산력 (記憶擴散力)					11. 두정영역 (頭頂 領域) 공간지각력 (空間知覺力)					12. 전두영역 (前頭 領域) 창조응용력 (創造應用力)				
문 항	1	2	3	4	5	1	2	3	4	5	1	2	3	4	5	1	2	3	4	5
점 수	2	3	1	3	2	4	4	5	5	3	5	3	5	4	2	4	5	3	2	1
소 계	11					21					19					15				
합 계	32										34									
총 점	66																			

1) 이성 뇌 VS 감성 뇌 그래프 보기(뇌 과학적 인성지수)

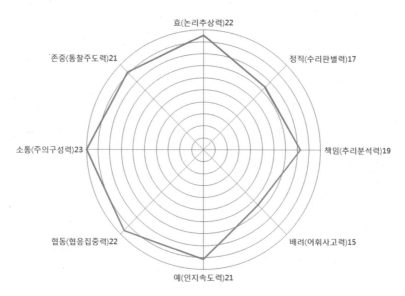

—— 뇌 과학적 인성지수

뇌 과학적 인성지수	효 (논리 추상력)	정직 (수리 판별력)	책임 (추리 분석력)	배려 (어휘 사고력)	예 (인지 속도력)	협동 (협응 집중력)	소통 (주의 구성력)	존중 (통찰 주도력)
지수 (25)	22 A	17 B	19 B	15 B	21 A	22 A	23 A	21 A
구분 (100)	좌뇌				우뇌			
	73				87			
효율 (100)	80 %							
차이	0				14			

2) 마음 뇌 VS 활동 뇌 그래프 보기(행동심리적 뇌 인성지수)

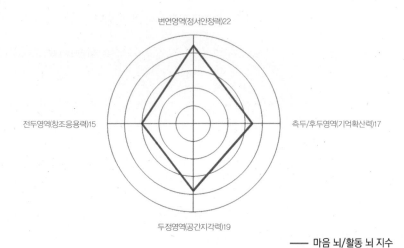

―― 마음 뇌/활동 뇌 지수

생각뇌/활동뇌	변연영역 (정서안정력)22	측두/후두영역 (기억확산력)17	두정영역 (공간지각력)19	전두영역 (창조응용력)15
지수(25)	22	17	19	15
구분(100)	마음 뇌		활동 뇌	
	39		34	
효율(100)	73%			
차이	5		0	

3) 선택판단의 뇌 VS 결정실행의 뇌 그래프 보기

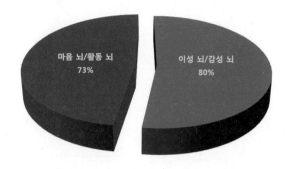

구분	마음 뇌/활동 뇌 (결정/실행 능력)	이성 뇌/감성 뇌 (선택/판단 능력)
효율	73%	80%
차이	7%(±5%)	

✐ 235쪽 정답

1~5. 아래의 보기에서 같은 과일끼리 선을 직접 그어서 연결하되, 선이 겹치지 않게 하시오. (5문제)

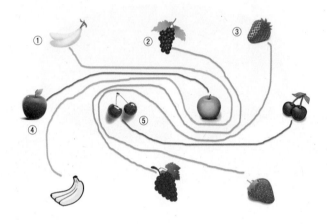

6~10. 다음 문제에 대한 답을 아래쪽 답란 안에 쓰시오. (5문제)

그림 개수 맞추기	괄호 안 숫자 맞추기	남은 번호의 합계?	$ 기호 개수 맞추기	완전한 원기둥 전개도 개수 맞추기
	1 2 3 10 0 1 2 6 1 ( ) 2 6 0 1 1 4	• ① ⁝⁝ • ② ③	!@#?#!#$%^&*&^ %^&*+&^%$^&*? ^%$*>*&*(*&^%$~ @#^&**%$#**(^$+ +)$#*$%^^*)+@!# %^&*+&^%$^&*?	
⑥ (22)개	⑦ (0)번	⑧ (12)번	⑨ (9)개	⑩ (3)개

V

뇌 과학적
인성 훈련법

브레인스카웃

01
인성을 위한 뇌 기능별 훈련법

✎ 좋은 인성을 가진 사람이 되려면 좋은 마음을 가져야 하므로 우선적으로 정서가 안정되어야 한다. 그러려면 정서를 통제하고 관리하는 우리의 뇌를 잘 훈련시켜야 한다. 그리고 이성적인 사고영역을 담당하는 좌뇌와 감성적인 사고영역을 담당하는 우뇌가 이 임무를 원활하게 위해서는 뇌 신경전달물질인 도파민(Dopamine), 세로토닌(Serotonin), 가바(GABA, Gamma-Amino Butyric Acid), 아세틸콜린(Aacetylcholine) 등의 분비가 적절한 균형을 이루고 있어야 한다.

좌뇌와 우뇌가 불균형을 이루게 되면 첫째, 자율신경계의 조절 능력의 저하로 교감신경(交感神經, Sympathetic nerve)과 부교감신경(副交感神經, Parasympathetic nerve)의 원만한 길항작용(拮抗作用, Antagonism)이 어렵게 되어 쉽게 흥분하고 언어 및 행동이 폭력적으로 변하게 되고 둘째, 마음이 불안하며 초조한 마음으로 수면장애, 식욕부진 등이 나타날 수 있으며 셋째, 의욕저하증, 우울증 및 분노조절장애, 사이코패스 등에 노출될 수도 있다는 보고가 있다. 이러한 상태가 이어지면 인성에 대한 의식 및 의지가 상당히 저하될 소지가 있다.

좋은 인성을 만들려면 대뇌의 전전두엽(前前頭葉, Prefrontal lobe)을 가져야 하므로 좌뇌와 우뇌의 균형을 위한 훈련을 하는 것이 좋다. 좌뇌의 역할은 주로 이성적인 역할로 논리, 언어, 계획, 분석, 계산, 판단, 순차, 이성, 긍정적 감정, 구체적 등 협의적인 사고를 담당하며, 우뇌의 역할은 시각, 공간, 직관, 추상, 충동, 기획, 부정적 감정, 통합적 등을 담당하며 좌뇌와 우뇌를 연결하는 신경다발인 뇌량(腦梁, Corpus callosum)에 의해 종합적인 의사결정과 판단을 하며 이에 따라 물리적인 행위를 한다.

　뇌의 균형을 이루려면 좋은 음식에 의한 영양과 바른 호흡과 운동법에 의한 세포 활성이 선제조건(先制條件)이 되어야 하며 이를 바탕으로 하여 안정적이며 지속적으로 순환과 대사에 필요한 뇌 훈련으로 최적화할 수 있는 것이다. 그러므로 뇌 과학적 훈련 방법을 활용하는 방법은 매우 효과적이며 뇌의 균형을 맞추며 좌뇌와 우뇌를 체계적이며 효과적으로 개발시키는 훌륭한 수단이 될 것이다.

고등적 활동 영역의 뇌
(상위 뇌 기능적 특성)

1. 집중력 주의력 사고력 집행력 실행력
2. 통찰력 주도력 통제력 분별력 적응력
3. 성취감 보람감 자신감 극복감 효용감

이성적 사고 영역의 뇌
(좌뇌의 기능적 특성)

1. 오감(후, 촉, 미, 청, 시) 인식
2. 이해, 사고, 계획, 추리, 억제
3. 분석, 판단, 언어, 지식, 이성
4. 소용량 기억 기능
5. 미시, 부분, 구체, 순차, 체계 등

잠재적 능력 영역의 뇌
(우뇌의 기능적 특성)

1. 영감, 예감, 염력, 투시
2. 영상화(상상, 창조, 기획)
3. 초고속 계산 및 연산
4. 대용량 기억 기능
5. 거시적 총괄 개념 체계 등

생존적 관리 영역의 뇌
(중·하위 뇌 기능적 특성)

1. 지구력 휴식력 안정력 회복력 순환력
2. 유지력 재생력 조절력 포용력 항상력
3. 행복감 안정감 존재감 생존감 영속감

02
인성 뇌 훈련의 종류

✎ 상위 뇌는 인성을 만들고 가꾸며 유지하는 역할을 하며 정보수집, 분석, 판단, 실행을 하는 종합적 고등기관으로 이 기능을 원활하게 수행하기 위한 하위 뇌와 중위 뇌의 고유한 기능이 안정되고 순조로운 항상성이 보호되어야 한다. 즉, 온전한 항상성의 기능을 위한 방법으로 생명 유지와 보존을 위한 산소와 물 그리고 영양분 및 이 기능들을 순행하도록 도와주는 정서의 안정이 필요한 것이다.

하위 뇌는 생명유지와 보존을 위한 생체적 뇌로 중뇌(Midbrain), 뇌교(Pons), 연수(Medulla), 소뇌(Cerebellum), 척수(Spinal Cord)로 구성되어 있으며 중위 뇌는 생존을 위한 모든 정서적 활동과 행위의 화학 밀 물리적 관장을 위한 기저핵(Basal Ganglia), 변연계(Limbic System), 시상(Thalamus), 시상하부(Hypothalamus) 등으로 나뉘어 있다. 이들의 뇌는 고피질과 구피질이 신피질을 감싸고 있는 형태로 각각의 고유한 역할과 기능을 수행하면서 긴밀한 유기적 관계를 맺고 있다.

뇌 과학적 접근방법에서의 인성교육이란 물리적·화학적 항상성과 심리적·육체적 안정성을 바탕으로 통합된 뇌 안에서 각기의 뇌들이 맡는 고유한 기능의 임무와 역할을 충실히 수행하는 것이다. 그러기 위해서는 지능, 행위의 실체인 상위 뇌가 기능과 역할을 충실히 하도록 생명의 뇌인 하위 뇌와 운동, 행위, 감정, 생존을 주관하는 감성의 뇌인 중위 뇌의 훈련이 필요한 것이다.

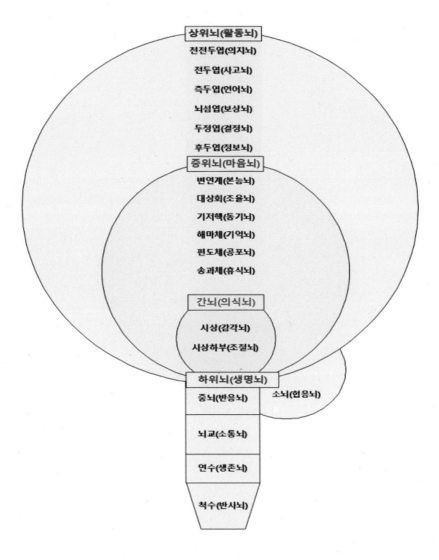

1) 상위 뇌 훈련 방법

① 어오내 생활시간 계획표 작성

어오내 생활시간 계획표 (20 . . . ~ . . .)

어제한 일	오늘할 일	내일할 일	구 분	시 간	해야할 일	추진사항
			오 전 06:00 12:00	06:00		
				07:00		
				08:00		
				09:00		
				10:00		
				11:00		
				12:00		
			오 후 13:00 18:00	13:00		
				14:00		
				15:00		
				16:00		
				17:00		
				18:00		
			저 녁 19:00 24:00	19:00		
				20:00		
				21:00		
				22:00		
				23:00		
				24:00		
나의 각오			오늘의 다짐			(서명)

② 나의 인생 목표 마인드맵 만들기

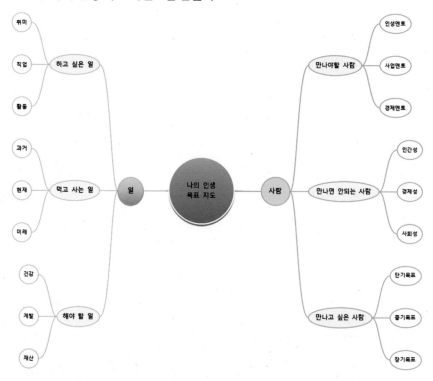

③ 고등사고 영역 UP GO 훈련방법

㉮ 논리추상력

논리추상력이란, 현재와 현실에서 보이는 현상을 보며 허구가 아닌 실제로 발생할 수 있는 상황을 구성하는 것이다. 그러므로 과거와 현재의 경험 이론을 바탕으로 조직하며 미래를 설계해야 하며 이를 뒷받침할 수 있는 증거가 있어야 한다. 이를 위한 훈련 방법으로는 학습하는 바른 습관을 가져야 하는 것으로 자신의 주변 환경에 세심한 주의를 기울여 정리 정돈을 잘하며 특징과 필요한 부분에 대하여 기록하는 습관을 가져야 한다.

예를 들면 사람들은 각기 자신의 성격에 따라 책상 주변의 정리 상태나 소유물에 대한 관리의 방법이 다를 수 있고 스스로는 적응이 된 상태이므로 아무런 문제와 불편함이 없다고 하겠으나, 주위나 주변 상태가 흐트러져 있다면 어떠한 행위를 할 경우 논리 추상적으로 구성하기에 어려움이 있으리라 본다.

내 주위와 주변이 잘 정리되어 있으며 항상 체계적으로 유지관리가 이루어져야 하겠다. 논리추상력만 높고 다른 능력이 낮으면 현실과 맞지 않은 이상을 추구할 수 있어 계획이나 시작은 거창하나 결과의 내용이 없거나 중도에 포기를 하는 등 인내심과 끈기가 부족할 수 있으며 주위에서 다소 신뢰도가 낮아질 수 있다.

예) 틀린 그림 찾기, 숨은 그림 찾기, 같은 패턴의 그림 찾기 등

[틀린 그림 찾기 / 정답]

[숨은 그림 찾기 / 정답]

[같은 패턴의 그림 찾기]

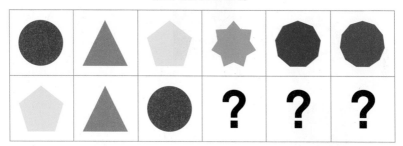

정답)

㉔ 수리판별력

　수리판별력이란, 숫자와 관련한 문제에 대한 인지 정도와 이해사고력의 속도성과 정확하게 해결할 수 있는 합리적인 사고 판별능력을 말한다. 두뇌의 영역별 기능이 최대한 발휘할 수 있도록 도와주는 능력으로 전두엽과 두정엽, 그리고 측두엽, 후두엽과 밀접한 관련이 있으며, 각각의 두뇌 기능이 활발하게 상호전달을 도와주는 뇌량의 역할이 중요하다. 하지만 다른 능력은 모두 낮은데 수리판별력만 높은 것은 침착성과 끈기가 부족하고 말이 많으며 참견하기를 좋아하는 편으로 인해 다툼이 잦은 경우가 있다.

[숫자 맞추기]

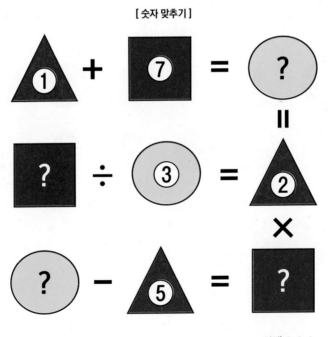

정답) 8, 6, 9

교환법칙(A+B=B+A, A×B=B×A)

996 + 768 = ?　　　　　　　　996 - 768 = ?

① 일반적 방법	② 다른 방법	① 일반적 방법	② 다른 방법

①일반적 방법
```
  996
+ 768
_____
   14
   15
   16
_____
 1764
```

②다른 방법
(1000 - 4) + 768
= (1000 + 768) - 4
= 1764

연습)
1. 884 + 992 = ?
2. 777 + 659 = ?
3. 998 + 489 = ?

①일반적 방법
```
  996
- 768
```
(16 - 8) = 8
(80 - 60) = 20
(900 - 700) = 200
_____
 228

②다른 방법
(1000 - 4) - (770 - 2)
= (1000 - 770) - (4 - 2)
= 228

연습)
1. 884 - 992 = ?
2. 777 - 659 = ?
3. 998 - 489 = ?

※ 결합법칙[A+B+C=(A+B)+C=A+(B+C)=(A+C)+B, A-B-C=(A-B)nC=A-(B-C)nB]
㉠ 989+565=(1000+565)n11=1554, ㉡ 653-195=(653-200)+5=453+5=458
※ 분배법칙[(A+B)×C=(A×C)+(B×C)=(A+B)×C, (A-B)×C=(A×C)n(B×C)=(A-B)×C]
㉠ (96×15)+(4×15)=(96+4)×15=1500
㉡ 105×106=(100+5)×(100+6)=(100+5)×100+(100+5)×6
　　=10000+500+600+30=10000+1100+30=11130

㉣ 추리분석력

　추리분석력이란, 기존에 있는 사살을 미루어 형식적인 논리, 복잡한 관계에 대한 이해력, 그리고 이미 알려진 객관적이고 일반적인 지식이 절차적인 방법에 의해 문제를 해결하는 능력을 말한다. 논리적인 사고력과 이해력, 그리고 판단력이 주요한 요소로 작용하며 같거나 다른 집단들의 구성력과 이를 순차적으로 결합 또는 배분하는 집중력이 함께 작용한다.

　학습의 뇌인 전두엽의 기능 및 공간사고력을 필요로 하는 두정엽과 밀접한 관계가 있고, 간뇌의 정상적인 기능이 추리력을 활성화시킨다. 추리분석력만 높고 다른 능력이 낮으면 신중한 성격과 소심한 성격으로 매사에 자신감이 결여될 수 있다.

문제 1)

(보기)

> 인수: 원형입니다.
> 영수: 정사각형입니다.
> 철수: 영수는 바르게 말을 합니다.
> 명수: 영수가 말한 정사각형이 맞습니다.

✎ 수업시간에 1명의 선생님과 4명의 학생인 인수, 영수, 철수, 명수가 진실게임을 하고 있다. 그 들은 원형, 정사각형, 정삼각형 등 여러 가지 도형을 보고 선생님께 보기와 같이 말하고 있다. 4명이 학생 중 바르게 말하는 것은 1명뿐, 나머지 3명은 틀린 말을 하고 있는 경우라면 도형은 다음 중 어떤 모양인가? (   )

① 원형 ② 정삼각형 ③ 정사각형 ④ 답 없음

풀이) 답은 1번 원형이다. 철수가 말하는 것이 옳다면, 영수도 바른 소리를 하는 것이라 두 명이 바른말을 하고 있으므로 답이 될 수 없다. 영수는 틀리게, 철수와 명수는 거짓말을 하고 있으므로 인수가 도형의 모양을 바르게 이야기하고 있다.

문제 2)

(보기)

> 인수: 상자는 파란색은 아닙니다.
> 영수: 상자는 노란색 또는 파란색 중의 하나입니다.
> 철수: 인수나 영수 중 한 명이 바른말을 합니다.
> 명수: 철수는 거짓말을 하고 있습니다.
> 광수: 상자는 빨간색이나 파란색 중의 하나입니다.

✎　이번에는 한 개의 상자가 있다. 선생님과 5명의 학생인 인수, 영수, 철수, 명수, 광수가 이 상자의 색깔에 대해서 다음과 같이 이야기를 하고 있다. 여기에 있는 인수, 영수, 철수, 명수, 광수 중에서 2명의 학생만 바른말을 하고 있으며 3명은 거짓말을 하고 있다면 이 상자의 색깔은 무엇일까? (　　)

① 빨간색　② 파란색　③ 녹색　④ 노란색　⑤ 답 없음

풀이) 답은 3번 녹색이다. 이 문제의 핵심은 2명은 바른말을 3명은 거짓말을 하고 있다는 사실을 주목하여야 한다. 먼저 철수가 거짓말을 한다고 가정하고 보면 명수는 내용적인 면에서 반드시 바른말을 하고 있다는 분석으로 추리가 이루어진다. 또 철수가 거짓말을 하고 있다면 인수와 영수 모두 바른말을 하고 있거나 두 명 모두 거짓말을 하고 있다는 결과가 되는 2가지 경우 중에 어느 하나가 된다.

가정) 그런데 인수와 영수가 바른말을 하고 있다면 명수도 바른말을 하는 것으로 포함이 되어 3명이 되므로 문제의 취지와 맞지 않으므로 추리가 완성되지 않는다. 그러면 인수와 영수가 모두 거짓말을 하고 있다고 가정을 한다면 인수가 말한 상자는 파란색이라는 것이 거짓말이 되며 영수가 한 말인 노란색 또는 파란색의 중의 상자도 거짓이 되는 것이다.

그러므로 철수가 한 말은 거짓말이 된다. 철수가 한 말을 다시 보자면 인수가 말한 "상자는 파란색은 아니다."나 영수가 말한 "상자는 노란색 또는 파란색 중의 하나이다." 둘 중 하나를 바른말이라고 해야 인수와 영수 중 철수가 바른말을 하는 2명이 되는 것이고, 명수와 관수가 거짓말을 하는 것이라고 확정 지을 수 있다.

그리고 이 경우 인수가 바른말을 하고 영수가 거짓말을 하고 있다는 것과 인수가 거짓말을 하고 있고 영수가 바른말을 하고 있다는 가정의 하나지만, 인수가 거짓말을 하고 있고 영수가 바른말을 하고 있는 경우 인수가 말하는 "상자는 파란색은 아니다."라는 것이 거짓말이었으니 상자는 노란색이 되는 것이다. 그러나 이는 광수가 말한 상자는 빨간색이나 파란색 중의 하나라고 했으나 상자는 빨간색이나 파란색 중에 하나라는 것이 논리적이지 않게 된다.

그러므로 철수가 바른말을 하고 있으며 인수가 상자는 파랑은 아니라고 바른말을 하고 영수가 상자는 노란색 또는 파란색 중의 하나라고 거짓말을 하고 있어 나머지 녹색이나 빨간색일 경우일 수밖에 없다. 광수도 상자는 빨간색이나 파란색 중의 하나라고 했으니 이는 거짓말이므로 녹색이나 노란색의 경우가 된다. 하지만 노란색과 빨간색은 이미 거짓말이 되었으므로 상자의 색깔은 녹색이 된다.

문제 3)

✎ 인수와 영수, 그리고 철수는 방학을 맞이하여 1박 2일 동안 가까운 유원지로 놀러 가기 전에 인터넷뱅킹으로 모텔의 큰방 1개를 3만 원의 대실료를 지불하고 숙박하기로 하였다. 그런데 숙박 장소에 도착한 당일에 모텔 주인이 모텔종업원에게 학생들이니까 5천 원을 할인해 준다며, 모텔종업원에게 학생들이 오면 다시 주라고 하였다.

모텔종업원은 2천 원을 모텔 주인이 모르게 자기 주머니에 슬쩍 넣고 나머지 3천 원을 3명의 학생들에게 각각 1천 원씩 나누어 주었다. 그러면 3명의 학생들은 애초에 1만 원씩의 돈을 지불하였다가 1천 원씩을 모텔종업원을 통해 모텔주인으로부터 돌려받았으므로 결국 각자가 9천 원의 대실료를 지불한 것이 된다. 그렇다면 9천 원씩 3명의 합계는 27,000원이며 종업원이 자신의 호주머니에 넣었던 2,000원을 모두 합치면 29,000원이 된다. 그러면 나머지 1,000원은 어디로 갔을까?

풀이) 계산 방법이 바르지 않다. 방값 25,000원과 돌려받은 3,000원을 합하면 28,000원이다. 거기에 호텔에서 일하는 남자가 훔친 2,000원을 합하면 30,000원이 바른 계산법이다.

㉑ 어휘사고력(語彙思考力)

어휘사고력이란, 대화나 문장을 쓸 때 적절한 문맥과 어법에 맞는 사전적 용어의 선택적 사용과 때로는 관용적 표현, 사자성어 및 우리말과 속담 등을 상황에 맞는 의성어 의태어를 적절히 가미하며 구사하여 어법과 어문에 맞는 문장을 잘 사용하여 자신의 의도를 온전하게 표현하는 것이다.

그러므로 다음에서 제시한 보기들을 연습하면 좋은 훈련이 되겠다. 어휘사고력만 높고 다른 능력이 낮으면 리더의 역할을 하고 싶으나 언행일치가 부족하고, 매사에 말이 앞서는 등으로 주위로부터 인기는 있으나 실속이 없을 수도 있다.

어휘사고력의 요소

구 분	보 기	예 문
1. 의성어	쨍, 뽕, 띠용, 쿵쿵, 쓱싹, 찰랑, 후루룩, 꼬르륵, 바스락 우당탕, 콜록콜록, 키득키득, 또각또각, 풍덩풍덩, 첨벙첨벙, 딸랑딸랑, 달그락달그락 등	아가씨가 기침을 콜록콜록하며 또각또각 걸어온다.
2. 의태어	질끈, 성큼성큼, 또랑또랑, 들썩들썩, 오글오글, 덥석, 데굴데굴, 터벅터벅, 다닥다닥, 기웃기웃, 쑥, 한들한들, 꼬질꼬질, 살래살래, 야금야금 등	신발 끈을 질끈 매고 성큼성큼 걸어온다.
3. 의태의성어	철썩, 덜컹, 탁탁, 털털, 팔락, 쩝쩝, 꿀꺽 주룩주룩, 자박자박, 재잘재잘, 터덜터덜, 보글보글, 벌컥벌컥, 와작와작 등	창밖에 비가 주룩주룩 내린다.

구분	보기	예문
3. 속담	거미는 작아도 줄만 잘 친다. 간다 간다 하면서 아이 셋 낳고 간다. 곯아도 젓국이 좋고 늙어도 영감이 좋다. 남편은 두레박, 아내는 항아리. 새벽 호랑이가 중을 가리나.	"거미는 작아도 줄만 잘 친다"는 말처럼 그 사람은 보기엔 좀 그래도 아주 야무진 사람이야.
4. 우리말	차마, 깜냥, 다솜, 마루, 나르샤, 딱히, 갈무리, 곰비임비 도래샘, 새녘한, 헤윰, 아라, 미리내, 샛바람, 길라잡이 씨밀레, 희나리, 그토록, 그다지, 아띠, 오롯하다, 곰살 궂다, 끌끌하다, 하늬바람, 애오라지, 시나브로 등	그토록 사랑한 사람을 차마 보낼 수 없었다.
5. 외국어	빵·담배(포르투갈), 에어컨(미국), 커피(네덜란드), 모델(프랑스), 튤립(페르시아), 시멘트(폴란드) 스펙(미국) 초콜릿(멕시코), 벤치마킹(미국), 가마솥(일본) 등	빵 먹는 모습이 너무나 멋있어 마치 모델 같아.
6. 사자성어	감탄고토(甘呑苦吐), 멸사봉공(滅私奉公), 와신상담(臥薪嘗膽), 개과천선(改過遷善), 역지사지(易地思之), 표리부동(表裏不同), 우공이산(愚公移山), 각골난망(刻骨難忘) 등	무릇 사람이란, 감탄고토하지 말 것이며 표리부동하지 않고 우공이산 하여야 한다.
7. 관용적 표현	발이 넓다/좁다, 손이 크다/적다, 입이 무겁다/가볍다, 눈에 흙이 들어가도, 간이 부었다/배 밖으로 나왔다, 미역국 먹었다, 눈에 불을 켜고, 삼천포로 빠지네 등	이번 시험에 미역국을 먹었다.

예 문　　　　　제 19대 대통령 문재인 취임사 전문 발췌 (2017년 5월 10일)

· ·

　　존경하고 사랑하는 국민 여러분, 감사합니다. 국민 여러분의 위대한 선택에 머리 숙여 깊이 감사드립니다. 저는 오늘 대한민국 제19대 대통령으로서 새로운 대한민국을 향해 첫 걸음을 내딛습니다.

　　지금 제 두 어깨는 국민 여러분으로부터 부여받은 막중한 소명감으로 무겁습니다. 지금 제 가슴은 한 번도 경험하지 못한 나라를 만들겠다는 열정으로 뜨겁습니다.

그리고 지금 제 머리는 통합과 공존의 새로운 세상을 열어갈 청사진으로 가득 차있습니다. 우리가 만들어가려는 새로운 대한민국은 숱한 좌절과 패배에도 불구하고 우리의 선대들이 일관되게 추구했던 나라입니다.

또 많은 희생과 헌신을 감내하며 우리 젊은이들이 그토록 이루고 싶어했던 나라입니다. 그런 대한민국을 만들기 위해 저는 역사와 국민 앞에 두렵지만 겸허한 마음으로 대한민국 제19대 대통령으로서의 책임과 소명을 다할 것임을 천명합니다. 함께 선거를 치른 후보들께 감사의 말씀과 함께 심심한 위로를 전합니다.

이번 선거에서는 승자도, 패자도 없습니다. 우리는 새로운 대한민국을 함께 이끌어가야 할 동반자입니다. 이제 치열했던 경쟁의 순간을 뒤로 하고 함께 손을 맞잡고 앞으로 전진 해야 합니다.

존경하는 국민 여러분, 지난 몇 달 우리는 유례없는 정치적 격변기를 보냈습니다. 정치는 혼란스러웠지만 국민은 위대했습니다.

현직 대통령의 탄핵과 구속 앞에서도 국민들이 대한민국의 앞길을 열어주셨습니다. 우리 국민들은 좌절하지 않고 오히려 이를 전화위복의 계기로 승화시켜 마침내 오늘 새로운 세상을 열었습니다.

대한민국의 위대함은 국민의 위대함입니다. 그리고 이번 대통령 선거에서 우리 국민들은 또 하나의 역사를 만들어주셨습니다. 전국 각지에서 골고른 지지로 새로운 대통령을 선택해주셨습니다.

오늘부터 저는 국민 모두의 대통령이 되겠습니다. 저를 지지하지 않았던 국민 한 분 한 분도 저의 국민이고 우리의 국민으로 섬기겠습니다.

저는 감히 약속드립니다. 2017년 5월 10일, 이날은 진정한 국민 통합이 시작된 해로 역사에 기록될 것입니다.

존경하고 사랑하는 국민 여러분, 힘들었던 지난 세월 국민들은 이게 나라냐고 물었습니다. 대통령 문재인은 바로 그 질문에서 새로 시작하겠습니다.

오늘부터 나라를 나라답게 만드는 대통령이 되겠습니다. 구시대의 잘못된 관행과 과감히 결별하겠습니다.

대통령부터 새로워지겠습니다. 우선 권위적인 대통령 문화를 청산하겠습니다. 준비를 마치는 대로 지금의 청와대에서 나와 광화문 대통령 시대를 열겠습니다.

참모들과 머리와 어깨를 맞대고 토론하겠습니다. 국민과 수시로 소통하는 대통령이 되겠습니다. 주요 사안은 대통령이 직접 언론에 브리핑하겠습니다.

퇴근길에는 시장에 들러 마주치는 시민들과 격의 없는 대화를 나누겠습니다. 때로는 광화문 광장에서 대토론회를 열겠습니다.

대통령의 제왕적 권력을 최대한 나누겠습니다. 권력기관은 정치로부터 완전히 독립시키겠습니다. 그 어떤 기관도 무소불위의 권력을 행사할 수 없도록 견제장치를 만들겠습니다.

낮은 자세로 일하겠습니다. 국민과 눈높이를 맞추는 대통령이 되겠습니다. 안보 위기도 서둘러 해결하겠습니다. 한반도의 평화를 위해 동분서주하겠습니다.

필요하면 곧바로 워싱턴으로 날아가겠습니다. 베이징과 도쿄에도 가고 여건이 조성되면 평양에도 가겠습니다.

한반도의 평화 정착을 위해서라면 제가 할 수 있는 모든 일을 다 하겠습니다. 한미 동맹은 더욱 강화하겠습니다. 한편으로 사드 문제 해결을 위해 미국 및 중국과 진지하게 협상하겠습니다.

튼튼한 안보는 막강한 국방력에서 비롯됩니다. 자주 국방력을 강화하기 위해 노력하겠습니다. 북핵 문제를 해결할 토대도 마련하겠습니다.

동북아 평화 구조를 정착시킴으로써 한반도 긴장 완화의 전기를 마련하겠습니다. 분열과 갈등의 정치도 바꾸겠습니다. 보수와 진보의 갈등은 끝나야 합니다.

대통령이 나서서 직접 대화하겠습니다. 야당은 국정운영의 동반자입니다. 대화를 정례화하고 수시로 만나겠습니다.

전국적으로 고르게 인사를 등용하겠습니다. 능력과 적재적소를 인사의 대원칙으로 삼겠습니다. 저에 대한 지지 여부와 상관없이 유능한 인재를 삼고초려해서 일을 맡기겠습니다.

나라 안팎으로 경제가 어렵습니다. 민생도 어렵습니다. 선거 과정에서 약속했듯이 무엇보다 먼저 일자리를 챙기겠습니다.

동시에 재벌 개혁에도 앞장서겠습니다. 문재인 정부 하에서는 정경유착이라는 낱말이 완전히 사라질 것입니다.

지역과 계층과 세대 간 갈등을 해소하고 비정규직 문제도 해결의 길을 모색하겠습니다. 차별 없는 세상을 만들겠습니다.

거듭 말씀드립니다. 문재인과 더불어민주당 정부에서 기회는 평등할 것입니다. 과정은 공정할 것입니다. 결과는 정의로울 것입니다.

존경하는 국민 여러분, 이번 대통령 선거는 전임 대통령의 탄핵으로 치러졌습니다. 불행한 대통령의 역사가 계속되고 있습니다.

이번 선거를 계기로 이 불행한 역사는 종식되어야 합니다. 저는 대한민국 대통령의 새로운 모범이 되겠습니다. 국민과 역사가 평가하는 성공한 대통령이 되기 위해 최선을 다하겠습니다.

그래서 지지와 성원에 보답하겠습니다. 깨끗한 대통령이 되겠습니다. 빈손으로 취임하고 빈손으로 퇴임하는 대통령이 되겠습니다.

훗날 고향으로 돌아가 평범한 시민이 되어 이웃과 정을 나눌 수 있는 대통령이 되겠습니다. 국민 여러분의 자랑으로 남겠습니다.

약속을 지키는 솔직한 대통령이 되겠습니다. 선거 과정에서 제가 했던 약속들을 꼼꼼하게 챙기겠습니다. 대통령부터 신뢰받는 정치를 솔선수범해야 진정한 정치발전이 가능할 것입니다.

불가능한 일을 하겠다고 큰소리치지 않겠습니다. 잘못한 일은 잘못했다고 말씀드리겠습니다. 거짓으로 불리한 여론을 덮지 않겠습니다. 공정한 대통령이 되겠습니다.

특권과 반칙이 없는 세상을 만들겠습니다. 상식대로 해야 이득을 보는 세상을 만들겠습니다. 이웃의 아픔을 외면하지 않겠습니다. 소외된 국민이 없도록 노심초사하는 마음으로 항상 살피겠습니다.

국민들의 서러운 눈물을 닦아드리는 대통령이 되겠습니다. 소통하는 대통령이 되겠습니다. 낮은 사람, 겸손한 권력이 되어 가장 강력한 나라를 만들겠습니다. 군림하고 통치하는 대통령이 아니라 대화하고 소통하는 대통령이 되겠습니다.

광화문 시대 대통령이 되어 국민들과 가까운 곳에 있겠습니다. 따뜻한 대통령, 친구 같은 대통령으로 남겠습니다.

사랑하고 존경하는 국민 여러분, 2017년 5월 10일 오늘, 대한민국이 다시 시작합니다. 나라를 나라답게 만드는 대역사가 시작됩니다. 이 길에 함께 해주십시오. 저의 신념을 바쳐 일하겠습니다. 감사합니다.

---

1. **목표:** 정의와 정직을 기초한 통합과 소통으로 공정하며 차별 없는 국가제도 구축
2. **내용:** 과거의 적폐적 관행을 청산하고 권력기관의 직권 축소에 따른 공정하고 정직한 사회적 배려와 정의실현을 위한 통합적 소통체계와 차별 없는 인권제도의 구축
3. **핵심:** 1) 정직하고 청렴하며 약속을 지키는 대통령
   2) 적폐 관행 청산　　　　　　3) 공정한 소통
   4) 특권과 반칙 없는 따뜻한 세상　5) 일자리 창출

㉖ 인지속도력(認知速度力)

인지속도력이란, 자신이 습득한 지식과 경험을 바탕으로 한 학습의 메커니즘에서 중요한 허브 역할을 하는 능력이다. 이는 시상으로부터 변연계와 기저핵, 그리고 대뇌피질에 동시에 전달되어 기억력과 조화를 이루어 결합 또는 파생되는 능력과 더불어, 감각기관으로부터 감지된 신경정보가 유전적 기질과 후천적 교육으로 예체능 또는 문과·이과 방면으로 특별히 활성화된 학습지능에 의해 정신적인 민첩성과 육체적인 순발력의 정도를 나타내는 능력이 된다.

자존력과는 정비례 관계에 있으며 좌뇌와 우뇌의 우위를 비교하여 개인의 특성을 알 수 있다. 인지속도력만 높고 다른 능력이 낮으면, 덤벙대는 습관이 노출되어 실수하지 말아야 할 같은 실수를 반복할 수 있으며 눈치가 너무 빠르게 되어 주위로부터 미움을 살 가능성이 있다.

인지속도력(認知速度力, COGNITIVE SPEED POWER)

파랑	퍼플	GREEN	핑크	레드
노랑	오렌지	BLUE	주황	ORANGE
보라	초록	RED	그린	YELLOW
빨강	분홍	PURPLE	엘로우	블루

훈련 1) 색과 단어가 일치 하는 것은 몇 개인가? (   )
훈련 2) 색과 단어가 일치 하지 않는 것은 몇 개인가? (   )

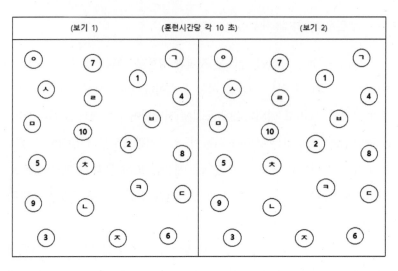

훈련 3) (보기1)에서 1~10의 숫자와 ㄱ~ㅊ의 자음과 1-ㄱ, 2-ㄴ과 같이 (보기2)에 연결하여 하시오.
훈련 4) 이번에는 1-ㅊ, 2-ㅈ과 같이 (보기2)에 연결하여 하시오.

훈련 5) 다음의 보기에서 다음에 들어갈 숫자는? (   )

(보기)

> 3, 6, 18, 72, (   )

① 68   ② 114   ③ 262   ④ 360   ⑤ 답 없음

훈련 6) 빈칸 (?)에 들어갈 숫자를 쓰시오. (   )

18	6	8
24	8	10
30	?	12

훈련 5 정답) 360

훈련 6 정답) 10

㉜ 협응집중력(協應集中力)

협응집중력이란, 대뇌의 좌우반구의 정보에 따른 인지기능과 통합적 운동연합명령 역할과 기저핵과 소뇌의 정밀한 기능이 반사적이며 즉각적인 행위로 일사불란하게 나타나게 하는 것으로, 신체와 마음이 집중하여 동시에 작동하는 것으로 중위뇌의 변연시스템과 기억회로인 해마기관의 역할이 관련되어 있으며 뇌량의 역할도 크다고 할 수 있다. 협응집중력만 높고 다른 능력이 낮으면 신중한 성격과 소심한 성격으로 매사에 자신감이 결여될 수 있다.

[손가락으로 숫자 세기]

좌뇌와 우뇌, 그리고 뇌량, 소뇌, 기저핵 등의 훈련에 도움이 된다.

■ 1단계

㉠ 왼손을 모두 펴고 오른손은 주먹을 쥔 채, 모두 펴진 왼손의 엄지를 접고 주먹 쥔 오른손의 소지를 펴면서, 왼손의 검지와 약지를 차례로 접음과 동시에 오른손의 중지와 검지를 차례로 펴는 것이다.

㉡ 오른손을 모두 펴고 왼손은 주먹을 쥔 채, 모두 펴진 오른손의 엄지를 접고 주먹 쥔 왼손의 소지를 펴면서, 오른손의 검지와 약지를 차례로 접음과 동시에 오른손의 중지와 검지를 차례로 펴는 것이다.

■ 2단계

㉠ 동요를 부르며 왼손을 모두 펴고 오른손은 주먹을 쥔 채, 모두 펴진 왼손의 엄지를 접고 주먹 쥔 오른손의 소지를 펴면서, 왼손의 검지와 약지를 차례로 접음과 동시에 오른손의 중지와 검지를 차례로 펴는 것이다.

ⓛ 동요를 부르며 오른손을 모두 펴고 왼손은 주먹을 쥔 채, 모두 펴진 오른손의 엄지를 접고 주먹 쥔 왼손의 소지를 펴면서, 오른손의 검지와 약지를 차례로 접음과 동시에 오른손의 중지와 검지를 차례로 펴는 것이다.

■ 3단계

ⓐ 동요를 부르며+왼쪽 발을 바닥에 구르며 왼손을 모두 펴고 오른손은 주먹을 쥔 채, 모두 펴진 왼손의 엄지를 접고 주먹 쥔 오른손의 소지를 펴면서, 왼손의 검지와 약지를 차례로 접음과 동시에 오른손의 중지와 검지를 차례로 펴는 것이다.

ⓛ 동요를 부르며+ 왼쪽 발을 바닥에 구르며 오른손을 모두 펴고 왼손은 주먹을 쥔 채, 모두 펴진 오른손의 엄지를 접고 주먹 쥔 왼손의 소지를 펴면서, 오른손의 검지와 약지를 차례로 접음과 동시에 오른손의 중지와 검지를 차례로 펴는 것이다.

■ 4단계

ⓐ 동요를 부르며+ 양쪽 발을 번갈아 바닥에 구르며 왼손을 모두 펴고 오른손은 주먹을 쥔 채, 모두 펴진 왼손의 엄지를 접고 주먹 쥔 오른손의 소지를 펴면서, 왼손의 검지와 약지를 차례로 접음과 동시에 오른손의 중지와 검지를 차례로 펴는 것이다.

ⓛ 동요를 부르며+ 양쪽 발을 번갈아 바닥에 구르며 오른손을 모두 펴고 왼손은 주먹을 쥔 채, 모두 펴진 오른손의 엄지를 접고 주먹 쥔 왼손의 소지를 펴면서, 오른손의 검지와 약지를 차례로 접음과 동시에 오른손의 중지와 검지를 차례로 펴는 것이다.

왼쪽에서 오른쪽으로 화살표 방향대로 검은 점을 한개씩 정확하게 눈으로 세며 간다.

오른쪽에서 왼쪽으로 화살표 방향대로 검은 점을 한개씩 정확하게 눈으로 세며 간다.

왼쪽에서 오른쪽으로 화살표 방향대로 검은 점을 한개씩 정확하게 눈으로 세며 간다.

오른쪽에서 왼쪽으로 화살표 방향대로 검은 점을 한개씩 정확하게 눈으로 세며 간다.

왼쪽에서 오른쪽으로 화살표 방향대로 검은 점을 한개씩 정확하게 눈으로 세며 간다.

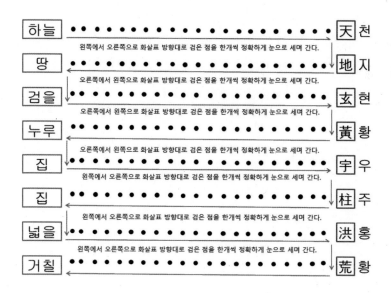

하늘 ▪▪▪▪▪▪▪▪▪▪▪▪▪▪▪ 天 천

왼쪽에서 오른쪽으로 화살표 방향대로 검은 점을 한개씩 정확하게 눈으로 세며 간다.

땅 ▪▪▪▪▪▪▪▪▪▪▪▪▪▪▪ 地 지

오른쪽에서 왼쪽으로 화살표 방향대로 검은 점을 한개씩 정확하게 눈으로 세며 간다.

검을 ▪▪▪▪▪▪▪▪▪▪▪▪▪▪▪ 玄 현

오른쪽에서 왼쪽으로 화살표 방향대로 검은 점을 한개씩 정확하게 눈으로 세며 간다.

누루 ▪▪▪▪▪▪▪▪▪▪▪▪▪▪▪ 黃 황

오른쪽에서 왼쪽으로 화살표 방향대로 검은 점을 한개씩 정확하게 눈으로 세며 간다.

집 ▪▪▪▪▪▪▪▪▪▪▪▪▪▪▪ 宇 우

왼쪽에서 오른쪽으로 화살표 방향대로 검은 점을 한개씩 정확하게 눈으로 세며 간다.

집 ▪▪▪▪▪▪▪▪▪▪▪▪▪▪▪ 柱 주

왼쪽에서 오른쪽으로 화살표 방향대로 검은 점을 한개씩 정확하게 눈으로 세며 간다.

넓을 ▪▪▪▪▪▪▪▪▪▪▪▪▪▪▪ 洪 홍

왼쪽에서 오른쪽으로 화살표 방향대로 검은 점을 한개씩 정확하게 눈으로 세며 간다.

거칠 ▪▪▪▪▪▪▪▪▪▪▪▪▪▪▪ 荒 황

㉘ 주의구성력(注意構成力)

주의구성력이란, 주변의 자극에 대해 감각적 인지를 하는 것으로 의식했던 방향대로 주의를 집중하기 위함과 자신의 지식과 경험 등을 필요에 따라 두뇌의 가상공간을 이용하여 목적에 맞도록 설계하는 것으로 주의 대상에 대한 몇 가지 부분이나 요소들을 모아서 일정한 전체를 만들어 문제의 해결을 도모할 수 있는 능력을 말한다.

SMR파가 높을수록 주의력이 높아 정신적 각성이 활성화되며, 이것은 SMR파의 자극으로 인해 뇌간 연수에 있는 뇌간 망상체 신경세포의 자극이 지속적인 활성화가 이루어져 대뇌피질로 정보 소통이 잘 이루어지는 덕분에 주의구성력이 높게 되며 알파파가 안정이 되고, SMR파가 높을수록 정신적 주의 각성이 활성화되고 간뇌의 공간적 활용이 높아져 구성력이 강화된다.

또한, 주의구성력이 높다는 것은 뇌간 망상체의 기능의 하나인 신체적 면역기능이 정상임을 나타내는 것으로 피로회복 또는 질병 노출에 강하다. 주의구성력만 높고 다른 능력이 낮으면 신중한 성격과 소심한 성격으로 매사에 자신감이 결여될 수 있다.

[눈 감고 시간 재기]

모두 눈을 뜬 후 60초(1분) 동안 함께 동요 '퐁당퐁당'을 시간에 맞춰서 부른 후, 정확히 60초가 되면 "그만!"을 외치고 모두 눈을 감게 한 다음, 각자의 속으로 시간을 재게 한 후 진행자가 20초, 30초, 50, 60초 등 다양하게 주문을 하여 본인이 생각한 시간에 맞추는 재미있는 놀이로 반복할수록 주의력을 향상시킬 수 있다.

[청개구리 놀이]

진행자의 행동에 대하여 뭐든지 반대로 하는 놀이로 반복할수록 주의력을 향상시킬 수 있다. 예를 들면 진행자가 "손들어!" 하고 하면 교육생은 "손을 아래로 내리고 다리 벌려!" 하면 다리를 오므리는 재미있게 주의력을 향상시킬 수 있는 놀이다.

㉮ 통찰주도력(洞察主導力)

이해(인식)력이란, 자신이 습득한 지식과 경험을 바탕으로 한 학습의 메커니즘에서 중요한 허브 역할을 하는 능력으로 시상으로부터 변연계와 기저핵, 그리고 대뇌피질에 동시에 전달되어 기억력과 조화를 이루어 결합 또는 파생되는 능력을 말한다. SMR파와 베타파M의 상태가 유지되는 힘으로 세타파와 알파파의 상관관계가 영향을 미칠 수 있으며, 자존력과 정비례관계의 경향성이 있다.

[숫자의 합 맞추기]

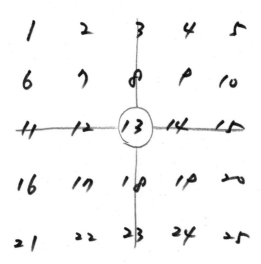

[같은 유형 찾기]

같은 유형 찾기 - 통찰주도력 훈련

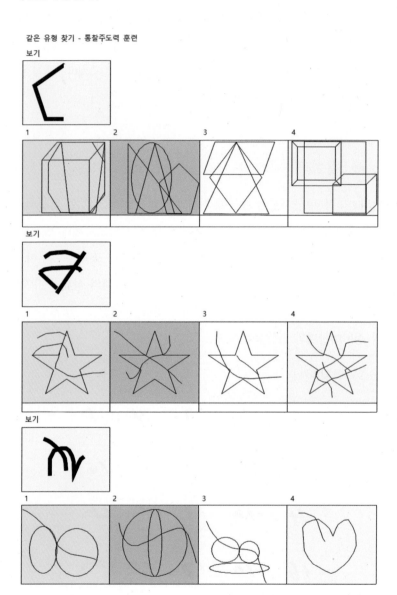

㉓ 기억확산력(記憶擴散力)

기억확산력이란, 감각정보로부터 입수되는 모든 정보를 후신경의 전달 회로와 뇌간 망상활성체를 통하여 시산에 전달하고 변연계와 측두엽의 감정적 기억 중추인 편도체의 통제를 받으며 해마에 단기적으로 입력 저장된 후 대뇌피질에 장기 저장한 후 필요시 다시 상기하여 인출하는 능력을 말한다.

기억은 4가지 종류로 구분할 수 있으며, 5감에 의한 감각기억과 일시적인 인지를 위한 작업기억 및 숫자나 단어 기억의 7±2 용량적 부호화와 선택적 분류에 의한 단기기억, 그리고 의식적이며 서술적인 외현기억과 무의식적이며 절차적인 내현 기억으로 구성된 장기기억으로 나눌 수 있다.

특히 소뇌는 운동과 관련된 각종 기억을 관장하고 있다. 기억확산력만 높고 다른 능력이 낮으면 집착이 심할 수 있으며, 완벽을 추구하는 성격일 가능성이 있다.

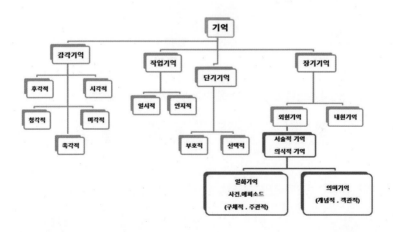

* 외현기억: 전전두엽(Prefrontal cortex), 간뇌(diencephalon), 편도체(Amygdala), 해마(hippocampus), 해마방회영역(parahippocampal region)
* 내현기억: 변연계(Limbic system), 소뇌(Cerebellum), 기저핵(basal ganglia), 선조체(Striatum)

보기) 아래 그림을 잘 보시오

위 깃발과 문양을 잘 관찰하여 기억하고 다음의 물음에 답하시오.

아래 깃발의 색깔과 문양을 잘 기억하십시오.

문제 1. 앞에서 보았던 깃발의 색상을 아래의 보기에서 고르시오.

문제 2. 앞에서 보았던 깃발의 문양을 아래의 보기에서 고르시오.

아래 깃발의 색깔과 문양을 잘 기억하십시오.

문제 3. 앞에서 보았던 깃발의 색상을 아래의 보기에서 고르시오.

문제 4. 앞에서 보았던 깃발의 문양을 아래의 보기에서 고르시오.

아래 깃발의 색깔과 문양을 잘 기억하십시오.

문제 5. 앞에서 보았던 깃발의 색상을 아래의 보기에서 고르시오.

문제 6. 앞에서 보았던 깃발의 문양을 아래의 보기에서 고르시오.

아래 깃발의 색깔과 문양을 잘 기억하십시오.

문제 7. 앞에서 보았던 깃발의 색상을 아래의 보기에서 고르시오.

문제 8. 앞에서 보았던 깃발의 문양을 아래의 보기에서 고르시오.

아래 깃발의 색깔과 문양을 잘 기억하십시오.

문제 9. 앞에서 보았던 깃발의 색상을 아래의 보기에서 고르시오.

문제 10. 앞에서 보았던 깃발의 문양을 아래의 보기에서 고르시오.

㉑ 창조응용력(創造應用力)

창조응용력이란, 자신이 알고 있는 배움을 조합하여 새로운 것에 적용하여 문제를 해결할 수 있는 힘을 말한다. 또한, 공식적인 요소를 적용하거나 배제하여 비슷하거나 완전히 다른 것을 만들어 내는 힘을 말하기도 한다. 많이 배워도 조합하는 능력이 부족하면 새로운 문제에 직면하였을 때 해결을 못 하여 회피하는 모습을 보인다.

망치질과 대패질, 톱질, 끌질을 배우는 건 간단하며 계속해서 연습을 하면 누구나 할 수 있지만, 그 도구를 이용하여 건물을 짓는 목수라는 직업은 많이 다르다. 응용력이나 창의력이 꼭 필요하며 배운다고 해서 누구나 목수가 될 수 있는 건 아니다.

망치질과 대패질, 끌질, 톱질을 다 할 수 있다고 해도 부족할 수 있으며, 모든 기술을 조합하는 능력이 필요하다. 창조응용력만 높고 다른 능력이 낮으면 공상과 잡념이 많아 현재 자신이 해야 할 일에 소홀해지는 경향이 있을 수 있다.

위에서 언급한 논리추상력, 수리판단력, 추리분석력, 어휘사고력, 인지속도력, 협응집중력, 기억확산력, 공간지각력, 정서안정력 등 다양한 훈련법이 종합적이고 조직적이며 재구성되는 통합 응용과정이 창조응용력이므로, 이는 자극 입력-정보-사고 및 상상-분석 및 기획-응용 및 기획설계-구성 및 모형-결과 출력으로 이어지는 과정이기도 하다. 따라서 그리기, 글쓰기, 말하기 등이 대표적인 훈련법이라 하겠다.

■ 점과 선의 응용적 조화

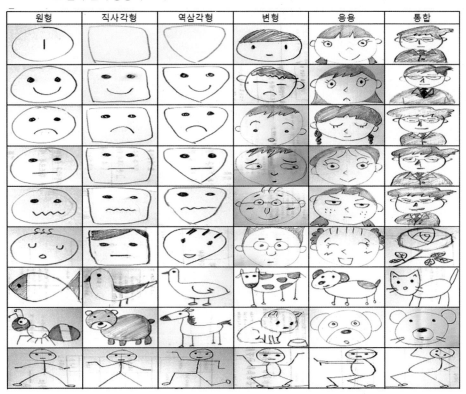

■ 인성 마인드 맵(Mind Map) 그리기

영국의 토니 부잔(Tony Buzan)에 의해 처음으로 개발된 마인드맵(Mind Map)을 활용하여, 인성의 정의 및 개념과 인성교육진흥법에서 제시한 8대 인성덕목에 대한 이해도를 높이고 덕목가치와 관련한 단어들의 의미를 새기며 인성 교육의 필요성을 느낀다.

㉠ 인성 마인드맵

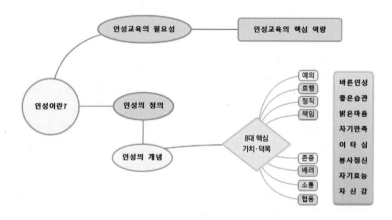

㉡ 8대 핵심 가치·덕목 마인드맵

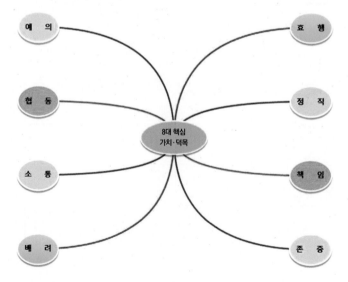

ⓒ 마인드맵으로 8대 핵심 가치·덕목 관련 단어 표현 및 발표하기

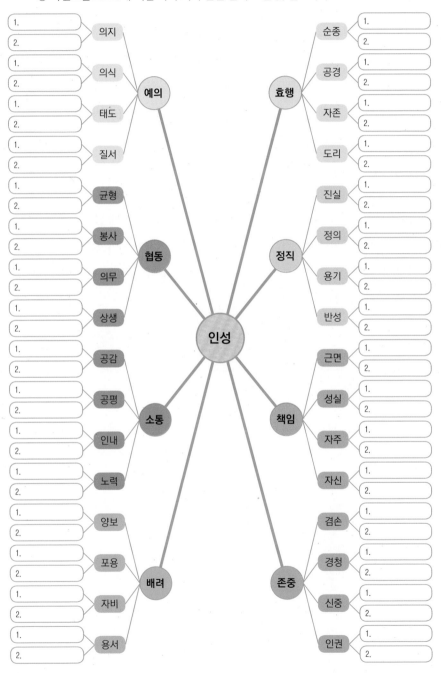

[글쓰기 훈련]

㉠ 내 마음의 또 다른 표현- 인성과 심성을 위한 시(詩)와 글

좋은 인성을 함양하는 글쓰기 방법에는 일기, 시, 시조, 소설, 수필, 설명문, 논설문, 전기문, 기행문 등 여러 갈래가 있는데, 이 중에서 일기와 시, 시조, 수필 등이 자신의 일상을 돌아보며 가치관을 확립하며 목표를 지향하는 도구로서 매우 효과적이라 할 수 있다.

좋은 인성을 가지려면 바른 심성을 바탕으로 해야 하는데, 시각, 청각, 미각, 후각, 촉각, 공감각적 마음의 영상과 느낌이 글쓰기를 통해 이러한 심성의 핵심을 이루고 있는 정서적 특성을 재구성하는 데 많은 도움을 줄 수 있으며 일상의 경험이 지식이 되고 지식이 지혜가 되어 삶의 질을 개선하는 최고의 효과를 얻을 수 있는 방법이 글쓰기인 것이다. 인성덕목의 핵심가치로 글쓰기를 해보자.

인성핵심 가치·덕목	시 짓기	핵심 단어
예 (禮)		1. 2.
효 (孝)		1. 2.
정직 (正直)		1. 2.
책임 (責任)		1. 2.
존중 (尊重)		1. 2.
배려 (配慮)		1. 2.

인성핵심 가치·덕목	시 짓기	핵심 단어
소통 (疏通)		1. 2.
협동 (協同)		1. 2.

ⓒ 인성 핵심 가치·덕목으로 글짓기

* **의의:** 좋은 인성을 갖기 위한 인성 가치관의 수립 및 실천

* **목적:** 인성덕목과 가치들의 개념과 의미를 인지하고 숙지하여 자신의 인성 역량을 강화시킨다.

* **인원 및 준비물:** 개인 또는 단체/(인원수에 따른) 인성덕목 가치관 글짓기 용지 또는 A4 용지

* **방법:** 교육부가 인성교육진흥법에서 제시한 8가지의 핵심 가치·덕목 중 자신 또는 모둠별 선호하는 덕목의 단어를 선택한다. 그리고 8개 덕목의 실천 가치인 각 4개 단어들과 자신이 생각한 핵심가치와 관련된 단어를 적고 활용하여, 진행자 자율적으로 약 10분 정도 글짓기를 한 후 발표하고, 그 발표를 개인 또는 모둠별로 평가하여 인기도로 순위를 정하는 방법으로 진행자는 총평을 하면 된다.

핵심 가치·덕목으로 글짓기(수필 또는 신문기사)

선택	덕목	가치	관련 단어	내 용
1	예의	의지		
		의식		
		태도		
		질서		

선택	덕목	가치	관련 단어	내　용
2	효행	순종		
		공경		
		자존		
		도리		
3	정직	진실		
		정의		
		용기		
		반성		
4	책임	근면		
		성실		
		자주		
		자신		
5	존중	겸손		
		경청		
		신중		
		인권		
6	배려	양보		
		포용		
		자비		
		용서		
7	소통	공감		
		공평		
		인내		
		노력		
8	협동	균형		
		봉사		
		의무		
		상생		

[말하기 훈련]

　외부로 표현되는 바르고 좋은 인성의 태도에는 표정과 행동 등 여러 가지가 있겠으나, 긍정적인 말투나 적절한 단어선택, 그리고 간결하며 자신의 의지와 감정이 담겨 있는 공감적인 대화법이 그 사람의 인성적 성품을 판단하는 가장 영향력이 있지 않을까 생각한다.

　미국의 행동 심리학자인 알버트 메라비언(Albert Mehrabian) 박사가 자신의 이름을 딴 메라비언의 법칙(Mehrabian's Law)을 통해 밝힌 것처럼 의사소통에서 표정이나 몸짓 등 시각적 요소가 55%이고 음성의 크기나 음색 등 청각적 요소가 38%이며 단어선택이나 말의 내용 등 언어적 요소, 즉 말이 차지하는 비중은 약 7% 정도이지만 직접적이고 핵심적인 단어 선택과 말투로 상대방의 감정을 자극하게 함으로 그 파급효과는 실로 대단하다고 할 수 있다.

　또한, 인간은 사회적 동물이자 언어적 동물이므로 시각과 청각적인 요소도 중요하지만, 긍정적인 단어 선택과 문장의 구조적 배치, 그리고 말투와 어조의 강약 등이 상대방의 감정 상태를 호불호로 갈릴 수 있어 자칫 본의 아니게 불이익을 받게 될지도 모르니 주의하여야 하겠다.

　역지사지인성대화법(易地思之人性對話法, I-Message vs You-Massage)은 상대방의 입장을 배려하여 먼저 생각하며 나의 의견을 진술하는 것으로 비난하거나 조롱하지 않는 인격적 대우와 긍정적 제시를 통한 협의적 의견을 표현하여 상생할 수 있는 공감의 대화법이다.

　특히 상대방으로 하여금 저항감이나 오해를 살만한 표현은 삼가야 하며 과거 지향적 표현보다는 미래 건설적 표현방식의 표현을 하며 우호적이며 협의적인 관계를 지속시켜 자신의 의지를 달성하는 데 목적이 있는 것이다.

　참고로 대화를 할 때 언어적 태도 외에 비언어적 태도의 방법에는 SOFTEN(Smile: 미소 띤 얼굴, Open Gesture: 개방적인 태도, Forward Leaning: 적극적인 자세, Touch: 적절한 신체접촉, Eye Contact: 눈 맞추기, Nodding: 고개를 끄덕이기)의 기법을 활용하고 있다.

역지사지 인성 대화법

		감정적 대화법	이성적 대화법
가정	상 황	일찍 퇴근한 남편이 집에 들어 와서 아내에게	
	부 부	당신은 집에서 종일 뭐하는데 집구석이 이렇게 지저분하냐? 청소는 한 거야?	당신이 오늘 많이 바빴구나, 아이 때문에 신경 쓸 일도 많고, 청소는 정말 힘들지?
	상 황	공부를 게을리하며 게임만 하는 자녀에게	
	자 녀	넌 하라는 공부는 하지 않고 게임에 온 정신이 팔려서 사냐? 뭐가 되려고, 한심하다.	아빠는 공부도 열심히 하고 게임도 열심히 하고 뭐든지 열심히 하는 너였으면 한다.
학교	상 황	선생님이 지각을 자주 하는 학생한테	
	선생님	네 부모가 그렇게 시키든? 다른 친구들 좀 봐라? 넌 학교성적도 생활도 빵점이야!	네가 조금만 노력하면 선생님 마음이 얼마나 기쁠까? 부모님도 너무 좋아하실 텐데.
	상 황	돈을 빌리고 갚지 않으며 또다시 돈을 빌려 달라는 친구한테	
	친 구	넌 전번에 빌려 간 돈도 갚지 않은 주제에 염치 없이 또 돈을 빌려 달라는 쓰레기야!	친구야? 난 네가 좋은데 친한 친구일수록 약속을 잘 지켜주면 더 좋아질 것 같아.
직장	상 황	회사의 지시로 상급자가 하급자한테 기안서류를 작성하여 보고할 때	
	상급자	이까짓 것 하나도 제대로 못하는 무능력한 놈이 월급이나 축을 내니 회사가 어렵지!	이런 종류의 기안은 처음 해 보지? 혹시 모르는 것 있으면 언제든지 편하게 물어봐.
	상 황	본인이 하급자에게 직무교육(OJT, On-the-job training)을 시킬 때	
	하급자	넌 도대체 몇 번을 가르쳐 줘야 하나? 차라리 머리 안 쓰는 부서로 옮겨 달라고 해!	괜찮아, 힘내. 나도 이 교육받을 때 많이 헤맸어. 몇 번이고 알 때까지 가르쳐 줄게.
공공	상 황	음식점에서 손님이 종업원과 대화 시	
	종업원	어이? 이 봐? 여기 주문한 거 아직 안 나왔어? 생선을 바다에서 잡아다 요리해주나?	여기요? 저희가 주문한 음식이 아직까지 나오지 않아서 다시 여쭤 봅니다. 부탁합니다.

2) 중위 뇌 훈련방법

중위 뇌(Intermediate Brain)는 정서 뇌(Emotional Brain)라고도 부르는데, 감정과 운동을 통제하고 관리하는 뇌의 중추로 변연계(Limbic system)과 기저핵(Basal ganglia), 그리고 간뇌(Diencephalon)로 구성되어 있다.

Emotion(정서)의 어원의 뿌리는 라틴어의 Emovere에서 온 것으로 모든 자극에 대응하여 '밖으로 움직이다.'라는 뜻을 가지고 있다. 중위 뇌의 정서의 감정이 상위 뇌가 이성을 관장하기 전에 먼저 작용을 하므로 중위 뇌가 안정되도록 훈련하는 것이 필요하며, 바른 호흡과 함께 편안함을 주는 이완을 곁들인 명상이 좋은 훈련법이 되겠다.

① 인성호흡명상법(人性呼吸冥想法, Personality Breathing Meditation Method)

인성호흡명상법은 바르고 좋은 인성을 수양하기 위해 개발된 이미지 명상 호흡법이다. 명상은 특정 종교와 관계가 없는 것으로 호흡을 바르고 규칙적으로 하여 우리 몸의 세포에 충분한 산소를 공급하여 신체를 정화시키며, 대사순환을 원활하게 함으로 생체 리듬을 정상화시키며 자신을 돌아보며 진정한 휴식을 갖게 하는 수행방법이다.

또한, 부정적 마음과 불안 및 공포, 그리고 분노, 우울과 같은 감정을 생성하게 하는 편도체와 우측 전전두피질을 억제하고 긍정적 마음과 편안한 마음으로 행복감을 주는 좌측 전전두피질을 활성시켜 자신감과 자기효능감을 유도하게 함으로써 리더십과 이타심을 갖게 하여 긍극적으로 인성을 좋게 할 수 있으리라 여겨진다.

이 훈련 기간은 3분씩 하루 3번 3주 완성이며, 그 후에는 습관화가 이루어져 자동적으로 자연스럽게 하게 됨을 느낄 수가 있게 된다.

3분 동안 총 9번의 들숨과 날숨을 하는 과정과 함께, 교육부가 제시한 효, 예, 정직, 책임, 존중, 배려, 소통, 협동 8대 덕목과 각 덕목과 관련된 4개씩의 의미 있는 단어로 구성된 총 32개의 덕목 가치로 훈련이 구성되어 있다.

첫 번째 주는 호흡하는 요령에만 집중하며,

두 번째 주에는 자연스럽게 호흡을 하면서 무상무념(Non-Thinking Work)에 대하여 집중한다.

마지막 세 번째 주는 인성의 8대 덕목과 32가지의 가치에 대하여 집중을 하게 되며, 3주 21일이면 우리의 뇌에는 항상성(Homeostasis)의 법칙에 의해서 90% 이상 적응한다.

명상이라는 단어는 영어로 Meditation이라고 하는데, 치료를 위한 안정이라는 Medicine의 치료라는 뜻이 Meditation에서 왔다고 하니 동양에서나 서양에서나 명상의 중요함을 잘 알 수 있다.

정식법(正息法)은 바른 호흡법으로 의자 또는 책상다리로 앉아 허리를 곧게 펴서 자세를 바르게 하고 턱을 몸쪽으로 무리가 가지 않게 살짝 당기고, 눈을 지그시 감은 채로 양손은 가볍게 깍지를 껴서 배꼽 아래 단전에 놓고 들숨과 날숨이 교차하는 부위인 코와 입술 윗부분에 집중을 하며, 시원한 바람과 따뜻한 바람의 움직임에 마음을 모으며 훈련을 하는 법이다.

우리의 신체는 자율신경의 통제 하에 모든 생리와 대사활동이 이루어지는데, 산소가 매우 중요하므로 호흡법이 건강한 삶을 영위하는 첫 번째라 해도 과언이 아닐 것이다. 그렇지만 정식법(正息法)을 처음으로 접하게 되면 약간의 멍함 또는 현훈이 생길 수 있음인데, 이는 그동안 바른 호흡을 하지 않은 습관으로 인함이니 이때는 잠시 호흡훈련을 멈추었다가 천천히 다시 시작하면 된다. 다만 호흡 질환 또는 다른 질병으로 호흡훈련이 어려울 시에는 의료기관의 판단에 따라야 한다.

㉑ 첫 번째 주에 실시하는 정식법(正息法)

1단계는

2일간 4초 동안에 4단계로 숨을 폐의 속 깊이 아주 천천히 들여 마시며, 4초 동안 숨을 참았다가 6초 동안 숨을 아주 천천히 내쉬면 된다. 이렇게 15번을 반복하면 3분이 경과한다.

1단계에서는 들숨과 날숨을 의식하며 규칙적인 반복을 익혀 생체의 리듬감을 되찾는 적응훈련을 한다. 정식법(正息法)의 1단계 훈련은 3분씩 아침에 한번 점심에 한 번, 그리고 잠들기 전에 각각 1번씩 하루에 총 3번의 훈련을 한다.

2단계는

2일간 6초 동안에 6단계로 숨을 폐의 속 깊이 아주 천천히 들여 마시며 6초 동안 숨을 참았다가 6초 동안 숨을 아주 천천히 내쉬면 된다. 이렇게 10번을 반복하면 3분이 경과한다. 2단계에서는 1단계의 적응훈련에서 한 단계가 높은 들숨과 날숨의 시간 연장 및 무상무념(無想無念)의 훈련단계로 들숨과 날숨이 교차하는 인중 부위에만 집중하여야 한다.

자율신경이 점차 안정감을 되찾으려고 노력하는 시기이므로 호흡에 열중하는 것 이외의 생각은 피하여야 한다. 정식법(正息法)의 2단계 훈련은 3분씩 아침에 한번 점심에 한 번, 그리고 잠들기 전에 각각 1번씩 하루에 총 3번의 훈련을 한다.

3단계는

3일간 10초 동안에 9단계로 숨을 폐의 속 깊이 아주 천천히 들여 마시며, 10초 동안 숨을 참았다가 10초 동안 숨을 아주 천천히 내쉬면 된다. 이렇게 6번을 반복하면 3분이 경과한다.

㉑ 두 번째 주에 실시하는 호흡명상법(呼吸冥想法)

자, 그럼 인성 명상의 방법에 대하여 설명하기로 하겠습니다.

선생님: (손뼉 또는 띵샤를 3번 친다. 끝나면 천천히 말한다.)

자, 첫 번째 주에는 몸과 마음을 평안하게 하기 위해 고르고 천천히 호흡하는 방법을 배우게 됩니다.

모두 눈을 살짝 감고 자신의 코 끝부분 밑과 윗입술 부분의 중간부위에 마음을 집중합니다.

우리가 지금 수양하고 있는 인성 명상법은 고르고 안정되며 편안한 호흡과 함께 이루어져 있습니다.

그러므로 다시 아주 편안한 마음으로 모든 생각을 잠시 멈추면서 자신의 코 끝부분 밑과 윗입술 부분의 중간 부위에 집중합니다.

그리고 숨을 들이마시면서 코 주위에 일어나는 아주 작은 현상들을 자세하게 느껴봅니다.

시원한 느낌일 수도 있고, 따뜻한 느낌일 수도 있으며, 간지러운 느낌일 수도 있습니다.

호흡은 가늘고 길게 합니다. 마음속으로 하나에서부터 아홉까지 세며 코 주변의 현상을 느껴 봅니다.

아홉까지 세는 동안 숨을 들여 마시기가 버거웠다면 평소에 호흡기나 기관지 관리에 소홀했던 증거이므로, 이번 기회에 건강하게 회복되도록 마음을 써 봅니다.

살짝 감은 눈 주위에는 지금부터 아주 맑고 높은 푸른 하늘 아래 넓은 녹색의 잔디가 펼쳐져 있습니다.

날씨는 따뜻하고 간간이 산들바람이 불어와, 아주 신선한 공기가 내 콧속을 통해 가슴 속 깊은 폐까지 도달하여 나쁜 기운을 깨끗이 없애줍니다.

이 깨끗한 공기는 탁한 내 피를 아주 맑고 깨끗한 피로 만들어 주고, 내 깨끗한 피는 기름져 있던 혈관을 아주 말끔하게 씻으면서 내 온몸 구석구석을 정화시키고 있습니다.

손과 발이 따뜻해지고 있으며 손가락 끝과 발가락 끝도 온기로 따뜻해져 기분이 좋습니다.

평소에 아팠던 부분의 통증이 점점 사라져 가는 느낌입니다.

머리가 맑아지며 얼굴의 피부도 맑고 밝으며 생기가 살아나고 있습니다.

흐렸던 눈이 시원해지고 맑아지고 있습니다.

귀도 밝아지고 아주 작은 소리도 선명하게 들립니다.

입술은 촉촉해지며 혀의 움직임도 아주 부드러워졌습니다.

침 넘김도 부드러우며 보약의 침이 식도를 깨끗하게 하며,

내 위를 아주 편안하고 따뜻하게 보호해 주고 있습니다.

내 소장과 대장이 아주 편안하며 따뜻해지고 있습니다.

뱃속이 편안하고 따뜻해지니 평소에 스트레스로 힘들어 하던 간도 편안합니다.

간이 편안하니 몸속의 독소를 말끔히 없애주니 신장이 좋아하고 있습니다.

이 모습을 바라보는 심장도 기분이 좋아 힘차고 즐겁게 규칙적인 리듬에 맞춰서 웃으면서 뛰고 있습니다.
내 몸속이 편안하니 나의 뇌가 즐겁고 행복해합니다.

팔다리, 어깨, 무릎, 손목, 발목, 그리고 경추, 척추, 요추, 골반까지 편안합니다.

내 몸이 편안해지니 마음이 느긋해지며 아무런 생각 없이 편안해집니다.
내 몸과 마음이 편안해지니 새털처럼 가벼워집니다.

산들바람이 불어오니 푸른 잔디밭 위를 넘어 파란 하늘로 훨훨 날아가고 있습니다.

내 몸과 마음을 모두 비우고 자연의 품에 안기니 너무나 자유롭고 편안합니다.

아~ 지금 이 순간이 너무도 행복하고 즐겁습니다.

㉰ 세 번째 주에 실시하는 인성 명상법(人性 冥想法)

마지막 단계인 세 번째 주에는 인성의 8대 덕목과 32가지의 가치가 지니고 있는 의미와 행위에 대하여, 안정되고 규칙적인 호흡과 함께 편안한 마음을 가지고 천천히 생각해 봅니다. 또한, 각각의 덕목들과의 관계를 연결시켜 의미를 새기며 머릿속으로 상상해 봅니다.

예의가 나와 우리의 삶 속에서 어떠한 관계가 있는지, 그리고 어떠한 영향을 주는지를 생각해 보며 우리 모두가 예의를 잘 지키는 모습을 상상해 봅니다. 예의라는 덕목은 의지와 의식, 그리고 태도와 질서의 가치들이 있으며 서로 어떠한 관계가 있는지도 생각해 보는 시간을 가집니다. 이제 나는 예의를 잘 지키는 사람으로 다시 태어났습니다.

효행이 나와 우리의 삶 속에서 어떠한 관계가 있는지, 그리고 어떠한 영향을 주는지를 생각해 보며 우리 모두가 효행을 잘 지키는 모습을 상상해 봅니다. 효행이라는 덕목은 순종와 공경, 그리고 자존와 도리의 가치들이 있으며 서로 어떠한 관계가 있는지도 생각해 보는 시간을 가집니다. 이제 나는 효행을 잘하는 사람으로 다시 태어났습니다.

정직이 나와 우리의 삶 속에서 어떠한 관계가 있는지 그리고 어떠한 영향을 주는지를 생각해 보며 우리 모두가 정직함을 잘 지키는 모습을 상상해 봅니다. 정직함이라는 덕목은 진실와 정의, 그리고 용기와 반성의 가치들이 있으며 서로 어떠한 관계가 있는지도 생각해 보는 시간을 가집니다. 이제 나는 정직함을 잘 지키는 사람으로 다시 태어났습니다.

책임이 나와 우리의 삶 속에서 어떠한 관계가 있는지, 그리고 어떠한 영향을 주는지를 생각해 보며 우리 모두가 책임을 잘 완수하는 모습을 상상해 봅니다. 책임이라는 덕목은 근면과 성실, 그리고 자주와 자신의 가치들이 있으며 서로 어떠한 관계가 있는지도 생각해 보는 시간을 가집니다. 이제 나는 책임을 잘 완수하는 사람으로 다시 태어났습니다.

존중이 나와 우리의 삶 속에서 어떠한 관계가 있는지, 그리고 어떠한 영향을 주는지를 생각해 보며 우리 모두가 존중하며 살아가는 모습을 상상해 봅니다. 존중이라는 덕목은 겸손과 경청, 그리고 신중과 인권의 가치들이 있으며 서로 어떠한 관계가 있는지도 생각해 보는 시간을 가집니다. 이제 나는 모든 사람을 존중하며 살아가는 사람으로 다시 태어났습니다.

배려함이 나와 우리의 삶 속에서 어떠한 관계가 있는지, 그리고 어떠한 영향을 주는지를 생각해 보며 우리 모두가 배려하며 살아가는 모습을 상상해 봅니다. 배려라는 덕목은 양보와 포용, 그리고 자비와 용서의 가치들이 있으며 서로 어떠한 관계가 있는지도 생각해 보는 시간을 가집니다. 이제 나는 모든 사람과 나 자신을 진정으로 배려하며 살아가는 사람으로 다시 태어났습니다.

소통이 나와 우리의 삶 속에서 어떠한 관계가 있는지, 그리고 어떠한 영향을 주는지를 생각해 보며 우리 모두가 소통하며 살아가는 모습을 상상해 봅니다. 소통이라는 덕목은 공감과 공평, 그리고 인내와 노력의 가치들이 있으며 서로 어떠한 관계가 있는지도 생각해 보는 시간을 가집니다. 이제 나는 모든 사람과 소통하며 살아가는 사람으로 다시 태어났습니다.

협동이 나와 우리의 삶 속에서 어떠한 관계가 있는지, 그리고 어떠한 영향을 주는지를 생각해 보며 우리 모두가 협동하며 살아가는 모습을 상상해 봅니다. 협동이라는 덕목은 균형과 봉사, 그리고 의무과 상생의 가치들이 있으며 서로 어떠한 관계가 있는지도 생각해 보는 시간을 가집니다. 이제 나는 모든 사람과 협하며 살아가는 사람으로 다시 태어났습니다.

자 이제 심호흡 3번을 한 후 눈을 아주 천천히 뜹니다.

이제 나와 여러분은 바른 인성을 가진 사람으로 새롭고 새롭게 다시 태어났습니다.

이 마음은 내 몸과 머리에 있는 세포 하나하나에 모두 담겨 있습니다.

그러므로 몸도 마음도 아주 상쾌합니다. 왠지 기분이 너무 좋습니다.

지금부터는 내가 하고자 하는 모든 일이 잘될 것입니다. 나는 나에게, 모든 사람에게, 아름다운 자연에게 고마움을 느끼고 있습니다.

이 마음은 영원할 것입니다.

② 인성의 조하리 창(Johari's window) 응용

내가 스스로 알고 실천하고 있는 인성의 행위와 다른 사람들이 보고 느끼는 인성의 행위가 어떠한 차이점이 있는지에 대하여 알아보는 방법 이다. 이 이론은 조셉 러프트(Joseph Luft)와 해리 잉햄(Harry Ingham)이라 는 두 심리학자가 1955년에 한 논문에서 개발했다.

인성의 조하리 창을 응용하는 방법은 다음과 같다. 아래의 (보기 1) 에서 예시한 인성 핵심 가치·덕목 8가지와 실천 가치 32가지를 합한 총 40개의 단어 중 나 자신이 선택한 8개의 단어를 (보기 2)의 '내가 알고 있는 인성설문지' 양식에 적고, 동시에 다른 사람들의 사고와 판단에 의 하여 선택한 8개의 단어를 (보기 3)의 '남이 알고 있는 인성설문지' 양식 에 적는다.

그 설문지를 회수하고 본인과 남들이 선택한 인성덕목과 가치의 단어들을 분류하여 (보기 4)의 1. 내가 선택하고 남들이 선택한 같은 단어는 'OPEN' 부분에, 2. 내가 선택하지 않았고 남들이 선택한 단어는 'BLIND' 부분에, 3. 내가 선택하고 남들이 선택하지 않은 단어는 'HIDDEN' 부분에, 4. 내가 선택하지 않았고 남들도 선택하지 않은 단어는 'UNKNOWN' 부분에 적어 넣는다.

이 4가지의 영역에 적어 놓은 단어를 보고, 나 스스로가 알고 있는 인성에 대한 부분을 다른 사람들과의 허심탄회한 대화를 통하여 긍정적으로 개선하여 나갈 수 있는 계기로 만든다.

(보기 1)

인성 핵심 가치 덕목	예의	효행	정직	책임	존중	배려	소통	협동
	의지	순종	진실	근면	겸손	양보	공감	균형
	의식	공경	정의	성실	경청	포용	공평	봉사
	태도	자존	용기	자주	신중	자비	인내	의무
	질서	도리	반성	자신	인권	용서	노력	상생

(보기 2)

나	

(보기 3)

너	

(보기 4) 나의 인성 조하리 창

나의 영역\남의 영역	내가 알고 있는 인성 영역	내가 모르고 있는 인성 영역
남이 알고 있는 인성 영역	'OPEN'	'BLIND'
남이 모르고 있는 인성 영역	'HIDDEN'	'UNKNOWN'

3) 하위 뇌 훈련방법

하위 뇌(Intermediate Brain)는 생명의 뇌(Life's Brain)라고도 부르는데, 생명을 보존하고 유지하는 데 필요한 활동을 관장하는 중추기관으로 이러한 기능을 상실하면 뇌사가 된다.

하위 뇌는 뇌간(Brainstem)과 소뇌(Cerebellum), 척수(Spinal Chord)로 구성되어 있으며 뇌간은 다시 중뇌(midbrain), 교뇌(pons), 연수(medulla)로 이루어져 있다. 뇌간은 항상성의 중추인 간뇌(Diencephalon)로 시상(Thalamus)과 시상하부(Hypothalamus), 뇌하수체, 송과체로 구성이 되어 있으며, 변연계(Limbic System)의 구성요소로 중위 뇌와 상위 뇌와 모든 정보를 공유하는 등 밀접한 관계가 있으며, 생명 유지와 보존에 필수적이다.

중뇌(Midbrain)는 감각정보의 중요한 근원이며, 연수(Medulla)는 척수가 연장되며 정교하게 부풀어 오른 형태로 심장박동, 호흡, 침 분비, 재채기, 기침, 구토 등 생명 유지와 보존에 반드시 필요한 반사중추이며 교뇌(Pons)는 연수의 위에 위치하며 여러 뇌신경의 축색들이 좌측 신경은 우뇌로, 우측 신경은 좌뇌로 이동하게 하는 다리 역할을 한다.

소뇌(Cerebellum)는 몸의 평형감각 유지와 감각정보를 조직화하여 대뇌에 전달하고 다시 대뇌의 운동정보를 구체화하여 운동기능을 통제하고 관장한다. 또한, 척수는 감각신경통로(말초→뇌), 운동신경통로(뇌→말초), 신경반사중추(척수의 고유기능)의 3가지 기능을 가지며 뇌와 말초신경을 양방향으로 전달하는 역할을 한다.

① 뇌 살림 호흡법(呼吸法)

뇌 살림 호흡법(呼吸法)은 생명 유지를 위한 하위 뇌를 건강하게 만들며, 쉽게 배울 수 있는 호흡법이다.

뇌는 우리 몸이 필요로 하는 전체 산소량의 약 20~25% 정도를 소비하며, 경우에 따라서는 뇌에 공급되는 산소가 대략 30초 정도만 중단되어도 뇌세포가 파괴되기 시작하며, 그 이상의 시간이 경과하면 돌이킬 수 없는 후유증을 갖게 되며 생명을 잃을 수도 있다고 한다.

뇌 살림 호흡법을 하는 방법은 양발을 자신의 어깨너비로 벌린 자세로 바르게 서서 양손을 가볍게 쥐고, 어깨높이에 맞춰서 가슴과 평행하도록 벌린 후, 머리를 등 쪽으로 무리가 되지 않는 범위에서 20~30° 정도 젖히고, 마음속으로 천천히 하나에서 열까지 세며, 깊은숨을 쉰 후 하나에서 다섯을 셀 때까지 폐 속 깊이 잔재하고 있는 공기를 마치 바람을 불 듯 입을 작게 벌려 모두 배출하면 된다.

이 과정에서 머리가 띵한 느낌을 받게 되거나 기침이 나오면 이것은 바르고 규칙적인 호흡이 습관화 되지 않은 상태이니, 즉시 멈추고 숨을 고르게 한 다음 잠시 쉬었다가 자신에게 맞도록 천천히 다시 시도를 하면 된다. 뇌 살림 호흡법은 10분간 반복하여 수시로 훈련을 하면 하위 뇌가 필요로 하는 충분한 산소를 공급받을 수 있을 뿐만 아니라, 중추신경과 말초신경의 통로이며 뇌와 몸을 연결하고 소통시켜주는 경추의 근육과 신경을 강화해주는 효과를 얻을 수 있다.

② 뇌 살림 자극법(刺戟法)

뇌 살림 자극법(刺戟法)은 시각, 후각, 청각, 미각, 촉각의 오(五) 감각을 담당하는 눈, 코, 귀, 혀, 피부(머리 포함) 등 감각기관에 양손을 사용해서 동적인 자극을 뇌에 직접 전달하여 신경세포를 활성화하는 것으로 감각신경과 운동신경을 기민하게 하는 건강 지압법이다.

뇌 살림 지압법(指壓法)은 주로 감각기관이 모여 있는 머리와 얼굴, 그리고 목 부분의 경혈 자리를 가볍게 자극하여 경락의 순환을 원활하게 하며, 말초신경인 뇌신경과 체성신경의 기혈을 순조롭게 하여 자율신경의 원만한 길항 작용에 도움을 주며 일상생활에서 지구력과 인내심을 향상시킬 수 있는 방법이라 생각한다.

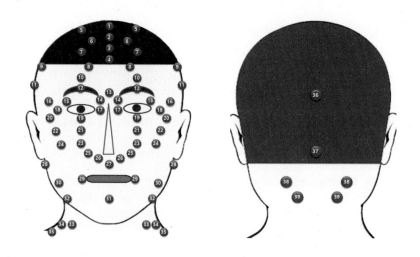

머리 · 안면 · 목 부위 주요 혈 자리						
①	후정 1	백회에서 뒷머리 쪽으로 1치 반	㉑	사백 2	승읍 밑 약 1치 함몰 부위
②	백회 1	양쪽 귀의 정수리 교차점 부위	㉒	하관 2	상관혈(객주인)밑 약 1치 함몰 부위
③	전정 1	백회에서 앞머리 쪽으로 1치 반	㉓	거료 2	사백 밑을 지나 코볼의 직각점 부위
④	신정 1	인당을 지나 앞 머리털 위로 반치	㉔	관료 2	양측 광대뼈 밑 약 반치 함몰 부위
⑤	승령 2	어요를 지나 머리의 백회 바로 뒤	㉕	영향 2	거료에서 코 쪽으로 약 2치 부위
⑥	통천 2	찬죽을 지나 머리경계 3치 백회 밑	㉖	화료 2	코 날개와 윗입술 사이 정중앙 부위
⑦	본신 2	신정에서 양쪽으로 약 3치 부위	㉗	인중 1	인당 밑 코와 입술 사이 정중앙 부위
⑧	두임읍 2	어요를 지나 이마경계 바로 위 쪽	㉘	예풍 2	귓불 뒤 돌출 뼈 앞쪽 함몰 부위
⑨	두유 2	관자놀이 위 머리경계선 상향 1치	㉙	지창 2	윗입술 끝부분 외측 부위
⑩	양백 2	동공을 지나 양쪽 눈썹 1치 위 쪽	㉚	협거 2	귓불 1치 밑과 턱뼈 끝 교차 부위
⑪	함염 2	이마경계에서 귀쪽 근육 돌출 부위	㉛	승장 1	아랫입술 밑 턱의 정중앙 함몰 부위
⑫	어요 2	승읍을 지나 양쪽 눈썹 정중앙	㉜	대영 2	지창에서 귀로 약 3치 함몰 부위
⑬	인당 1	인중 지나 양쪽 눈썹 사이 정중앙	㉝	인영 2	울대뼈 양쪽으로 약 1치 반 부위
⑭	찬죽 2	정명 위 양 눈썹 바로 밑 함몰 부위	㉞	부돌 2	인영에서 양쪽으로 약 1치 반 부위
⑮	사죽공 2	눈썹 끝 외측으로 숨은 함몰 부위	㉟	천정 2	부돌에서 밑으로 약 1치 부위
⑯	태양 2	동자료에서 뒷머리 밑쪽으로 1치	㊱	강간 1	풍부에서 머리 위로 약 3치 부위
⑰	정명 2	찬죽 밑 양 콧대 안쪽으로 약 반치	㊲	풍부 1	뒷머리와 목 머리경계 위 함몰 부위
⑱	동자료 2	눈썹 끝 돌출 뼈 1치 밑 함몰 부위	㊳	풍지 2	뒷머리에서 귀로 돌출뼈 함몰 부위
⑲	승읍 2	동공 1치 밑 정중앙 함몰 부위	㊴	천주 2	풍부 밑 양쪽 큰 근육 위쪽 부위
⑳	객주인 2	광대뼈 위쪽 함몰 부위(상관혈)			

(혈 자리 거리 단위- 1치: 중지 1마디, 2치: 중지 2마디, 3치: 중지 3마디)

■ 뇌 살림 자극법 사용 및 진행 방법

뇌 살림 자극법은 머리와 얼굴, 그리고 목 부위의 혈 자리를 자신의 손을 사용하여 자극을 줌으로써 감각신경과 운동신경의 양방향 소통을 원활하게 하여, 하위 뇌의 뇌간의 망상체와 척수의 생체 신경을 활성화하여 항상성을 높여 건강한 환경을 만들어 준다. 뇌 살림 자극법을 하는 방법에는 다른 준비물을 없으며 단지 자신의 양쪽 손을 이용하며 방법은 다음과 같다.

[양손 사용법]

첫째, 오른손과 왼손의 손가락 끝을 힘을 빼고 가볍게 모아서 리드미컬하게 톡톡 치는 '치기법'을 사용한다.

둘째, 양손의 검지와 중지, 약지를 사용하여 상하좌우로 문질러 주고, 시계방향과 시계 반대 방향으로 돌리며 마사지하는 '문지름법'을 사용한다.

셋째, 소지를 제외한 엄지와 검지, 중지, 약지를 사용하여 아프지 않을 정도로 꾹꾹 눌러주는 '누름법'을 사용한다.

넷째, 혈 자리 부위의 피부의 탄력과 최대한의 자극적 효과를 주기 위해 양 손가락을 사용하여 아프지 않을 정도로 약간 꼬집듯 얼굴과 머리를 주무르는 '주무름법'을 사용한다.

다섯째, 양 손바닥을 사용하여 자극을 주었던 모든 부위에 리드미컬하게 가볍게 때려주는 '때림법'을 사용한다.

[자극법 진행 순서]

① 뇌 살림 자극법을 하는 동안 고르고 가늘며 길게 호흡을 하고 집중을

한다.

② ① 문지름법 → ② 치기법 → ③ 문지름법 → ④ 누름법 → ⑤ 문지름법 → ⑥ 주무름법 → ⑦ 문지름법 → ⑧ 때림법의 순으로 진행하며 사정에 따라서 기본적으로 3회 반복하여 실시하며 필요에 따라 3회 이상 10회 미만으로 하면 된다.

위의 자극법은 개인의 사정에 맞게 강약과 속도 조절을 해야 하며, 위의 진행순서에 구애받지 않고 자유롭게 바꿔서 할 수도 있으며, 단체가 할 경우에는 강사나 교육생의 취향에 맞는 노래에 맞춰서 실시하면 흥미와 재미가 있으므로 교육 효과를 극대화할 수 있을 것이다.

VI

인성교육에 관한 법률

브레인스카웃

인성교육진흥법법률

(법률 제13004호 신규제정 2015. 01. 20.)
(법률 제14396호 일부개정 2016. 12. 20.)

제1조 (목적)

이 법은 「대한민국헌법」에 따른 인간으로서의 존엄과 가치를 보장하고 「교육기본법」에 따른 교육이념을 바탕으로 건전하고 올바른 인성(人性)을 갖춘 국민을 육성하여 국가사회의 발전에 이바지함을 목적으로 한다.

제2조 (정의)

이 법에서 사용하는 용어의 뜻은 다음과 같다.

1. "인성교육"이란 자신의 내면을 바르고 건전하게 가꾸고 타인·공동체·자연과 더불어 살아가는 데 필요한 인간다운 성품과 역량을 기르는 것을 목적으로 하는 교육을 말한다.
2. "핵심 가치·덕목"이란 인성교육의 목표가 되는 것으로 예(禮), 효(孝), 정직, 책임, 존중, 배려, 소통, 협동 등의 마음가짐이나 사람됨과 관련되는 핵심적인 가치 또는 덕목을 말한다.
3. "핵심 역량"이란 핵심 가치·덕목을 적극적이고 능동적으로 실천 또는 실행하는 데 필요한 지식과 공감·소통하는 의사소통능력이나 갈등해결능력 등이 통합된 능력을 말한다.
4. "학교"란 「유아교육법」 제2조제2호에 따른 유치원 및 「초·중등교육법」 제2조에 따른 학교를 말한다.

제3조 (다른 법률과의 관계)

인성교육에 관하여 다른 법률에 특별한 규정이 있는 경우를 제외하고는 이 법에서 정하는 바에 따른다.

제4조 (국가 등의 책무)

① 국가와 지방자치단체는 인성을 갖춘 국민을 육성하기 위하여 인성교육에 관한 장기적이고 체계적인 정책을 수립하여 시행하여야 한다.

② 국가와 지방자치단체는 학생의 발달 단계 및 단위 학교의 상황과 여건에 적합한 인성교육 진흥에 필요한 시책을 마련하여야 한다.

③ 국가와 지방자치단체는 학교를 중심으로 인성교육 활동을 전개하고, 인성 친화적인 교육환경을 조성할 수 있도록 가정과 지역사회의 유기적인 연계망을 구축하도록 노력하여야 한다.

④ 국가와 지방자치단체는 학교 인성교육의 진흥을 위하여 범국민적 참여의 필요성을 홍보하도록 노력하여야 한다.

⑤ 국민은 국가 및 지방자치단체가 추진하는 인성교육에 관한 정책에 적극적으로 협력하여야 한다.

제5조 (인성교육의 기본방향)

① 인성교육은 가정 및 학교와 사회에서 모두 장려되어야 한다.

② 인성교육은 인간의 전인적 발달을 고려하면서 장기적 차원에서 계획되고 실시되어야 한다.

③ 인성교육은 학교와 가정, 지역사회의 참여와 연대 하에 다양한 사회적 기반을 활용하여 전국적으로 실시되어야 한다.

제6조 (인성교육종합계획의 수립 등)

① 교육부장관은 인성교육의 효율적인 추진을 위하여 대통령령으로 정하는 관계 중앙행정기관의 장과의 협의와 제9조에 따른 인성교육진

흥위원회의 심의를 거쳐 인성교육종합계획(이하 "종합계획"이라 한다)을 5년마다 수립하여야 한다.

② 종합계획에는 다음 각 호의 사항이 포함되어야 한다.

   1. 인성교육의 추진 목표 및 계획

   2. 인성교육의 홍보

   3. 인성교육을 위한 재원조달 및 관리방안

   4. 인성교육 핵심 가치·덕목 및 핵심 역량 선정에 관한 사항

   5. 그 밖에 인성교육에 관하여 필요한 사항으로 대통령령으로 정하는 사항

③ 교육부장관은 종합계획의 중요사항을 변경하는 경우 제1항에 따른 관계 중앙행정기관의 장과의 협의와 제9조에 따른 인성교육진흥위원회의 심의를 거쳐야 한다. 다만, 법령의 개정이나 관계 중앙행정기관의 관련 사업계획 변경 등 경미한 사항을 변경하는 경우에는 그러하지 아니하다.

④ 교육부장관은 제1항 또는 제3항에 따라 종합계획을 수립하거나 변경하였을 때에는 지체 없이 이를 관계 중앙행정기관의 장에게 통보하여야 한다.

⑤ 특별시·광역시·특별자치시·도 및 특별자치도 교육감(이하 "교육감"이라 한다)은 종합계획에 따라 해당 지방자치단체의 연도별 인성교육시행계획(이하 "시행계획"이라 한다)을 수립·시행하여야 한다.

⑥ 교육감은 제5항에 따라 시행계획을 수립하거나 변경하였을 때에는 이를 지체 없이 교육부장관에게 통보하여야 한다.

⑦ 종합계획 및 시행계획의 수립·시행 등에 필요한 사항은 대통령령으로 정한다.

제7조 (계획수립 등의 협조)

① 교육부장관과 교육감은 종합계획 또는 시행계획의 수립·시행 및 평가를 위하여 필요한 경우 관계 중앙행정기관의 장, 지방자치단체의 장 및 교육감 등에게 협조를 요청할 수 있다.

② 제1항에 따른 협조를 요청받은 자는 특별한 사유가 없으면 이에 따라야 한다.

제8조 (공청회의 개최)

① 교육부장관과 교육감은 종합계획 및 시행계획을 수립하려는 때에는 공청회를 열어 국민 및 관계 전문가 등으로부터 의견을 청취하여야 하며, 공청회에서 제시된 의견이 타당하다고 인정되는 때에는 이를 종합계획 및 시행계획 수립에 반영하여야 한다.

② 제1항에 따른 공청회 개최에 필요한 사항은 대통령령으로 정한다.

제9조 (인성교육진흥위원회)

① 인성교육에 관한 다음 각 호의 사항을 심의하기 위하여 교육부장관 소속으로 인성교육진흥위원회(이하 "위원회"라 한다)를 둔다.

　　1. 인성교육정책의 목표와 추진방향에 관한 사항

　　2. 종합계획 수립에 관한 사항

　　3. 인성교육 추진실적 점검 및 평가에 관한 사항

　　4. 인성교육 지원의 협력 및 조정에 관한 사항

　　5. 그밖에 인성교육 지원을 위하여 대통령령으로 정하는 사항

② 위원회는 위원장을 포함한 20명 이내의 위원으로 구성한다.

③ 위원회의 위원장은 위원 중에서 호선하되, 공무원이 아닌 사람으로

한다.

④ 위원회의 위원은 다음 각 호의 어느 하나에 해당하는 사람 중에서 대통령령으로 정하는 바에 따라 교육부장관이 임명 또는 위촉한다. 이 경우 위원은 공무원이 아닌 사람이 과반수가 되도록 한다.

1. 교육부차관, 문화체육관광부차관(문화체육관광부장관이 지명하는 차관), 보건복지부차관 및 여성가족부차관

2. 국회의장이 추천하는 사람 3명

3. 인성교육에 관한 학식과 경험이 풍부한 사람 중에서 대통령령으로 정하는 사람

⑤ 위원회가 심의한 사항을 집행하기 위하여 인성교육 진흥과 관련된 조직·인력·업무 등에 필요한 사항은 교육부령으로 정한다.

⑥ 그 밖에 위원회의 구성·운영에 필요한 사항은 대통령령으로 정한다.

제10조 (학교의 인성교육 기준과 운영)

① 교육부장관은 대통령령으로 정하는 바에 따라 학교에 대한 인성교육 목표와 성취 기준을 정한다.

② 학교의 장은 제1항에 따른 인성교육의 목표 및 성취 기준과 교육대상의 연령 등을 고려하여 대통령령으로 정하는 바에 따라 매년 인성에 관한 교육계획을 수립하여 교육을 실시하여야 한다.

③ 학교의 장은 인성교육의 핵심 가치·덕목을 중심으로 학생의 인성 핵심 역량을 함양하는 학교 교육과정을 편성·운영하여야 한다.

④ 학교의 장은 인성교육 진흥을 위하여 학교·가정·지역사회와의 연계 방안을 강구하여야 한다.

제11조 (인성교육 지원 등)

① 국가 및 지방자치단체는 가정, 학교 및 지역사회에서의 인성교육을
지원하기 위한 교육 프로그램(이하 "인성교육프로그램"이라 한다)을 개발하여
보급하여야 한다.

② 국가와 지방자치단체는 인성교육프로그램의 구성 및 운용 등을 전문
단체 또는 전문가에게 위탁할 수 있다.

③ 교육감은 인성교육프로그램의 구성 및 운용 계획을 해당 학교 인터
넷 홈페이지에 게시하는 등의 방법으로 학부모에게 알릴 수 있도록
하여야 한다.

④ 학부모는 국가, 지방자치단체 및 학교의 인성교육 진흥 시책에 협조
하여야 하고, 인성교육을 위하여 필요한 사항을 해당 기관의 장에게
건의할 수 있다.

⑤ 그 밖에 가정, 학교 및 지역사회에서의 인성교육 진흥 등에 필요한
사항은 대통령령으로 정한다.

제12조 (인성교육프로그램의 인증)

① 교육부장관은 인성교육 진흥을 위하여 인성교육프로그램을 개발·보
급하거나 인성교육과정을 개설(開設)·운영하려는 자(이하 "인성교육프로그
램개발자등"이라 한다)에 대하여 인성교육프로그램과 인성교육과정의 인
증(이하 "인증"이라 한다)을 할 수 있다.

② 인증을 받고자 하는 인성교육프로그램개발자등은 교육부장관에게
신청하여야 한다.

③ 교육부장관은 제2항에 따라 인증을 신청한 인성교육프로그램 또는
인성교육과정이 교육내용·교육시간·교육과목·교육시설 등 교육부령

으로 정하는 인증기준에 적합한 경우에는 이를 인증할 수 있다.

④ 제3항에 따른 인증을 받은 자는 해당 인성교육프로그램 또는 인성교육과정에 대하여 교육부령으로 정하는 바에 따라 인증표시를 할 수 있다.

⑤ 제3항에 따른 인증을 받지 아니한 인성교육프로그램 또는 인성교육과정에 대하여 제4항의 인증표시를 하거나 이와 유사한 표시를 하여서는 아니 된다.

⑥ 제1항부터 제3항까지에 따른 인증의 절차 및 방법 등에 필요한 사항은 교육부령으로 정한다.

⑦ 교육부장관은 제1항부터 제3항까지에 따른 인증 업무를 교육부령으로 정하는 바에 따라 전문기관 또는 단체 등에 위탁할 수 있다.

제13조 (인증의 유효기간)

① 제12조제3항에 따른 인증의 유효기간은 인증을 받은 날부터 3년으로 한다.

② 제1항에 따른 유효기간은 1회에 한하여 2년 이내에서 연장할 수 있다.

③ 제2항에 따른 인증의 연장신청, 그 밖에 필요한 사항은 교육부령으로 정한다.

제14조 (인증의 취소)

교육부장관은 제12조제3항에 따라 인증한 인성교육프로그램 또는 인성교육과정이 다음 각 호의 어느 하나에 해당하는 경우에는 그 인증을 취소할 수 있다. 다만, 제1호에 해당하는 경우에는 취소하여야 한다.

　1. 거짓, 그 밖의 부정한 방법으로 인증받은 경우
　2. 제12조제3항에 따른 인증기준에 적합하지 아니하게 된 경우

제15조 (인성교육 예산 지원)

　국가 및 지방자치단체는 인성교육 지원, 인성교육프로그램 개발·보급 등 인성교육 진흥에 필요한 비용을 예산의 범위에서 지원하여야 한다.

제16조 (인성교육의 추진성과 및 활동 평가)

① 교육부장관 및 교육감은 종합계획 및 시행계획에 따른 인성교육의 추진성과 및 활동에 관한 평가를 1년마다 실시하여야 한다.
② 교육부장관과 교육감은 제1항에 따른 평가 결과를 종합계획 및 시행계획에 반영할 수 있다. [개정 2016.12.20]
③ 그 밖에 인성교육의 추진성과 및 활동 평가에 필요한 사항은 대통령령으로 정한다.

[본조제목개정 2016.12.20]
제17조 (교원의 연수 등)

① 교육감은 학교의 교원(이하 "교원"이라 한다)이 대통령령으로 정하는 바에 따라 일정시간 이상 인성교육 관련 연수를 이수하도록 하여야 한다.
②「고등교육법」제41조에 따른 교육대학·사범대학(교육과 및 교직과정을 포함한다) 등 이에 준하는 기관으로서 교육부령으로 정하는 교원 양성기관은 예비교원의 인성교육 지도 역량을 강화하기 위하여 관련 과목을 필수로 개설하여 운영하여야 한다.

제18조 (학교의 인성교육 참여 장려)

　학교의 장은 학생의 제11조제1항에 따른 지역사회 등의 인성교육 참여를 권장하고 지도·관리하기 위하여 노력하여야 한다.

제19조 (언론의 인성교육 지원)

국가 및 지방자치단체는 범국민적 차원에서 인성교육의 중요성에 대한 인식을 공유하고 이들의 참여의지를 촉진시키기 위하여 필요한 경우 언론(「언론중재 및 피해구제 등에 관한 법률」 제2조에 따른 방송, 신문, 잡지 등 정기간행물, 뉴스통신 및 인터넷신문 등을 포함한다)을 이용하여 캠페인 활동을 전개하도록 노력하여야 한다.

제20조 (전문인력의 양성)

① 국가 및 지방자치단체는 인성교육의 확대를 위하여 필요한 분야의 전문인력을 양성하여야 한다.

② 교육부장관 및 교육감은 제1항에 따른 전문인력을 양성하기 위하여 교육 관련 기관 또는 단체 등을 인성교육 전문인력 양성기관으로 지정하고, 해당 전문인력 양성기관에 대하여 필요한 경비의 전부 또는 일부를 지원할 수 있다.

③ 제2항에 따른 인성교육 전문인력 양성기관의 지정기준은 대통령령으로 정한다.

제21조 (권한의 위임)

교육부장관은 이 법에 따른 권한의 일부를 대통령령으로 정하는 바에 따라 교육감에게 위임할 수 있다.

제22조 (과태료)

① 다음 각 호의 어느 하나에 해당하는 자에게는 500만원 이하의 과태료를 부과한다.

1. 거짓이나 그 밖의 부정한 방법으로 제12조에 따른 인증을 받은 자

2. 제12조제5항을 위반하여 인증표시를 한 자

② 제1항에 따른 과태료는 대통령령으로 정하는 바에 따라 교육부장관이 부과·징수한다.

부 칙[2015.1.20 제13004호]

이 법은 공포 후 6개월이 경과한 날부터 시행한다.

부 칙[2016.12.20 제14396호]

이 법은 공포한 날부터 시행한다.

인성교육진흥법 시행령

(대통령령 제26403호 신규제정 2015. 07. 20.)

제1조 (목적)

이 영은 「인성교육진흥법」에서 위임된 사항과 그 시행에 필요한 사항을 규정함을 목적으로 한다.

제2조 (인성교육종합계획의 수립 등)

① 「인성교육진흥법」(이하 "법"이라 한다) 제6조제1항에서 "대통령령으로 정하는 관계 중앙행정기관의 장"이란 다음 각 호의 사람을 말한다.

　1. 기획재정부장관

　2. 행정자치부장관

　3. 문화체육관광부장관

　4. 보건복지부장관

　5. 여성가족부장관

　6. 그 밖에 교육부장관이 법 제6조제1항에 따른 인성교육의 효율적인 추진 및 인성교육종합계획(이하 "종합계획"이라 한다)의 수립을 위하여 협의가 필요하다고 인정하는 중앙행정기관의 장

② 법 제6조제2항제5호에서 "대통령령으로 정하는 사항"이란 다음 각 호의 사항을 말한다.

　1. 인성교육을 위한 인프라 구축에 관한 사항

　2. 학교 인성교육 실천에 필요한 사항

　3. 가정 인성교육 실천에 필요한 사항

　4. 범사회적 인성교육 실천 및 확산에 필요한 사항

③ 교육부장관은 종합계획을 계획 개시 연도의 전년도 9월 30일까지 수립하여야 한다.

④ 교육부장관은 종합계획을 수립하거나 변경한 경우에는 특별시·광역시·특별자치시·도 및 특별자치도(이하 "시·도"라 한다)의 교육감(이하 "교육감"이라 한다)에게 통보하여야 한다.

제3조 (인성교육시행계획의 수립 등)

① 교육감은 법 제6조제5항에 따른 해당 지방자치단체의 연도별 인성교육시행계획(이하 "시행계획"이라 한다)을 매 학년도 시작 3개월 전까지 수립하여야 한다.

② 교육감은 시행계획을 수립하거나 시행계획을 변경한 경우에는 소속 학교 및 기관에 통보하여야 한다.

③ 시행계획에는 다음 각 호의 사항이 포함되어야 한다.

　1. 인성교육 진흥을 위한 학교 교육과정 편성·운영에 관한 사항

　2. 지역 인성교육 우수 사례 발굴 및 확산에 관한 사항

　3. 학교·가정 및 지역사회에서의 인성교육 실천 및 확산을 위하여 필요한 지원에 관한 사항

　4. 지역의 인성교육을 위한 재원조달 및 관리방안

　5. 그 밖에 인성교육 진흥 및 지원에 관한 사항

제4조 (공청회의 개최 등)

① 교육부장관 및 교육감은 법 제8조제1항에 따라 공청회를 개최하는 경우 공청회 개최 14일 전까지 다음 각 호의 사항을 관보, 공보, 교육부·교육청의 인터넷 홈페이지 또는 일간신문에 1회 이상 공고하여야 한다.

1. 공청회의 개최 목적

2. 공청회의 개최 일시 및 장소

3. 종합계획안 또는 시행계획안의 개요

4. 그 밖에 공청회 개최에 필요한 사항

② 제1항에 따라 공고한 종합계획안 또는 시행계획안의 내용에 대하여 의견이 있는 사람은 공청회에 참석하여 직접 의견을 진술하거나, 교육부장관 또는 교육감에게 서면 또는 전자우편 등으로 의견을 제출할 수 있다.

제5조 (인성교육진흥위원회의 심의사항)

법 제9조제1항제5호에서 "대통령령으로 정하는 사항"이란 다음 각 호의 사항을 말한다.

1. 법 제9조제5항에 따른 인성교육 진흥과 관련된 조직·인력·업무 등에 관하여 필요한 사항

2. 법 제10조에 따른 학교에 대한 인성교육 목표와 성취 기준에 관한 사항

3. 법 제12조에 따른 인성교육프로그램과 인성교육과정 인증 기준에 관한 사항

4. 학교·가정 및 지역사회 등의 인성교육을 지원하기 위하여 교육부장관이 인성교육진흥위원회(이하 "위원회"라 한다)에 심의를 요청하는 사항

제6조 (위원회의 구성 및 운영 등)

① 법 제9조제4항제3호에서 "대통령령으로 정하는 사람"이란 다음 각 호의 어느 하나에 해당하는 사람을 말한다.

1. 다음 각 목의 어느 하나에 해당하는 경력이 15년 이상인 사람으로

서 학교·교육행정기관 또는 「교육기본법」 제15조에 따른 교원단체의 추천을 받은 사람. 다만, 다음 각 목 중 둘 이상의 경력이 있는 사람의 경력은 합산한다.

가. 교육경력

나. 교육행정경력

다. 교육연구경력

2. 학부모를 대표하는 사람으로서 학부모단체 등이 추천한 사람

3. 인성교육 분야의 전문지식과 연구경험이 풍부한 사람으로서 관련 단체 및 학회의 추천을 받은 사람

4. 법조계·종교계·언론계·문화계 또는 「비영리민간단체 지원법」 제2조에 따른 비영리민간단체에 해당하는 시민단체의 추천을 받은 사람

② 위원회의 위촉된 위원의 임기는 2년으로 하며, 한 차례만 연임할 수 있다.

③ 위원회의 위원장(이하 "위원장"이라 한다)은 위원회를 대표하며, 위원회의 업무를 총괄한다.

④ 위원장이 부득이한 사유로 그 직무를 수행할 수 없을 때에는 위원장이 미리 지명한 위원이 그 직무를 대행한다.

제7조 (위원회의 회의 등)

① 위원장은 회의를 소집하고, 그 의장이 된다.

② 위원장은 다음 각 호의 어느 하나의 경우에 위원회의 회의를 소집한다.

1. 법 제9조제1항 및 이 영 제5조에 따른 심의사항을 심의하기 위하여 필요한 경우

2. 교육부장관이 위원회 개최를 요구하는 경우

3. 재적위원 3분의 1 이상이 위원회 개최를 요구하는 경우

4. 그 밖에 위원장이 위원회를 개최할 필요가 있다고 인정하는 경우

③ 위원장이 회의를 소집하려면 회의의 일시·장소 및 안건 등을 회의 개최 7일 전까지 서면으로 위원회의 위원(이하 "위원"이라 한다)에게 알려야 한다. 다만, 긴급한 심의사항이 있는 등 부득이한 사유가 있는 경우에는 회의 개최 1일 전까지 서면, 전화 또는 휴대전화 문자메시지 등의 방법으로 위원에게 알릴 수 있다.

④ 위원회의 회의는 재적위원 과반수의 출석으로 개의(開議)하고, 출석위원 과반수의 찬성으로 의결한다.

⑤ 위원장은 안건과 관련하여 필요하다고 인정하는 경우에는 전문가 및 관계 공무원 등을 회의에 참석하게 하여 의견을 들을 수 있다.

⑥ 위원회에 출석한 위원과 전문가 등에게는 예산의 범위에서 수당과 여비를 지급할 수 있다. 다만, 공무원인 위원이 그 소관 업무와 직접적으로 관련되어 위원회에 출석하는 경우에는 그러하지 아니하다.

제8조 (위원의 제척 등)

① 위원이 다음 각 호의 어느 하나에 해당하는 경우에는 위원회의 심의·의결에서 제척(除斥)된다.

1. 위원이나 그 배우자 또는 배우자였던 사람이 해당 안건의 당사자(당사자가 법인·단체 등인 경우에는 그 임원을 포함한다. 이하 이 호 및 제2호에서 같다)이거나 그 안건의 당사자와 공동권리자 또는 공동의무자인 경우

2. 위원이 해당 안건의 당사자와 친족인 경우

3. 위원이 해당 안건에 관하여 증언, 진술, 자문, 연구, 용역 또는 감정을 한 경우

4. 위원이나 위원이 속한 법인·단체 등이 해당 안건 당사자의 대리인이거나 대리인이었던 경우

② 해당 안건의 당사자는 위원에게 공정한 심의·의결을 기대하기 어려운 사정이 있는 경우에는 위원회에 기피(忌避) 신청을 할 수 있고, 위원회는 의결로 해당 위원의 기피 여부를 결정한다. 이 경우 기피 신청의 대상인 위원은 그 의결에 참여하지 못한다.

③ 위원이 제1항 각 호에 따른 제척 사유에 해당하는 경우에는 스스로 해당 안건의 심의·의결에서 회피(回避)하여야 한다.

제9조 (위원의 해촉)

교육부장관은 위원이 다음 각 호의 어느 하나에 해당하는 경우에는 해당 위원을 해촉할 수 있다.

1. 심신장애로 인하여 직무를 수행할 수 없게 된 경우
2. 직무태만, 품위손상이나 그 밖의 사유로 위원으로 적합하지 아니한 경우
3. 제8조제1항 각 호의 어느 하나에 해당함에도 불구하고 회피하지 아니한 경우

제10조 (위원회 운영 세칙)

이 영에서 규정한 사항 외에 위원회의 운영에 필요한 사항은 위원회의 의결을 거쳐 위원장이 정한다.

제11조 (학교의 인성교육 기준과 운영)

① 법 제10조제1항에 따른 학교에 대한 인성교육 목표와 성취 기준은 교육부장관이 위원회의 심의를 거쳐 학교 급별로 정한다.

② 법 제10조제2항에 따른 인성에 관한 교육계획은 학교의 장이 교원, 학생 및 학부모의 의견 수렴과 학교운영위원회의 심의를 거쳐 수립한다.

제12조 (인성교육 지원 등)

① 국가와 지방자치단체는 법 제11조제1항에 따른 인성교육프로그램에 대한 주기적인 수요조사를 하여야 한다.

② 국가와 지방자치단체는 보유하는 시설이나 자료에 대하여 인성교육을 위한 이용 요청을 받은 경우 본래의 용도에 지장이 없는 범위에서 적극 협조하여야 한다.

③ 특별시장·광역시장·특별자치시장·도지사 및 특별자치도지사와 교육감은 가정, 학교 및 지역사회에서의 인성교육 진흥을 위하여 시·도인성교육진흥협의회를 구성·운영할 수 있다.

④ 제3항에 따른 시·도인성교육진흥협의회의 구성·운영에 필요한 사항은 해당 지방자치단체의 조례로 정한다.

제13조 (인성교육의 평가 등)

① 법 제16조에 따른 인성교육 추진성과 및 활동에 관한 평가는 다음 각 호의 내용을 포함하여 시행하여야 한다.

　1. 종합계획 또는 시행계획의 달성 정도

　2. 인성교육 지원 사업 및 교육 프로그램에 대한 만족도

　3. 그 밖에 인성교육을 평가하기 위하여 위원회의 심의를 거쳐 교육부장관이 정하는 사항

② 교육부장관 또는 교육감은 개인정보 보호를 위하여 불가피한 경우 등 특별한 사유가 있는 경우를 제외하고는 제1항에 따른 평가 결과를 교육부 또는 교육청의 인터넷 홈페이지 등을 통하여 공개하여야 한다.

제14조 (교원의 연수 등)

① 법 제17조제1항에 따른 교원의 인성교육 관련 연수(이하 "교원연수"라 한다) 과정은 다음 각 호의 사람이 제2항에 따른 교원연수 계획을 반영하여 개설·운영한다.

  1. 「교원 등의 연수에 관한 규정」 제2조제2항에 따른 연수기관 중 교육감이 설치한 연수기관의 장

  2. 연수 대상 교원이 재직하는 학교의 장

② 교육감은 다음 각 호의 내용을 포함하는 교원연수 계획을 수립하여야 한다.

  1. 인성 및 인성교육의 개념

  2. 인성교육의 목표와 내용

  3. 교과 영역 및 교과 외 영역에서의 인성교육 지도방법

  4. 국내외 인성교육 우수 사례

  5. 인성교육 프로그램 개발 및 활용

  6. 인성교육 관련 평가 방법 및 결과 활용

  7. 인성교육 관련 학교 교육과정 편성·운영 방법 및 절차

  8. 그 밖에 인성교육 실천에 필요한 사항

③ 교원연수 이수기준은 연간 4시간 이상으로 한다.

④ 제1항부터 제3항까지에서 규정한 사항 외에 교원연수의 운영 및 연수비의 지급 등에 관하여는 「교원 등의 연수에 관한 규정」에 따른다.

제15조 (인성교육 전문인력 양성기관의 지정 및 지정기준 등)

① 교육부장관 및 교육감이 법 제20조제2항에 따라 교육 관련 기관 또는 단체(이하 "교육관련기관등"이라 한다)를 인성교육 전문인력 양성기관(이

하 "전문인력양성기관"이라 한다)으로 지정하는 경우 그 지정기준은 다음 각
호와 같다.

　1. 교육관련기관등이 다음 각 목의 어느 하나에 해당할 것

　　가. 「고등교육법」 제2조제1호에 따른 대학 중 교육관련 학과 또는 전
　　　공이 설치된 대학

　　나. 「정부출연연구기관 등의 설립·운영 및 육성에 관한 법률」 제8조
　　　제1항에 따른 연구기관

　　다. 인성교육을 포함한 교육 관련 사업을 목적으로 하는 법인으로
　　　서, 「공익법인의 설립·운영에 관한 법률」 제2조에 따른 공익법인
　　　또는 「민법」 제32조에 따른 비영리법인에 해당하는 법인

　2. 인성교육 전문인력의 양성과 관련한 다음 각 목의 요건을 갖출 것

　　가. 적절한 교육과정 및 교육내용

　　나. 구체적이고 실천 가능한 교육과정 운영계획

　　다. 교육과정 운영에 필요한 시설·설비 및 교수요원

② 교육부장관은 제1항제1호가목 또는 나목에 해당하는 교육관련기관
　등을, 교육감은 제1항제1호다목에 해당하는 교육관련기관등을 각각
　전문인력양성기관으로 지정할 수 있다.

③ 전문인력양성기관으로 지정을 받으려는 교육관련기관등은 교육부령
　으로 정하는 지정신청서에 교육부령으로 정하는 서류를 첨부하여 제
　2항의 구분에 따른 지정권자에게 신청하여야 한다.

④ 교육부장관 및 교육감은 제3항에 따른 신청을 받은 경우 신청일부터
　6개월 내에 전문인력양성기관 지정 여부를 결정하고 그 결과를 해당
　교육관련기관등에 통보하여야 한다.

⑤ 교육부장관 및 교육감은 전문인력양성기관을 지정한 경우 지정된 전
　문인력양성기관에 교육부령으로 정하는 지정서를 발급하여야 하며,

그 지정의 유효기간은 지정 일부터 3년으로 한다.

제16조 (전문인력양성기관의 재지정 등)

① 교육부장관 및 교육감은 전문인력양성기관으로부터 신청을 받아 전문인력양성기관의 재지정을 할 수 있다.

② 제1항에 따른 재지정을 받으려는 전문인력양성기관은 지정 유효 기간 만료일 1년 전부터 6개월 전까지의 기간에 재지정을 위한 신청을 하여야 한다.

③ 제1항에 따른 재지정의 기준, 절차 및 유효기간 등에 관하여는 제15조를 준용한다.

제17조 (전문인력양성기관에 대한 보고 요구 등)

교육부장관 및 교육감은 법 제20조제2항에 따라 경비를 지원한 경우 해당 전문인력양성기관에 다음 각 호의 조치를 할 수 있다.

　1. 업무 및 회계의 상황에 관한 보고 요구

　2. 지원받은 경비의 사용에 관한 지도·권고

제18조 (전문인력양성기관 지정 등의 공개)

교육부장관 및 교육감은 전문인력양성기관을 제15조에 따라 지정하거나 제16조에 따라 재지정한 경우에는 다음 각 호의 사항을 교육부·교육청의 인터넷 홈페이지 등을 통하여 공개하여야 한다.

　1. 전문인력양성기관의 지정 현황(명칭·대표자 및 소재지 등)

　2. 지정일 및 지정 유효기간

제19조 (과태료의 부과기준)

법 제22조제1항에 따른 과태료의 부과기준은 별표와 같다.

부 칙[2015.7.20 제26403호]

제1조(시행일)

이 영은 2015년 7월 21일부터 시행한다.

제2조(종합계획 및 시행계획 수립에 관한 특례)

제2조제3항 및 제3조제1항에도 불구하고 이 법 시행 이후 최초로 수립하는 종합계획은 2015년 11월 30일까지, 2016년도 시행계획은 2016년 1월 31일까지 각각 수립한다.

[별표] 과태료의 부과기준(제19조 관련)

1. 일반기준

가. 위반행위의 횟수에 따른 과태료의 부과기준은 최근 1년간 같은 위반행위로 과태료를 부과 받은 경우에 적용한다. 이 경우 위반횟수는 같은 위반행위에 대하여 과태료 부과처분을 한 날과 다시 같은 위반행위(처분 후의 위반행위만 해당한다)를 적발한 날을 기준으로 하여 계산한다.

나. 교육부장관은 다음의 어느 하나에 해당하는 경우에는 제2호의 개별기준에 따른 과태료 금액의 2분의 1의 범위에서 그 금액을 감경할 수 있다. 다만, 과태료를 체납하고 있는 위반행위자의 경우에는 그러하지 아니하다.

1) 위반행위자가 「질서위반행위규제법 시행령」 제2조의2제1항 각 호의
   어느 하나에 해당하는 경우
2) 위반행위가 사소한 부주의나 오류로 인한 것으로 인정되는 경우
3) 위반의 내용·정도가 경미하여 피해가 적다고 인정되는 경우
4) 법 위반상태를 시정하거나 해소하기 위한 노력이 인정되는 경우
5) 그 밖에 위반행위의 정도, 위반행위의 동기와 그 결과 등을 고려하
   여 감경할 필요가 있다고 인정되는 경우

다. 교육부장관은 다음의 어느 하나에 해당하는 경우에는 제2호의 개
   별기준에 따른 과태료 금액의 2분의 1의 범위에서 그 금액을 늘릴 수
   있다. 다만, 늘릴 사유가 여러 개 있는 경우라도 법 제22조제1항에
   따른 과태료 금액의 최고한도를 넘을 수 없다.

1) 법 위반 상태에 대해 과태료처분 대상자에게 통지한 후 30일 이상
   지나도 인증표시 사용을 중단하지 않는 경우
2) 위반의 내용·정도가 중대하여 학생, 인성교육 관계자 또는 학부모
   등에게 미치는 피해가 크다고 인정되는 경우

2. 개별기준

위반행위	근거 법조문	과태료 금액		
		1차 위반	2차 위반	3차 위반
가. 거짓이나 그 밖의 부정한 방법으로 법 제12조에 따른 인증을 받은 경우	법 제22조제1항제1호	150만 원	300만 원	500만 원
나. 법 제12조제5항을 위반하여 인증표시를 한 경우	법 제22조제1항제2호	100만 원	200만 원	300만 원

인성교육진흥법 시행규칙

(교육부령 제81호 신규제정 2015. 12. 10.)

제1조 (목적)

이 규칙은 「인성교육진흥법」 및 같은 법 시행령에서 위임된 사항과 그 시행에 필요한 사항을 규정함을 목적으로 한다.

제2조 (인성교육프로그램의 인증 절차 및 기준 등)

① 「인성교육진흥법」(이하 "법"이라 한다) 제12조제2항에 따라 인성교육프로그램 인증을 신청 하려는 자는 별지 제1호서식에 따른 인성교육프로그램 인증 신청서에 인성교육프로그램의 교육내용 및 구성 등에 관한 서류 전부를 첨부하여 교육부장관에게 제출하여야 한다.

② 교육부장관은 제1항에 따른 신청을 받은 경우 신청 일부터 60일 내에 인증 여부를 결정하고 그 결과를 신청자에게 통보하여야 한다.

③ 법 제12조제3항에 따른 인성교육프로그램 인증기준은 별표 1과 같다.

④ 교육부장관은 인성교육프로그램 인증을 한 경우 별지 제2호서식에 따른 인증서를 발급하여야 한다.

⑤ 인성교육프로그램 인증을 받은 자는 별표 2에 따른 인증표시를 사용하여 인성교육프로그램의 표시·광고 또는 홍보 등을 할 수 있다. 이 경우 인증 분야와 유효기간을 함께 표시하여야 한다.

제3조 (인증 업무의 위탁)

① 법 제12조제7항에 따라 교육부장관이 인성교육프로그램 인증 업무를 위탁할 수 있는 전문기관 또는 단체 등은 다음 각 호의 어느 하나

에 해당하여야 한다.

1. 「정부출연연구기관 등의 설립·운영 및 육성에 관한 법률」 제8조제1항에 따른 연구기관

2. 교육 관련 조사 및 연구 사업을 수행하는 「공공기관의 운영에 관한 법률」 제4조에 따른 공공기관

3. 인성교육을 포함한 교육 관련 사업을 목적으로 하는 「민법」 제32조에 따른 비영리법인

② 교육부장관은 인증 업무를 위탁한 기관이나 법인에 대하여 위탁한 업무 수행에 필요한 예산을 지원할 수 있다.

제4조 (인증 유효기간의 연장)

① 법 제13조제2항에 따라 인증 유효기간을 연장 받으려는 자는 유효기간 만료일 3개월 전부터 60일 전까지의 기간에 연장 신청을 하여야 한다. 이 경우 제2조제1항에 따른 첨부서류 중 인증 신청 시와 변동이 없는 부분에 관한 서류는 제출하지 아니할 수 있다.

② 제1항 외에 인증 유효기간 연장의 절차 등에 관하여는 제2조제1항부터 제4항까지의 규정을 준용한다.

제5조 (인증 등의 공개)

교육부장관은 법 제12조 부터 제14조까지의 규정에 따라 인성교육프로그램의 인증, 인증 유효기간의 연장 또는 인증 취소를 하는 경우에는 다음 각 호의 사항을 교육부의 인터넷 홈페이지 등을 통하여 공개하여야 한다.

1. 인성교육프로그램의 인증 현황(인성교육프로그램의 인증 분야와 인성교육프로그램 보유 기관의 명칭·대표자 및 소재지 등)

2. 인증일 및 인증 유효기간

3. 취소 사유(취소의 경우만 해당한다)

제6조 (교원의 연수 등)

법 제17조제2항에서 "교육부령으로 정하는 교원 양성기관"이란 다음 각 호의 기관을 말한다.

1. 「고등교육법」 제41조에 따른 교육대학·사범대학(교육과 및 교직과정을 포함한다)

2. 해당 기관에서 학위를 취득하거나 과정을 이수하는 경우 예비교원이 「교원자격검정령」 제18조제3호에 따른 무시험검정을 통하여 같은 영 제3조에 따른 교원자격증을 수여받을 수 있는 기관

제7조 (인성교육 전문인력 양성기관의 지정 및 지정기준 등)

① 교육부장관 및 교육감은 인성교육 전문인력 양성기관(이하 "전문인력양성기관"이라 한다)을 지정하려는 경우 별표 3에 따른 전문인력양성기관 지정 세부기준을 고려하여 「인성교육진흥법 시행령」(이하 "영"이라 한다) 제15조제1항제2호의 지정기준 충족 여부를 판단하여야 한다.

② 영 제15조제3항에 따른 지정신청서는 별지 제3호서식과 같다.

③ 영 제15조제3항에서 "교육부령으로 정하는 서류"란 다음 각 호의 서류를 말한다.

1. 교육과정 편성표 및 설명서

2. 교육과정별 기간 및 정원표

3. 교수요원 채용계약서 또는 채용계획서

4. 강사명단 및 강의 승낙서

5. 시설·설비 현황표 및 해당 시설·설비의 유지방법에 관한 내용 설명서

6. 교육비를 포함한 경비 및 시설의 유지비용 등에 관한 명세서

7. 그 밖에 교육부장관 또는 교육감이 지정과 관련하여 필요하다고 인
   정한 서류

④ 영 제15조제5항에 따른 지정서는 별지 제4호서식과 같다.

부 칙[2015.12.10 제81호]

이 규칙은 공포한 날부터 시행한다.

별 표 서 식

별표1 인성교육프로그램 인증기준(제2조제3항 관련)

별표2 인성교육프로그램 인증표시 기준(제2조제4항 관련)

별표3 전문인력양성기관 지정 세부기준(제7조제1항 관련)

서식1 인성교육프로그램 (인증, 인증연장) 신청서

서식2 인증서

서식3 인성교육 전문인력 양성기관 (지정, 재지정) 신청서

서식4 인성교육 전문인력 양성기관 지정서

별표 1. 인성교육프로그램 인증기준(제2조 제3항 관련)

영역	항목	세부 구성요소
1. 프로그램 구성 (구성기준)	가. 프로그램 목차	1) 프로그램의 제목, 목표 및 기대효과가 기술되어 있을 것 2) 프로그램의 대상, 이론적 배경, 주요 내용, 강의·실습 시간, 장소, 인원, 일정표, 진행 방법·과정, 준비물 및 진행의 유의사항이 기술되어 있을 것 3) 프로그램 실행 사례, 효과성 검증 방법 및 자체평가 결과가 기술되어 있을 것
	나. 프로그램 시간	1) 단일 프로그램이 최소 10차시(1시간 1차시)이상으로 구성되어 있을 것 2) 동일 프로그램을 1개월 이상 운영할 수 있도록 계획되어 있을 것
2. 프로그램 내용 (내용기준)	가. 프로그램 목표	1) 인성교육과의 관련성 및 효과성이 명료하게 드러날 것 2) 학습자의 요구 및 특성을 반영하고 있을 것
	나. 프로그램 내용 및 구성	1) 목표 달성에 부합하는 내용일 것 2) 교수·학습방법이 적절하고 구체적일 것 3) 교사와 학생 간 및 학생 상호 간 상호작용을 활성화할 수 있는 내용을 갖출 것 4) 프로그램 내용 간 체계성이 있을 것 5) 프로그램 내용이 독창적일 것 6) 학습자의 흥미를 유발하는 내용일 것 7) 실천·체험 활동 중심의 내용일 것 8) 교수·학습자의 성찰에 도움을 주는 내용일 것 9) 효율적인 프로그램 실행이 가능할 것
	다. 프로그램 효과	1) 제시된 프로그램 실행 사례가 프로그램의 효과를 드러낼 수 있을 것 2) 프로그램 효과성 검증 방법이 신뢰성을 갖출 것 3) 프로그램에 대한 자체 평가가 적절하고 타당할 것
	라. 프로그램 확산 및 지원 관련	1) 프로그램 시행 설명이 읽기 쉽고, 명확하며 체계적일 것 2) 프로그램 시행과 관련한 다양한 자료를 제공할 것 3) 그 밖에 사용자의 프로그램 시행 지원을 위한 충분한 수단을 갖출 것

별표 2. 인성교육프로그램 인증표시 기준(제2조 제4항 관련)

1. 도안 모형

인증번호 제   호
교 육 부

| 인증분야: |
| 유효기간: |

2. 도안요령

가. 인성교육프로그램의 인증표시는 두 개의 동심원으로 하고, 안쪽 동심원의 내부에는 교육부의 상징표시(symbol mark)를 사용하며, 바깥 동심원의 윗부분에는 "인성교육프로그램인증"으로 인증명칭을 표시하고, 아랫부분에는 교육부의 홈페이지 주소를 적는다.

나. 인증명칭, 인증번호와 인증기관 명칭(교육부)의 문자크기의 비율은 11:8:12로 한다.

다. 인증표시의 크기는 조정할 수 있고, 바깥 동심원의 색상은 옅은 파란색과 검정색으로 하며, 글자체는 고딕체를 기본으로 한다.

별표 3. 전문인력양성기관 지정 세부기준(제7조 제1항 관련)

구분	지정기준
1. 교육과정 및 교육내용	가. 교육과정에 따른 교육과목별로 기본교재를 갖출 것 나. 교육과정이 이론 중심의 교육과목과 실습 중심의 교육과목을 포함할 것 다. 교육과정이 최소 120시간 이상으로 구성되어 있을 것 라. 교육과목은 인성교육의 이해, 인성교육의 핵심역량 및 인성교육 실천 등에 관한 내용으로 구성할 것 마. 교육과정이 다음의 요소를 갖출 것 　1) 교육과정 목표가 적절하고 명료할 것 　2) 교육과정 목표와 교육과목이 부합할 것 　3) 교육과목이 학습자 요구 및 특성을 반영할 것 　4) 교육과목별 교수·학습방법이 적절할 것 　5) 교육과정이 독창적이고 효과적일 것 　6) 신뢰할 수 있는 교육과정 효과 검증 체제를 갖출 것 　7) 학교 및 지역사회와의 연계 방안이 마련되어 있을 것
2. 교육과정 운영계획	가. 교육과정 편성·운영, 교육시설·교수인력 확보 및 운영, 교육과정 운영을 위한 예산확보 방안, 교육과정 활동기록 관리 및 교육과정의 평가 방법 등에 관한 구체적인 계획을 갖추고 있을 것 나. 교육과정 평가에 관하여 필기시험 등 교육과정 이수를 인정할 수 있는 객관적인 평가 방법을 포함하고 있을 것 다. 교육 대상자의 교육과정에 대한 만족도를 확인할 수 있는 수단이 마련되어 있을 것 라. 교육과정 이수자의 자체 활용 및 이력관리 등 이수자에 대한 관리 방안이 마련되어 있을 것 마. 교육 대상자로부터 받는 교육비가 교육과정 운영비용에 비추어 적정한 수준일 것
3. 교육시설 및 설비 등	가. 교육과정 운영을 위한 교육시설이 교육환경 및 보건위생상 적합하고 다음의 기준을 충족할 것 　1) 강의실 　- 최소 기준 면적을 100제곱미터로 하고, 최소 기준 면적에 동시 학습자 1명당 1제곱미터씩 추가한 면적을 갖출 것 　- 시청각 교육이 가능하도록 영상시설, 조명시설 및 적절한 환기시설 등을 갖출 것 　2) 사무실은 강의실 등 다른 교육시설과 분리되고 사무 수행에 적합한 설비를 갖출 것 　3) 화장실은 성별로 분리되어 있을 것 　4) 급수시설은 그 수질이 「먹는물관리법」 제5조제3항에 따른 수질기준에 적합할 것(수돗물을 이용하는 경우는 제외한다) 　5) 소방시설이 「소방시설 설치·유지 및 안전관리에 관한 법률」의 기준에 따라 갖추어져 있을 것 나. 학습자의 학습 및 편의상 필요한 경우 실습실, 회의실, 상담실, 자료실, 도서실 및 컴퓨터실 등의 시설을 갖추고 있을 것

구분	지정기준
4. 교수 요원 등 인력	가. 교수요원을 내부 교수요원과 외부 교수요원(강사를 포함한다)으로 구분하여 관리하고, 내부 교수요원을 1명 이상 확보하고 있을 것 나. 내부 교수요원은 다음의 어느 하나에 해당하는 사람으로서 인성교육에 대한 전문성이 있을 것 1) 대학의 조교수 이상으로 관련분야를 전공한 사람 2) 관련분야 석사학위를 소지하고 관련분야에서 5년 이상의 교육 또는 연구 경력(학위 소지 전의 경력을 포함한다. 이하 같다)이 있는 사람 3) 관련분야 박사학위를 소지하고 관련분야에서 3년 이상 교육 또는 연구 경력이 있는 사람 다. 교육과정을 안정적으로 운영할 수 있도록 사무 전담관리자를 1명 이상 확보할 것

서식1) 인성교육프로그램 (인증, 인증연장) 신청서

■ 인성교육진흥법 시행규칙 [별지 제1호 서식]

인성교육프로그램 [ ] 인증 [ ] 인증연장 신청서					
※ [ ]에는 해당되는 곳에 √표를 합니다.					
접수번호		접수일자		처리기간	60일

신청인	기관·단체명 (개인명)			설립형태	
	주소			홈페이지	
	대표자	성명		전화번호	
	담당자	성명		전화	유선
					무선
		직위		전자우편	

신청분야	[ ] 유아 인성교육 [ ] 초등학생 인성교육 [ ] 중학생 인성교육 [ ] 고등학생 인성교육

개요	프로그램 명칭			
	교육대상			
	교육시간	계	강의	실습
	교육내용			
	진행방법			
	강사자격			
	효과검증			

「인성교육진흥법」제12조 제2항 및 같은 법 시행규칙 제2조(제4조)에 따라 인성교육프로그램의 인증(인증 유효기간 연장)을 신청합니다.

년　월　일

신청인 (서명 또는 인)

교육부 장관 귀하

첨부서류	인성교육프로그램의 인증분야별 교육내용 및 구성기준 등에 관한 서류 일체 ※ 유효기간 연장 신청의 경우 인증 신청 시와 변동이 없는 부분에 관한 서류는 제출하지 아니할 수 있습니다.	수수료 없음

처리절차

신청서 작성	⇨	접수	⇨	검토	⇨	결재	⇨	인증서 통보
신청인		처리기관 (교육부)		처리기관 (교육부)		처리기관 (교육부)		처리기관 (교육부)

210mm× 297mm[백상지(80g/㎡) 또는 중질지(80g/㎡)]

서식2) 인증서

■ 인성교육진흥법 시행규칙 [별지 제2호 서식]

인 증 서

○ 인증번호:
○ 기관·단체명
　·대 표 자:　　　　　　(생년월일:　　　)
　·주 소:　　　　　　(전화번호:　　　)

○ 프로그램 명칭:

○ 인증분야 [ ] 유아 인성교육
　　　　　　[ ] 초등학생 인성교육
　　　　　　[ ] 중학생 인성교육
　　　　　　[ ] 고등학생 인성교육

○ 유효기간: 20　.　.　. ~ 20　.　.　.

　「인성교육진흥법」 제12조 및 같은 법 시행규칙 제2조에 따라
인성교육프로그램을 인증합니다.

　　　　　　　　　　　　　　　　　　년　　　　월　　　　일

　　　　교육부 장관　　 직인

210mm× 297mm[백상지(150g/㎡)]

서식3) 인성교육 전문인력 양성기관 (지정, 재지정) 신청서

■ 인성교육진흥법 시행령 [별지 제3호 서식]

인성교육프로그램 [ ] 지정 [ ] 재지정 신청서

※ [ ]에는 해당되는 곳에 √표를 합니다.

접수번호		접수일자		처리기간	60일

신청인	기관·단체명			설립형태		
	주소			홈페이지		
	대표자	성명		전화번호		
	담당자	성명		전화	유선	
					무선	
		직위		전자우편		

양성대상	[ ] 유아 인성교육 전문인력 [ ] 초등 인성교육 전문인력 [ ] 중등 인성교육 전문인력

교육과정 내용	교육과정명	제공기관	교육내용	교육장소	교육방법 및 시간			강사 구성
					계	강의	실습	

직접 활용되는 교육시설 현황	시설구분	시설 개수		면적(칸)	비고
	강의실			㎡	
	사무실			㎡	
직접 활용되는 교육시설 현황	화장실			칸	
	실습실 등			㎡	
	건물	[ ] 신축, [ ] 개조, [ ] 구조변경			
	소유관계	[ ] 직접소유, [ ] 임차 등			

「인성교육진흥법」제20조, 같은 법 시행령 제15조 및 같은 법 시행규칙 제7조에 따라 인성교육 전문인력 양성기관 지정을 신청합니다.

년   월   일

신청인   (서명 또는 인)

교육부 장관(또는 교육감) 귀하

| 첨부서류 | 1. 교육과정 편성표 및 설명서
2. 교육과정별 기간 및 정원표
3. 교수 요원 채용계약서 또는 채용계획서
4. 강사명단 및 강의 승낙서
5. 시설·설비 현황표 및 해당 시설·설비의 유지방법에 관한 내용설명서
6. 교육비를 포함한 경비 및 시설의 유지비용 등에 관한 명세서
7. 그 밖에 교육부 장관 또는 교육감이 지정과 관련하여 필요하다고 인정한 서류 | 수수료
없음 |

처리절차

신청서 작성	⇨	접수	⇨	검토	⇨	결재	⇨	인증서 통보
신청인		처리기관 (교육부)		처리기관 (교육부)		처리기관 (교육부)		처리기관 (교육부)

210mm× 297mm[백상지(80g/㎡) 또는 중질지(80g/㎡)]

서식4) 인성교육 전문인력 양성기관 지정서

■ 인성교육진흥법 시행규칙 [별지 제4호 서식]

인성교육 전문인력 양성기관 지정서

○ 지정번호:

○ 기관·단체명
 ·대 표 자: (생년월일:)
 ·주 소: (전화번호:)

○ 인성교육 전문인력 양성 분야: [ ] 유아 [ ] 초등 [ ] 중등

○ 유효기간: 20 . . . ~ 20 . . .

　「인성교육진흥법」 제20조, 같은 법 시행령 제15조 및 같은 법 시행규칙 제7조에 따라 인성교육 전문인력 양성기관으로 지정합니다.

                              년   월   일

              교육부 장관 또는 ┌──────┐
              ○○○○ 교육감   │ 직인 │
                              └──────┘

210mm× 297mm[백상지(150g/㎡)]